厚積薄發

以厚積薄發四字篆刻一方

贈高等教育出版社

李嵐清

二〇〇七年初秋

生也有涯

学無止境

任継愈

教育部哲学社会科学研究后期资助项目

互助型社会养老：
模式考察与理论研究

Mutual-Aid Model of Elderly Care:
Model Exploration and Theoretical Research

○ 刘妮娜　著

中国教育出版传媒集团

高等教育出版社·北京

图书在版编目（C I P）数据

互助型社会养老：模式考察与理论研究 / 刘妮娜著
. -- 北京：高等教育出版社，2023.6
ISBN 978-7-04-059627-4

Ⅰ．①互… Ⅱ．①刘… Ⅲ．①养老-社会服务-服务
模式-研究-中国 Ⅳ．①D669.6

中国国家版本馆CIP数据核字（2023）第006831号

HUZHUXING SHEHUI YANGLAO：MOSHI KAOCHA YU LILUN YANJIU

策划编辑 张 召	责任编辑 张 召		封面设计 张 志	版式设计 马 云
责任绘图 黄云燕	责任校对 任 纳 陈 杨		责任印制 赵义民	

出版发行	高等教育出版社	咨询电话	400-810-0598
社 址	北京市西城区德外大街 4 号	网 址	http://www.hep.edu.cn
邮政编码	100120		http://www.hep.com.cn
印 刷	北京中科印刷有限公司	网上订购	http://www.hepmall.com.cn
开 本	787 mm×1092 mm 1/16		http://www.hepmall.com
印 张	16.25		http://www.hepmall.cn
字 数	290千字	版 次	2023 年 6 月第 1 版
插 页	2	印 次	2023 年 6 月第 1 次印刷
购书热线	010-58581118	定 价	69.00 元

总　序

　　哲学社会科学是探索人类社会和精神世界奥秘、揭示其发展规律的科学，是我们认识世界、改造世界的有力武器。哲学社会科学的发展水平，体现着一个国家和民族的思维能力、精神状态和文明素质，其研究能力和科研成果是综合国力的重要组成部分。没有繁荣发展的哲学社会科学，就没有文化的影响力和凝聚力，就没有真正强大的国家。

　　党中央高度重视哲学社会科学事业。改革开放以来，特别是党的十六大以来，党中央就繁荣发展哲学社会科学作出了一系列重大决策，党的十七大报告明确提出："繁荣发展哲学社会科学，推进学科体系、学术观点、科研方法创新，鼓励哲学社会科学界为党和人民事业发挥思想库作用，推动我国哲学社会科学优秀成果和优秀人才走向世界。"党中央在新时期对繁荣发展哲学社会科学提出的新任务、新要求，为哲学社会科学的进一步繁荣发展指明了方向，开辟了广阔前景。在全面建设小康社会的关键时期，进一步繁荣发展哲学社会科学，大力提高哲学社会科学研究质量，努力构建以马克思主义为指导，具有中国特色、中国风格、中国气派的哲学社会科学，推动社会主义文化大发展大繁荣，具有十分重大的意义。

　　高等学校哲学社会科学人才密集，力量雄厚，学科齐全，是我国哲学社会科学事业的主力军。长期以来，广大高校哲学社会科学工作者献身科学，甘于寂寞，刻苦钻研，无私奉献，开拓创新，为推进马克思主义中国化，为服务党和政府的决策，为弘扬优秀传统文化、培育民族精神，为培养社会主义合格建设者和可靠接班人作出了重要贡献。

本世纪头 20 年，是我国经济社会发展的重要战略机遇期，高校哲学社会科学面临着难得的发展机遇。我们要以高度的责任感和使命感、强烈的忧患意识和宽广的世界眼光，深入学习贯彻党的十七大精神，始终坚持马克思主义在哲学社会科学的指导地位，认清形势，明确任务，振奋精神，锐意创新，为全面建设小康社会、构建社会主义和谐社会发挥思想库作用，进一步推进高校哲学社会科学全面协调可持续发展。

哲学社会科学研究是一项光荣而神圣的社会事业，是一种繁重而复杂的创造性劳动。精品源于艰辛，质量在于创新。高质量的学术成果离不开严谨的科学态度，离不开辛勤的劳动，离不开创新。树立严谨而不保守，活跃而不轻浮，锐意创新而不哗众取宠，追求真理而不追名逐利的良好学风，是繁荣发展高校哲学社会科学的重要保障。建设具有中国特色的哲学社会科学，必须营造有利于学者潜心学问、勇于创新的学术氛围，必须树立良好的学风。为此，自 2006 年始，教育部实施了高校哲学社会科学研究后期资助项目计划，旨在鼓励高校教师潜心学术，厚积薄发，勇于理论创新，推出精品力作。原中央政治局常委、国务院副总理李岚清同志欣然为后期资助项目题字"厚积薄发"，并篆刻同名印章一枚，国家图书馆名誉馆长任继愈先生亦为此题字"生也有涯，学无止境"，此举充分体现了他们对繁荣发展高校哲学社会科学事业的高度重视、深切勉励和由衷期望。

展望未来，夺取全面建设小康社会新胜利、谱写人民美好生活新篇章的宏伟目标和崇高使命，呼唤着每一位高校哲学社会科学工作者的热情和智慧。让我们坚持以马克思主义为指导，深入贯彻落实科学发展观，求真务实，与时俱进，以优异成绩开创哲学社会科学繁荣发展的新局面。

教育部社会科学司

前　言

　　互助是两个或多个个体因情谊、信任而进行的资金、物品、服务、精神文化等方面的互相帮助。这是人类的本能,也是推动人类道德进步、不断走向高层次生活的重要引领。从人类互助本源的角度来看,互助产生于人类进化之初,学界一直存在"互助进化"和"竞争进化"之争。如克鲁泡特金提出互助进化论,他认为互助是一种情感的本能和需要,也是进化的本能和需要。一方面,人天生就有合群的需要;另一方面,一个集体并非以竞争为主,而是以互助为主,互助性强的生物群才能延续。孙中山提出分期进化论,他反对社会达尔文主义把人类社会与动物世界类比,反对把生物进化规律套用于人类社会。孙中山认为,进化有天然(自然)进化、人事进化之别,进化分为三期,一是物质进化之时期,二是物种进化之时期,三是人类进化之时期。从此特殊原则出发,人的天性与自然物种不同,物种以竞争为原则,人类则以互助为原则。

　　推衍至人类发展中的两大部门——社会与市场,互助所代表的集体—社会建设同样遵循人类社会历史发展规律。从西方理论来看,一方面,它是资本主义与社会主义"主义之争"的焦点议题。西方文艺复兴尤其是思想启蒙运动以后,伴随资本主义市场经济的发展,个人主义和自由竞争思想一直占据西方意识形态的主流地位。在个人主义和自由竞争思想中,个人是第一位的、本源性的实体,是目的。霍布斯、洛克等诸多西方思想家也为此正名。达尔文提出的生物进化论思想进一步给予了自由竞争思想的理论思辨以自然演化支撑,遗传性变异、繁殖和生存斗争推动了生物从简单到复杂、从低级到高级的进化,即物竞天择、适者生存。社会达尔文主义代表斯宾塞提出,人类社会同样需要在适应与斗争中进步，生存竞争构成了社会进化的基本动因。古典经济学之父亚当·斯密同样强调自由市场、自由贸易及劳动分工。作为看不见的手，市场机制驱使近代社会的经济不断发展。但与此同时，资本主义市场经济所带来的贫富差距、社会动荡也推动了社会主义思想的产生与传播，包括康帕内拉、欧文、傅立叶等阐释的早期社会主义学说。这些学说主张废除私有制，消灭阶级差别，共同劳动，平均分配产品，倡导社会平等。马克思恩格斯提出科学社会主义，通过阶级斗争的方式消灭阶级剥削、阶级压迫和阶级差别，消灭产生阶级的生产资料私有制，使全人类获得彻底解放，最终在全世界实现共产主义。事实上，在经历工业革命之后，欧洲国家有近 300 年的现代互助组织（社会）发展史。在全民保障性的国家福利制度尚未建立时，工人就通过自助—互助的形式，筹集与疾病、残疾和衰老等社会风险有关的费用，农民、渔民等其他专业群体也以类似的方式集中储蓄，共担风险，防范财产风险（如火灾、事故、恶劣天气），同时组织自我教育、自我服务。在社会主义思潮影响下，经济类的互助合作组织，包括生产合作社、销售合作社、信用合作社、保险合作社等也大量涌现，人们希望通过这种民主管理与合作形式，以组织限制资本，改变资本主义经济的无限追逐剩余价值的弊端。直到 20世纪初，国家全面介入社会保障事业，社会类的互助组织才逐步退居志愿部门（社会部门/第三部门），人们多使用志愿、慈善、公益而非互助方式进行描述。经济类的互助组织，如相互保险、农业合作社等直到今天仍然广泛存在，人们多使用合作组织等方式进行描述。

另一方面，"社会"在资本主义国家发展过程中如何重塑和发展，或者说资本主义社会如何进行社会主义改良，亦是现代和当代西方社会学研究的重要内容。19 世纪末，斐迪南·滕尼斯在《共同体与社会——纯粹社会学的基本概念》一书中，构建了理解欧洲历史发展进程中的双重理论谱系，"共同体"囊括了从古希腊城邦、罗马父权制国家直到中世纪日耳曼封建制帝国与自由市镇并轨的历史，"社会"概念则涵盖了近代市民社会与民主制国家的进程。他对"社会"危机进行反思，预见了"共同体"在欧洲的重新繁荣。20 世纪，经历两次世界大战之后，波兰尼同样反思了资本主义市场经济的弊端，他认为，在 19 世纪之前，人类经济一直都是嵌入社会之中的。19 世纪以后，由市场控制经济体系意味着让社会的运转从属于市场，社会关系被嵌入经济体系之中。但是，社会主义是工业文明的内在倾向，在自发调节的市场体系所固有的威胁面前，社会在奋起保护自己。福山和吉登斯同样对西方"社会"建设发出疑问，福山在《大断裂：人类本性与社会秩序的重建》一书中提出，西方 20 世纪 60 年代以后"社会资本"大规模流失，并发出疑问：随着个人主义的崛起，社群主义的衰退，西方是否会出现制度危机？他给出的答案：一是自下而上式的——人们根据情势自发调整合作方式，二是自上而下式的——政府介入，为培育新的社会资本提供激励机制。吉登斯在《第三条道路——社会民主主义的复兴》一书中提出，第三条道路政治的总目标应当是帮助公民在我们这个时代的重大变革中找到自己的方向：我们在传统与习惯已趋衰落之后应当怎样生活、如何重建社会团结及如何对生态问题做出反应。培育一个积极的公民社会是第三条道路政治的一个基本组成部分。全球化进程的推进使得"以社区为重点"不仅成为可能，而且变得非常必要，"社区"不仅意味着重新找回已经失去的地方团结形式，它还是一种促进街道、城镇和更大范围的地方区域的社会和物质复苏的可行办法。

总体而言，资本主义国家"社会"建设和"社会主义"要素是在个人主义和市场为本的前提下发展的，虽然论争不断，但现实中推动困难，社会处于第三部门（辅助部门），以自下而上的社会运动或社会活动为主。可以说，西方资本主义国家历经三四百年的社会建设，道路曲折且并不成功，故有学者称之为一种"想象的共同体"。

反观中国，"互助"和"社会"往往体现在中国的基层，而基层社会安定和谐是保持一个地域辽阔、人口众多的大国长治久安的重要因素。这也是中国选择走中国特色社会主义道路、建设中国特色社会主义国家，而非在资本主义框架内讨论社会主义要素和社会主义改良的重要原因。这是中国特色的体现，也是中国可以为21世纪老龄化世界提供社会治理方案的底气所在。

中国几千年传统的农业社会，是以国家领导下的基层互助互利交织的方式构成血缘、地缘和自治共同体，共同应对艰苦环境、现金流不足、保障不足、社会动荡等政治经济社会问题的社会。费孝通对互助的界定与宗族类似：在艰苦环境中，人们基于某种效用或共同利益，构建出互助网络和机构，以使个体或家庭生活免于陷入危机。他提出，宗族是一个绵续性的事业组织，有政治、经济、宗教等多方面功能，宗族制度和"礼治"思想对族民、村民有极强的约束力，这种教化性的制度也被称为"长老统治"。虽然学界对宗族互助属性强弱存在争议，但宗族这一基于血缘关系形成的非正式组织，在中国传统乡土社会中发挥的基层治理和保障作用是皇权或其他行政单元所无法比拟的，而小农 /农民也并非直接面对国家的管理，与国家打交道的是上通下达的村庄 / 宗族组织的代表：族长、绅士、保长、里长等。在新中国成立、宗族解体之后，以生产队、生产大队、人民公社为单位的集体性、政治性的互助合作形式取代了宗族内部非正式互助形式的主导地位，即使经历改革开放，复兴中的传统社会关系网络也在发挥互助作用。不少人类学研究对 20 世纪八九十年代的民间互助进行了详细考察，如阎云翔将民间互助划分为农忙时节的相互帮助、小额的私人融资、个人遇到非常情况或危机时的援助等。王铭铭将互助资源划分为借贷、礼品、劳力、"门路"和信息，将最常发生社会互助的领域概括为急救、家事（仪式）、造房和投资等。

但总体来看，改革开放以来，尤其是在 20 世纪 90 年代以后，伴随中国城市单位制改革、农村人口向城镇流迁，及经济全球化、城市房价高企带来的贫富差距增加，中国经济社会正在快速转型。贝克将这一过程描绘成"压缩饼干"式的，以历史浓缩的形式，呈现出传统与现代、历史与现实、本土与西方多重因素复杂交织的风险图景。西方资本主义对我国经济社会产生了一定影响，各地进行 GDP 竞赛，社会建设相对滞后，市场经济的竞争原则反映在社会生活的其他领域，集体主义与个人主义、依赖与独立、传统与现代的冲突，带来的是个人意识的冲突感、无归属感和不安全感。与此同时，虽然中国构建了党领导的村（居）民自治制度和国家主导的社会保障制度，同时村（居）内部因外源推动和内生需求，农村传统的宗族等非正式组织适应性转型，城市文化娱乐、志愿服务等组织自发或组织建立，在村（居）内部形成了各类介于正式与非正式之间的互助型社会组织，重新形成了一套自上而下与自下而上相结合、正式与非正式相结合的"双轨制"的联合治理格局。然而，与传统社会相比，由小及大的内生的互助共同体仍然缺乏。换言之，这一时期我国是直接由非正式互助保障进入国家保障，由国家主导建立行政管理体系和社会保障体系，没有经历正式互助组织、互助保障、互助服务的发展阶段。而在经历收入快速增长之后，人们反而需要心理归属与满足，对美好生活的向往逐步从物质需求转向更高层次的精神需求，对社会集体干净、安全、舒适生活的需求，以及归属、信任、情感将更加强烈。

历史发展有规律可循，正式的互助—社会建设即使被跳过或暂且搁置，仍需要回头补课，否则社会建设有形无本，很难成功。过去政府既是裁判员也是运动员，既是政策制定者，也是资金拨付者、具体实施者、效果监督者，虽然其构建的社会保障体系取得巨大成效，但是以现金支付的社会救助和社会保险为主。而面向未来，面对未富先老的现实国情及社会服务供给的复杂性，党和政府一方面要保证社会秩序和活力，保证人民的有序参与；另一方面，要进行福利保障供给，满足人民对美好生活的向往。事实上，党的十八大以来，社会治理概念已经被提到前所未有的高度。2019 年，党的十九届四中全会明确提出："坚持和完善共建共治共享的社会治理制度，保持社会稳定、维护国家安全……完善党委领导、政府负责、民主协商、社会协同、公众参与、法治保障、科技支撑的社会治理体系，建设人人有责、人人尽责、人人享有的社会治理共同体。"① 习近平指出："要完善共建共治共享的社会治理制度、实现政府治理同社会调节、居民自制良性互动、建设人人有责、人人享有的社会治理共同体。"②

因此，中国需要重新审视国家治理与社会建设，从学习西方、依赖市场转向追根于中国的历史与现实。建设社会部门（其中也包括社会经济），需要立足于中国传统的民间互助文化、互助组织进行传承与创新，通过构建党委领导、政府负责、社会（人民）动员、市场经营下的以圈层化集体和社会服务供给为特色的福利经济体（社区经济体）和社会治理共同体，有序发动和依靠社会力量，结合现代市场经济中的正式组织、市场规则、法律契约等外生信用手段，秉承公益、慈善、合作等理念，利用互联网、物联网等先进技术，联动专业社会组织、企业进行制度化、规范化发展、运营，低成本地生产、供销和生活，构建团结和谐的现代互助社会，以满足人民对美好生活的向往，同时保证党和政府执政根基的稳固。无论从社会发展的一般规律，还是从中国的现实国情、民情等角度去分析，分地区、分模式、分阶段地宣传现代互助文化、建设现代互助组织、构建现代互助社会，都具有必然性和必要性。

互助型社会养老的发展正是传统互助—现代传承与创新的现代互助社会建设的一项重要探索。追溯历史亦可以发现其必然。在历史上，中国乡土社会一直以家庭供养为主，非正式互助保障网络是对家庭养老的重要补充。除亲属邻里之间的生活互助以外，宗族作为一个有政治、经济、社会、宗教等多方面功能的事业组织，发挥了相对稳定的互助保障功能，包括对宗族贫困成员的临时物质救济，通过宗族的约束和统治能力加强道德教化，要求族人敬宗守节、赡养老人、体恤孤寡等。宋代以后，伴随义庄的逐渐兴起，宗族互助养老开始走向制度化。一方面，在组织运作上，宗族通过义庄开设了专门的管理机构，开辟了正式的资金筹措渠道——经营义田，建立了一系列正式的制度规范，实现了族内互助的制度化；另一方面，义庄将族内老人列为保障对象，通过普惠式互助和特殊救济式互助，使宗族互助养老保障从钱物救济过渡到了全面而稳定的经济救济、生活照顾、精神慰藉及安葬等。此后，针对孤寡老人的慈善救助性互助在明清时期兴盛，如宦官在京郊修建的"兄弟庙"，不婚女性发起的"金兰会""姑婆屋"等。

改革开放以来，伴随工业化和城镇化进程，一方面，家庭养老趋向弱化和缺位——

① 《中国共产党第十九届中央委员会第四次全体会议文件汇编》，人民出版社 2019 年版，第 12 页。
② 《十九大以来重要文献选编》中，中央文献出版社 2021 年版，第 666~667 页。

子女数量减少、人口流迁、家庭结构小型化、传统道德伦理与宗族约束弱化、老年人家庭地位下降；另一方面，非正式互助网络可靠性降低——宗族等传统非正式互助组织/保障解体或消失，乡土社会基于人情伦理指导下的亲邻互助圈子受到市场经济的影响。因而，一方面，人口老龄化、社会主义初级阶段的现实国情、家庭养老传统思想和专业服务购买能力不足导致中国大部分地区很难快速建立像西方国家一样的专业化、规范化、整合化的社会照护体系；另一方面，面对数量庞大离开工作岗位、成为散落个体的老年人，其健康余寿的延长及家庭小型化、空巢化，老年人需要有序参与到"组织"和"社会"中，成为"福利生产者""社会建设者"，而不仅是"福利消费者"，"社会赡养者"。

故而，扎根于传统非正式互助网络，创新性地发展互助型社会养老——建立互助组织/小组/队伍，开展包括互助服务在内的资金、服务、文化等方面的互助合作，进而影响和约束家庭养老、家庭互助，与家庭养老一道构建基础性的养老服务保障网络，同时让老年人有序参与到"社会"和"组织"之中，是发展社会养老的中国道路和中国模式。从微观角度来讲，互助型社会养老是个体之间进行的资金、服务、精神文化上的互相帮助；在中观层面上，互助型社会养老机构是建立党委领导、政府负责下的由政府、企业、社会组织等专业化运营（管理）的各类圈层化的互助组织，并且借助专业社会组织、社会企业等进行指导、赋能，开展包括互助服务在内的各类活动。互助组织从组织化管理到市场化经营，同时通过经营、争取外源支持等方式可持续发展，这是有边界、可操作的。

从国家战略和政策层面来看，2018年政府工作报告首次提出了发展互助式养老，党的十九届五中全会通过的《中共中央关于制定国民经济和社会发展第十四个五年规划和二〇三五年远景目标的建议》，首次将积极应对人口老龄化上升为国家战略，明确提出发展普惠型养老服务和互助性养老。2021年中央一号文件《中共中央 国务院关于全面推进乡村振兴加快农业农村现代化的意见》进一步提出要发展农村普惠型养老服务和互助性养老。这表现了党和政府对互助养老的高度重视。在实践层面，由党委领导、政府负责的自上而下的和民间自发的自下而上的探索亦如雨后春笋般生发，如北京、湖南等地成立的独居老人协会、养老互助会，上海的"老伙伴计划"和睦邻互助养老，南京、广州等地的时间银行，河北、内蒙古等地的农村互助幸福院，浙江的银龄互助等模式，取得了一些实践经验。但是，也有很多农村新建的互助养老设施正在被荒废和浪费，房舍灰尘满布，用具锈迹斑斑。

笔者读博士期间就关注农村互助养老，同时不断进行实践调研和理论学习。在此过程中，笔者不断思考这种模式的定位、特点及如何发展等，提出了互助型社会养老概念，确立了"互助养老是中国特色的低成本农村养老之路""理论上的不清晰导致实践走弯路""应当将互助养老提高到国家积极应对人口老龄化战略的层次"等判断。近年来，伴随理论储备的增加及调研范围的扩大，笔者的研究从农村互助型社会养老扩展到城乡互助型社会养老。不光是农村，中国大部分地区，尤其是欠发达地区和中小城市，都将面临未富先老的问题，互助型社会养老是切合当地实际地情的社会养老的实现方式。而像北京、上海、南京、广州等地的城市时间银行、互助基金会等项目的经验做法也是可以通过适当转变应用于城市社会养老的。故笔者进一步提出"互助型社会养老是低成本积极应对人口老龄化的中国模式和中国道路""互助型社会养老不是简单的互相帮助，其基础是资金互助，关键是互助组织，重点是服务互助""应当创新党委领导、政府负责下的'市场经营社会'理念""应当从组织层面对互助型社会养老进行界定，互助组织的基础性地位决定了互助型社会养老的基础性地位""城市与农村互助型社会养老的发展策略有所区别，但在战略层面是一致的""互助养老不仅是一种养老保障服务，也是老龄社会治理的重要组成和应有之义"等观点。

总之，互助型社会养老并非简单的服务互助或者直接的相互帮助，而是涉及多个层次、多项内容、多方维度的社会系统，并且互助型社会养老应当结合社会治理共同体建设来看待。借助互联网平台、区块链技术、时间银行等货币媒介，理想的发展道路在于构建"层级统筹，圈内决策"的圈层化互助型社会养老服务保障体系、互助型社会养老组织体系和互助社会共同体。发展互助型社会养老的目的是要切实解决现阶段国家保障能力有待进一步提高，老年人缺乏足够的资金购买养老服务、抵御养老风险的问题。其重要外溢效应还在于激发人们共同克服困难的创造精神、奋斗精神和团结精神，创造机会让各类人力资本积极奉献社会，探索中国特色的社会价值体系、社会组织体系、社会服务体系、社会合作体系和社会参与体系，助力社会信用体系的完善和社会共同体的建设。推动国家应对老龄社会的治理方式及治理模式实现本土化和有序化，保证老龄社会的良性发展，保证党和国家的长治久安。本书将互助型社会养老作为主要研究对象，依循互助—养老—治理的逻辑进行考察和研究，深入探索互助型社会养老的理论与实践，并尝试解读之、证明之、分析之、归纳之。

目　　录

导论

互助型社会养老的本质是经济互助，基础是互助保障（资金互助），关键是互助组织，重点是互助服务。在社会养老服务体系的构建中，互助型社会养老是基础性的，以互助为本的社会部门与以竞争为本的市场部门相辅相成，重建互助—信任的社会部门是前提，没有社会部门互助—信任网络关系的重建，市场部门也很难发展。在社会治理体系的构建中，互助型社会养老可以促进以老年人为主的全体人口积极参与到中国共产党领导（党委领导、政府负责、社会参与、市场经营）的互助组织和"圈层"社会中，以组织限制资本、监督政府，同时增加整个社会的团结力和凝聚力，构建"人人有责、人人尽责、人人参与"的福利经济社会治理共同体，营造和谐稳定的社会氛围。

一、研究目标

面对人口老龄化程度加深、速度加快，老年人家庭养老衰落、养老风险增加，如何构建中国特色的社会养老服务保障体系，探索其发展模式、运行机制，愈发成为积极应对人口老龄化、提高老年人养老福祉的重点和难点。从中国现实国情和老年人实际需求出发，中国社会养老保障的出路在于以社会养老补充家庭养老，以朋辈互助补充代际互助，以互助保障丰富家庭保障。互助型社会养老作为成本节约、收益高的社会养老模式，与中国经济社会发展水平相适应、与中国乡土本色和现代转型相协调、与中国构建幸福和谐老龄社会共同体理念相契合，是一种在实践中不断创新发展的中国特色的新型社会养老模式，是社会养老的基本实现形式。

纵观我国互助养老的现有研究和实践，民间探索多将其作为积极老龄化和志愿服务部门的行动——行动上的互助，政府虽然意欲通过互助养老以全面应对老年人养老问题，但基层实践缺乏清晰的理论指导和顶层设计，只能"摸着石头过河"。究其原因，还是与起步时间相对较晚，以及研究有待进一步深化有关。时空逻辑不清导致内容逻辑的偏差和片面，无法真正厘清中国特色的互助型社会养老的重要战略意义。理论和概念上的不清晰，正是导致实践中出现盲目推动硬件设施建设、形式化等问题的根源所在。

　　因此，当务之急是要通过系统的文献研究、理论分析、实践总结，归纳探索出互助养老的缘起、概念、中西方差异、定位、模式、机制和未来发展道路，进而指导改革与实践。

二、研究意义

　　互助型社会养老研究具有理论意义、战略意义、实践意义等多维重要意义。

　　在理论意义方面，中国互助养老的理论研究是滞后于基层的实践创新的。本研究可以在一定程度上填补积极应对人口老龄化、老龄事业和产业发展的中国化道路及模式的空缺。

　　在战略意义方面，互助型社会养老兼具社会治理和民生保障双重意义。一方面，互助型社会养老是低成本积极应对人口老龄化、激发城乡老龄事业和老龄产业活力、推动供给侧结构性改革、构建城乡幸福和谐老龄社会的中国道路和中国模式。另一方面，城乡传统的家庭养老体系受到家庭规模缩小、人地流迁、孝道文化作用减弱等因素的冲击，老年人无人照护问题日益严重，精神无所依托，互助型社会养老亦是应对城乡老年人养老困境、鼓励老年人积极参与社会活动、提高城乡老年人福祉的重要路径选择。

　　在实践意义方面，本书对互助型社会养老的缘起、概念、本土化的论述，以及对其运行机制、发展模式、发展路径的考察和总结，有助于社会各界准确、全面和深入认识中国城乡社会养老发展现状及问题，有助于国家对中国城乡互助型社会养老发展进行顶层设计，为社会养老的制度框架和政策体系的形成提供数据支撑和理论依据，并提出参考模式和对策方案。

三、技术路线

　　（一）研究思路

　　根据前述研究目标和研究内容，本书的研究思路如图 0-1 所示。

　　（二）数据来源

　　本书所用案例均为课题组成员于 2014 年至 2019 年实地调研所得。调研内容包括互

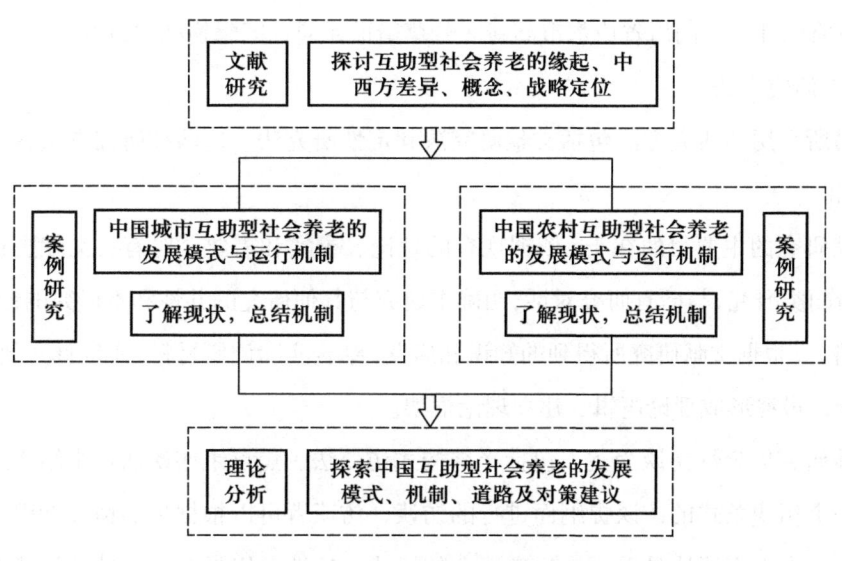

图 0-1 研究思路示意图

助型社会养老的发展过程、运作情况（包括资金来源、管理方式、人员配置、服务标准、政府和其他社会组织发挥的作用）、效果评价（包括管理人员的服务和看法、服务人员的评价和看法、老年人及其家庭成员的评价和看法）、支持情况（包括政府、社会力量、互联网技术等）。

农村调研对象包括北京市延庆区井庄镇北地村、王仲营村，八达岭镇岔道村，香营乡新庄堡村；顺义区牛栏山镇龙王头村；通州区新通国际社区。浙江省安吉县报福镇洪家村、中张村、统里村和报福村，上墅乡上墅村和罗村，昌硕街道双一村和天目社区，杭垓镇磻溪村和孝丰镇三眼井社区。上海市奉贤区青村镇李窑村"睦邻四堂间"，松江区叶榭镇堰泾村幸福老人村。山东省单县高家庄村、仵袁庄村。河北省威县孙家庄村，河北省平山县景家庄村。四川省芦山县清仁乡大板村和横溪村，茂县凤仪镇梨园村、宗渠村和前进村。吉林省龙井市智新镇光新村、东盛涌镇东盛涌村和龙山村，松原市兴原乡单家村和于家村、新民乡河西村、伯都乡杨家村和井发村。广西壮族自治区河池市宜州区安马乡白屯村和木寨村、庆远镇畔塘村、围村和石别镇清潭村。

城市调研对象包括北京市东城区爱众慈孝家园新鲜社区，通州区瀚丰养老驿站润枫领尚社区和台湖镇东亚印象台湖小区。上海市浦东新区金杨新村街道"老伙伴计划"，松江区岳阳街道"老伙伴计划"和静安区彭浦镇沪太路1170弄"老伙伴计划"。辽宁省大连市大连湾街道义工站。江苏省南京市王子楼社区时间银行，大阳沟时间银行和桃园居时间银行。广东省广州市南沙区麒麟新城社区服务站和黄阁社区服务站，深圳市盐田区海山街道倚山社区。四川省成都市高新区芳草街道元通社区馨挽秋"01窝窝"。

（三）研究方法

本书所采用的研究方法包括文献研究法和定性研究法。这两种研究方法在本书中是交叠使用的。

文献研究的主要目的在于：依据现有的理论、事实和需要，对有关文献进行分析整理或重新归类研究，与已有研究对话，明确本研究与其他研究的共性和本研究的创新之处。在此基础上，根据文献研究所得到的知识和启发，结合实际调研材料，不断修正研究目标、研究设计，最终形成理论逻辑、建立理论框架。

定性研究以定性访谈为主，包括半结构式访谈法、焦点组座谈法。半结构式访谈法指按照一个粗线条式的访谈提纲而进行的访谈，访谈者可以根据现实情况调整、增减提纲问题。焦点组座谈法是采用小组座谈会的形式，挑选一组具有代表性的访谈对象，由主持人就某个专题对访谈对象进行统一访问，从而获得对有关问题的深入了解。

书中定性数据的重要作用主要体现在以下两个方面：一是回答"是什么"的问题，对城乡互助型社会养老的现有模式和发展状况进行梳理，为系统总结中国城乡互助型社会养老的中国特色、中国模式提供案例支撑；二是回答"怎么办"的问题，通过对先进经验、典型案例的总结与讨论，提出中国城乡互助型社会养老的发展道路及对策建议。

第一章 互助型社会养老研究的背景阐释

互助型社会养老既是对中国传统互助保障的历史延续与现代转型，也被赋予积极应对人口老龄化、老龄社会和超老龄社会治理的时代使命——兼具效用与美德、保障与治理功能。它不是独立于家庭养老和社会养老之外的模式，也不仅是相关部门的行动，而是通过建设国家领导下的"社会"，通过创新党委领导、政府负责下的国家、社会、市场的合作，充分发挥基层自治组织、群团组织等政治型互助组织力量，推动草根型互助组织成立，辅以专业社工组织的专业技能和企业的经营管理方法，将以（准）老年人为主的各类人力资源组织和利用起来，从组织化管理到市场化经营，低成本探索社会养老的路径和方式。从老年人低成本和集体化生活需求的角度出发，它是社会养老体系中的基础性组成部分，其他增值服务或项目在此基础上展开。从国家领导下的"社会"——这一"人"的共同体建设的角度出发，它是社会治理体系的重要组成部分，组织建设是其中的关键环节。

第一节 未富先老是中国人口老龄化的现实国情

21 世纪是人口老龄化的时代。目前，世界上所有发达国家都已经进入老龄社会，许多发展中国家正在或即将进入老龄社会。中国在 2000 年左右进入老龄社会，是较早进入老龄社会的发展中国家之一。进入老龄社会以来，我国已经历快速人口老龄化阶段，从现在到 21 世纪末，我国还将经历急速人口老龄化、深度人口老龄化、重度人口老龄化阶段，同时到 2050 年左右，老年人口数量将从 2.5 亿增加到 4.5 亿左右，老年人口在总人口中所占比例将达到 1/3 左右。与此相伴的是：社会主义初级阶段是当前和今后一段时期内中国的最大国情和实际状况。一方面，中美贸易摩擦与新冠肺炎疫情对世界经济产生重大冲击，全球经济增长乏力。另一方面，中国面临经济转型升级、生态环境治理、人口急速老龄化压力等。因此，我们需要结合社会主义国家国情，以及经济社会发展阶段去建设老龄社会治理体系和社会养老体系。明确定位而非盲目推进，是科学应对人口老龄化的重要前提。

一、中国即将进入急速和深度人口老龄化阶段

根据国家统计局 2022 年发布的人口数据，截至 2021 年底，我国 60 岁及以上老年人口数量为 26 736 万，在总人口中所占比例达到 18.9%。与 2000 年我国 60 岁及以上人口在总人口中所占比例超过 10%（达到 10.3%）、老年人口数量为 1.30 亿、进入老龄化社会相比，我国 60 岁及以上人口数量翻了一番，在总人口中所占比例增加了 81%。伴随20 世纪 60 年代第二次人口出生高峰时期（1962 年至 1970 年）和 80 年代第三次人口出生高峰时期（1981 年至 1990 年）出生人口进入老年，我国人口老龄化的速度将进一步加快。保守预测到 2050 年，中国 60 岁及以上老年人口数量将超过四亿人，老年人口在总人口中所占比例也将超过 30%。目前，关于中国人口老龄化发展趋势的预测相对较多，我们选取了中国人民大学人口与发展研究中心和全国老龄工作委员会办公室的预测数据。

根据杜鹏等的预测，如表 1-1 所示，预计到 2025 年，我国老年人口在总人口中所占比例将达到 20%，也就是说，到时每 5 个中国人里就会有 1 个老年人。2025 年到 2050 年，老年人口占比将达到 30% 以上，老年人口数量将超过 4 亿。2020 年至 2050 年，预计 60岁及以上老年人数将净增 2 亿。

根据 2017 年全国老龄工作委员会办公室发布的《国家应对人口老龄化战略研究总报告》的预测，我国 2000 年至 2100 年的人口老龄化发展可以划分为快速人口老龄化、急速人口老龄化、深度人口老龄化、重度人口老龄化四个阶段。其中，2022 年至 2036 年是急速人口老龄化阶段，老年人口数量从 2.68 亿增至 4.23 亿，人口老龄化水平从 18.5%升至 29.1%，是我国应对人口老龄化最艰难的阶段。2036 年至 2053 年是深度人口老龄化阶段，老年人口数量从 4.23 亿增至 4.87 亿的峰值，人口老龄化水平从 29.1% 升至

34.8%，此阶段老龄化趋势显著，我国将成为世界上人口老龄化形势最为严峻的几个国家之一。从与我国实现中华民族伟大复兴中国梦的历史进程结合来看，2020 年至 2035 年，中国将完成"两步走"建成社会主义现代化强国的第一阶段历史任务——基本实现社会主义现代化，这一阶段也是我国应对人口老龄化最艰难的阶段——急速人口老龄化阶段，届时中国人口老龄化水平将从 2020 年的 17.8% 提高到 2035 年的 28.5%，此阶段的总人口规模达到峰值并转入负增长，老年人口规模增长最快，同时进入超老龄社会。从 2035 年到 21 世纪中叶，中国将完成"两步走"的第二阶段历史任务——把我国建成富强民主文明和谐美丽的社会主义现代化强国，此时中国将一直处于深度人口老龄化阶段，人口老龄化水平从 2035 年的 28.5% 提高到 2050 年的 34.1%，其主要特点是总人口负增长加速，人口老龄化趋势显著和社会抚养负担加重。

表 1-1　中国人口发展趋势预测（2000—2050 年）

年份	人数 / 亿				比例 /%					
	总人口	60 岁以上	65 岁以上	80 岁以上	60 岁以上	65 岁以上	80+/60+	少儿抚养比	老年抚养比	总抚养比
2025	14.45	2.91	1.95	0.31	20.2	13.5	10.65	28.2	32.4	60.6
2030	14.44	3.48	2.36	0.39	24.1	16.3	11.21	26.4	40.2	66.6
2035	14.39	3.87	2.83	0.53	26.9	19.7	13.70	25.9	46.3	72.2
2040	14.29	3.98	3.14	0.59	27.8	21.9	14.82	26.6	48.8	75.4
2045	14.08	4.08	3.16	0.75	29.0	22.5	18.38	27.9	52.2	80.2
2050	13.73	4.30	3.18	0.90	31.3	23.2	20.93	28.8	58.7	87.6

数据来源：杜鹏，翟振武，陈卫：《中国人口老龄化百年发展趋势》，《人口研究》，2005 年第 6 期。

二、未富先老与人口老龄化相伴随

从 1978 年改革开放到 1992 年提出建立社会主义市场经济体制，中国从计划经济走向市场经济，始终保持较高的经济增长速度。市场经济打破了过去计划经济体制下的"集体主义大锅饭"，极大地释放了个人劳动的积极性。可以说，改革开放政策为后来 40 多年的经济增长奠定了坚实的制度基础。进入 21 世纪以后，中国成为经济总量仅次于美国的世界第二大经济体。1999 年至 2018 年中国的 GDP 和人均 GDP 变化如图 1-1 所示。在 2000 年时，中国的 GDP 为 10 万亿元，人均 GDP 为 7 942 元。而到 2018 年，中国的 GDP 已经达到 92 万亿元，人均 GDP 达到 6.6 万元。

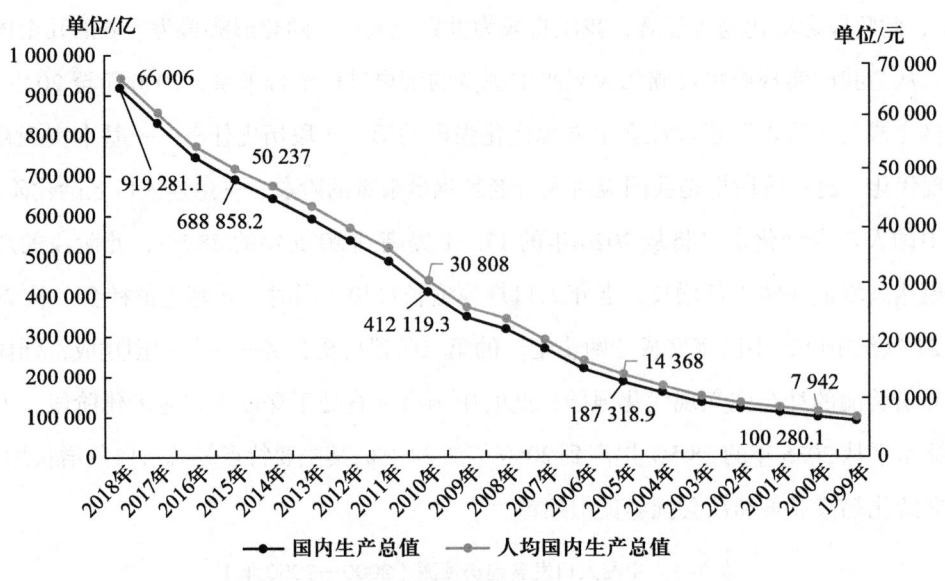

图 1-1　1999—2019 年中国 GDP 与人均 GDP 统计

　　虽然经历了经济的高速增长，经济总量已经跃居世界第 2 位，但是我们需要清醒认识的是，中国的人均 GDP 仍然不高，仍然处于发展中国家之列，社会主义初级阶段仍然是中国的最大实际和最大国情。对标世界人口老龄化最严重的 8 个国家，可以发现，中国的人口急速老龄化是与经济相对落后相伴随的，即我们经常使用的界定词"未富先老"。

　　将中国与世界目前人口老龄化最严重（进入超老龄社会）的 8 个国家进行比较，如表 1-2 所示[①]。2017 年世界排名前 8 位的超老龄国家依次是：日本、意大利、德国、葡萄牙、芬兰、保加利亚、克罗地亚和希腊。2017 年，这 8 个国家 60 岁及以上人口占比均已突破 25%，属于超老龄社会。日本是世界上超老龄化程度最高的国家，老年人口（60 岁及以上）占比为 33.4%。紧随其后的是意大利和德国，超老龄化程度分别为 29.4% 和 28.0%。根据世界银行数据显示，8 个国家进入老龄社会（65 岁及以上人口超过 14%）的时间依次为：德国（1972 年）、意大利（1988 年）、葡萄牙（1992 年）、保加利亚（1993 年）、希腊（1993 年）、芬兰（1994 年）、日本（1995 年）、克罗地亚（1996 年）；进入超老龄社会的时间依次为：日本（2008 年）、意大利（2012 年）、德国（2015 年）、葡萄牙（2016 年）、芬兰（2017 年）、保加利亚（2017 年）、克罗地亚（2017 年）和希腊（2017 年）。

---

① 该部分为笔者团队 2018 年承接的全国老龄工作委员会办公室"面向超老龄社会老年人照顾服务与优待制度构建研究"课题部分成果。

表 1-2　超老龄国家及其经济情况

超老龄国家	65 岁以上人口占比 /%	60 岁以上人口占比 /%	人均 GDP/美元	65 岁及以上人口突破 14% 的年份	当年的人均 GDP/美元	进入超老龄社会的年份	当年的人均 GDP/美元
日本	27.0	33.4	38 428.1	1995	43 440.4	2008	39 339.3
意大利	23.0	29.4	31 953.0	1988	15 692.7	2012	34 814.1
德国	21.5	28.0	44 469.9	1972	3 795.6	2015	41 323.9
葡萄牙	21.5	27.9	21 136.3	1992	10 811.6	2016	19 871.7
芬兰	21.2	27.8	45 703.3	1994	20 305.6	2017	45 703.3
保加利亚	20.8	27.7	8 031.6	1993	1 278.2	2017	8 031.6
克罗地亚	19.7	26.8	13 294.5	1996	5 268.8	2017	13 294.5
希腊	20.4	26.5	18 613.4	1993	10 402.0	2017	18 613.4
中国	11.4	17.3	8 827.0			2030	17 971.9

注：日本、意大利、德国、葡萄牙、芬兰进入超老龄社会的标志为 65 岁及以上人口比例超过 21%，资料来源于世界银行数据。保加利亚、克罗地亚和希腊进入超老龄社会的标志为 60 岁及以上人口比例超过 25%，且均在 2015 年前进入。但为与前五国一致，时间均取 2017 年。

资料来源：《世界人口展望（World Population Prospects）2017 年报告》；世界银行的各国经济数据。

其中，日本虽然进入老龄社会比较晚，但其老龄化的速度非常快。世界人口展望（World Population Prospects，简称为 WPP）2017 年的数据预测，到 2050 年，日本仍是世界上超老龄程度最高的国家，老龄人口（60 岁及以上）占比将达到 42.4%。从经济发展水平来看（用人均 GDP 体现），世界银行数据显示，8 个国家人均 GDP，以现价美元为单位，按照进入超老龄社会时间顺序排列依次为：日本（39 339.3 美元）、意大利（34 814.1 美元）、德国（41 323.9 美元）、葡萄牙（19 871.7 美元）、芬兰（45 703.3 美元）、保加利亚（8 031.6 美元）、克罗地亚（13 294.5 美元）和希腊（18 613.4 美元）。其中，保加利亚和克罗地亚在进入超老龄社会时人均 GDP 并不是很高，葡萄牙和希腊的经济发展水平也不高。值得注意的是，与 1995 年相比，日本 2017 年的老年人口在总人口中所占比例翻了一番，但是人均 GDP 有所下降。

根据表 1-3 世界银行的数据，中国 2017 年人均 GDP 为 8 827.0（现价美元），仅超过保加利亚，与其他超老龄国家相比差距较大。根据 WPP 的预测，2030 年我国 60 岁及以上人口为 3.58 亿，60 岁及以上老年人口占比为 25.3%，进入超老龄社会。根据经济合作与发展组织（简称 OECD）的预测，中国大陆 2030 年的预期 GDP 为 263 072.5 亿美元；WPP 2015 数据显示，中国 2030 年人口预计为 1 463 798 000 人。据此估算，2030 年中国预计人均 GDP 为 17 971.9 美元（现价美元），接近于希腊和葡萄牙进入超老龄社会的人均 GDP 水平。

表 1-3 超老龄国家情况与中国情况对比

超老龄国家（2017年数据）	与中国 2017年人均 GDP 接近的年份	接近年份的人均 GDP/ 美元	接近年份的老龄人口（65 岁及以上）占比 /%	与中国 2030年人均 GDP 接近的年份	接近年份的人均 GDP/ 美元	接近年份的老龄人口（65 岁及以上）占比 /%
日本	1978	8 821.8	8.4	1986	17 111.9	10.4
意大利	1980	8 429.0	13.3	1989	16 332.7	14.5
德国	1978	9 446.2	15.6	1988	17 863.4	14.7
葡萄牙	1991	8 959.9	14.0	2004	18 045.6	17.1
芬兰	1979	9 339.2	11.8	1993	17 617.0	14.0
保加利亚	2017	8 031.6	20.8	2017 年时仍未过万		
克罗地亚	2004	9 365.7	17.1	2008	15 893.9	17.4
希腊	1990	9 600.2	13.5	2003	18 477.6	17.4
中国	2017	8 827.0	11.4	2030	17 971.9	17.3

资料来源：World Population Prospects2017 年报告；世界银行的各国经济数据。

因此，我们应当清醒地认识到，中国的经济建设——对同期发达国家的奋力追赶，和社会建设——与相同历史时期的发达国家和现阶段经济发展水平相近国家的理性对标，是存在差异的。在 2050 年之前，作为处于社会主义初级阶段的发展中国家，集中力量推动经济高质量发展仍然是中国的第一要务，社会福利服务需要根据国情尽力而为、量力而行，同时在这一过程中，最大限度地推动社会治理现代化（外溢效应）。[①]

面对未富先老的现实国情，我们应当在了解德日美英等高福利国家的经验和教训的基础上，对标他们和我们处于相同历史阶段的社会养老供给，同时总结与我们进入超老龄社会时经济社会发展水平相近的葡萄牙、希腊、意大利的经验和教训，探索构建与中国现实养老国情相适应的社会养老服务保障体系。

三、地区差异与人口老龄化相伴随

作为一个拥有 14.13 亿人口、963.4 万平方公里国土的国家（截至 2021 年底），中国巨大的地区差异也是重要的现实国情，这一地区差异包括省、市、县、乡、村的层级和

---

① 这是一条中国需要探索的中国特色的社会建设之路，如果走好，将有文化、组织、经济、保障、治理等多重叠加红利。

内部差异。

从城乡差异角度来看，中国农村经济发展水平落后于城镇，但是人口老龄化程度和速度都要高于城镇。一方面，中国农村面临人力和财力的短缺。国家统计局数据显示，2017 年，我国农村居民人均可支配收入中位数为 11 969 元①，是城市的 35.4%。中国老龄科学研究中心的调查数据显示，2015 年，中国农村老年人的人均收入水平是城镇老年人的 31.8%。与此同时，农村人口，尤其是中西部地区农村人口的外出打工比例很高。《2021 年度人力资源和社会保障事业发展统计公报》显示，我国农民工总量达到 29 251 万，其中，外出农民工 17 172 万。另一方面，中国农村人口老龄化形势十分严峻。在少子化和人口流动的双重作用下，根据 2015 年全国 1% 人口抽样调查数据，2015 年，中国农村 60 岁及以上老年人口在农村总人口中所占比例达到 18.5%，比全国平均水平高出 2.4 个百分点。杜鹏等预测，中国农村老年人口数量到 2030 年前后将增加到 1.19 亿，占农村总人口比例将突破 30%（根据杜鹏等 2005 年的测算，2030 年全国老年人口在总人口中所占比例为 24.1%，2045 年至 2050 年达到 30% 以上）。② 全国老龄工作委员会办公室预测，2033 年，中国城乡人口老龄化程度差值将达到最高值，即 13.4 个百分点。而受地区和城乡间不平衡的户籍制度及落叶归根的传统思想等影响，老一代农民工或将陆续返乡，中西部地区农村未来的养老压力将加大。

从地区差异角度来看，中国欠发达地区经济发展水平落后于发达地区，但是常住人口的老龄化程度和速度并不低于发达地区。对本书案例中所涉及的部分省份进行比较，根据国家统计局 2016 年的数据，浙江、上海、北京的人均 GDP 分别达到 8.5 万元、11.7 万元、11.8 万元（当年的全国人均 GDP 为 5.4 万元），吉林、广西、四川的人均 GDP 分别为 5.4 万元、3.8 万元、4.0 万元。而在人口老龄化的程度和速度方面，北京、浙江、上海户籍人口老龄化程度较高。其中，上海、北京的户籍人口老龄化率分列第一位和第二位。根据《浙江省 2016 年老年人口和老龄事业统计公报》《北京市"十三五"时期老龄事业发展规划》《上海统计年鉴 2017》数据，浙江、北京、上海户籍老年人口占总人口的比例分别为 21.0%、23.4% 和 31.6%。但从常住老年人口占比的角度来看，根据 2010 年第六次全国人口普查数据，老年人口占比（按照 65 岁及以上老年人口所占比例口径统计）较高的是西部的重庆、四川，上海仅排名第六，广西排名第十。如果按照东、中、西部划分，东部和西部地区的 65 岁及以上老年人口占比均为 8.96%，中部的

---

① 无特殊说明时，货币为人民币。

② 杜鹏，王武林：《论人口老龄化程度城乡差异的转变》，《人口研究》，2010 年第 2 期。

这一比例稍低，为 8.76%。本书案例所涉及部分省份的老年人口所占比例比较如表 1-4 所示。

表1-4　我国65岁及以上老年人口占比及排名　　　　　　　　　　单位/%

	浙江	北京	上海	辽宁	吉林	广西	四川
1953 年	4.08	3.31	1.98	3.84	3.46	4.62	4.23
排名	9	20	27	15	19	6	8
1964 年	4.19	4.1	3.61	3.28	3.23	3.28	2.72
排名	5	6	12	17	18	16	23
1982 年	5.76	5.65	7.42	4.81	3.98	5.11	4.68
排名	2	4	1	14	23	10	15
1990 年	6.83	6.35	9.38	5.68	4.52	5.42	5.71
排名	2	5	1	11	24	14	10
2000 年	8.92	8.42	11.46	7.88	6.04	7.30	7.56
排名	2	4	1	8	23	12	10
2010 年	9.34	8.71	10.13	10.31	8.38	9.24	10.95
排名	9	13	6	4	16	10	2

资料来源：姜向群，杜鹏主编：《中国人口老龄化和老龄事业发展报告》，中国人民大学出版社 2013 年版。

第二节　社会养老是社会建设的重点任务

纵观改革开放 40 多年来中国经济社会的发展，中国特色的社会主义市场经济体制已经比较成熟，保证了中国经济在一个较为稳定的轨道上运行。但是，与经济的快速发展相比，中国的社会建设水平相对落后，而这又是维护社会稳定、保证国家长治久安的重要环节。社会治理和民生保障是社会建设的一体两面，面对即将进入的急速人口老龄化时期，老年人经济、社会、心理等多重衰老劣势，以及老年人口参与社会的强烈需求，构建以老年人需求为出发点的社会养老服务保障体系，进而构建和谐稳定的中国特色的社会主义老龄社会、超老龄社会，是未来社会建设的重要组成部分和重点任务。

一、老年人口相比于其他人口面临多重劣势

从经济收入的角度来看，城乡老年人口的收入都有了不同程度的增长，但是，与同期居民平均收入水平相比较，老年人收入水平低于其他居民，尤其是城市退休老人，收入远低于在岗职工的收入。虽然自 1978 年改革开放以来，我国经济高速发展。但是，历

经 20 世纪 90 年代人民币贬值、亚洲金融危机、国企下岗潮等，中国人民真正享受到经济高速发展红利，还是在进入 21 世纪以后。如果不考虑提前退休，按照城市男性 55 岁、女性 50 岁退休来计算，中国目前 70 岁以上的女性老年人、75 岁以上的男性老年人，在中国 21 世纪以后的经济高速发展时期，已经退休。《老龄蓝皮书：中国城乡老年人生活状况调查报告（2018）》的数据显示，2014 年我国城市老年人平均收入为 23 930 元，是 2000 年的 3.24 倍。按可比价格计算，年均实际增长 5.86%。农村老年人平均收入 7 621 元，是 2000 年的 4.62 倍。按可比价格计算，年均实际增长 9.06%。2014 年，我国城市老年人收入只相当于同期城镇居民人均可支配收入的 82.9%，仅相当于同期城镇单位在岗职工平均工资的 41.7%。2014 年，农村老年人收入相当于同期农村居民人均可支配收入的 72.7%。

从生活安排角度来看，多种现代化因素导致老年人家庭养老弱化。伴随经济社会发展、人口空间流动性的增强，以及市场理性、个人主义和小家庭主义的影响，一方面老年人的潜在照料资源减少，另一方面也是极为重要的一方面，是父权制逐渐弱化，礼治秩序趋于消解，子辈对父辈赡养的制度强制力和约束力减弱，家庭养老从以文化为主的模式转变为以个体自愿选择为主的模式。[①] 不少研究认为，家庭养老已经由一种超经济的伦理性行为转变成为一种市场经济平等交换式的经济性行为。[②] 这些因素共同导致老年人精神空虚、生活无人或少人照料的局面。

第四次中国城乡老年人生活状况抽样调查数据显示，我国老年人口子女数量不断下降，家庭结构小型化趋势突出，老年人无人照料和精神孤独占比较高。如图 1-2 所示，2015 年，全国老年人平均子女数为 3.0 人，与 2000 年相比，老年人平均子女数减少 1.0 人。其中，60 岁至 64 岁低龄老年人平均子女数为 2.3 人，65 岁至 69 岁中低龄老年人平均子女数为 2.7 人。另外，2015 年，全国还有 1.8% 的老年人处于无子女的状态，2.9% 的老年人全部子女在外省居住。从老年人居住方式来看，2015 年，在全国老年人口中，独居老年人占比为 13.1%，仅与配偶同住的老年人占比为 38.2%。超过半数以上老年人独居或仅与配偶同住，但是健康状况非常差的老年人的丧偶率达到了 34.1%。还有接近 18% 认为自己需要照顾的老年人处于无人照顾的状态，有 36.6% 的老年人感到孤独。尤其是农村老年人独居、无人照护、精神孤独的占比大幅增加。2000 年至 2015 年，农村老年人独居、与配偶同住、与其他人同住的比例明显提高，而与子女同住的比例大幅下

---

① 姚远：《对中国家庭养老弱化的文化诠释》，《人口研究》，1998 年第 5 期；穆光宗：《中国传统养老方式的变革和展望》，《中国人民大学学报》，2000 年第 5 期。

② 范成杰：《代际失调论：对江汉平原农村家庭养老问题的一种解释》，华中科技大学博士学位论文，2009 年；孙新华，王艳霞：《交换型代际关系：农村家际代际关系的新动向——对江汉平原农村的定性研究》，《民俗研究》，2013 年第 1 期。

降。农村老年人独居、仅与配偶同住、与其他人同住的比例分别增加 6.7 个百分点、12.2 个百分点和 4.2 个百分点，而与子女同住的比例减少了 23.0 个百分点。从老年人的照护方式来看，2000 年至 2010 年，我国需要照护的农村老年人无人照护的比例从 0.8% 提高到 19.5%，增加了 18.7 个百分点。与无人照护相伴随的还有农村老年人精神生活的单调、孤独，2015 年，农村老年人精神孤独的占比达到 43.8%。

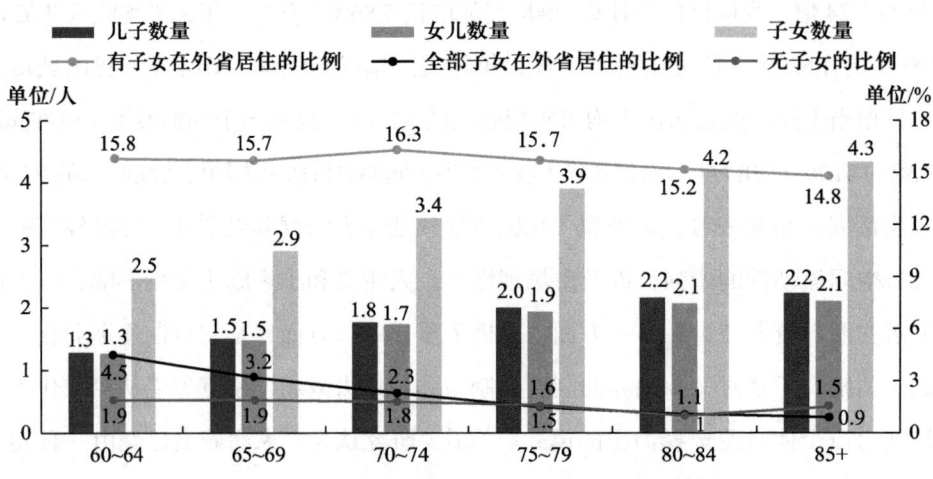

图 1-2　不同年龄段老年人的子女数量及流动情况

资料来源：根据第四次中国城乡老年人生活状况抽样调查数据计算。

从老年人心理角度来看，一方面，进入老年部分意味着身体机能的减弱及健康水平的下降，衰老跟死亡相邻，因此人们往往对衰老产生恐惧；另一方面，衰老意味着权力的转移、社会关系的脱离及社会角色的变化。由劳动角色转换为被供养角色，这容易使人产生经济危机感；由"家长"角色转换为被动接受照顾的角色，这容易使人产生"被抛弃感"和寂寞感；由工具角色转换为感情角色，这容易使人产生性别角色模糊和夫妻冲突等。事实上，这不仅是老年人的心理，也在一定程度上体现了全社会的恐老心理。

二、老年人口需要社会组织和参与社会

2016 年 5 月，习近平在中共中央政治局第三十二次集体学习时强调，要着力增强全社会积极应对人口老龄化的思想观念。要积极看待老龄社会，积极看待老年人和老年生活，老年是人的生命的重要阶段，是仍然可以有作为、有进步、有快乐的重要人生阶段。[1]这与联合国的积极老龄化政策框架不谋而合，根据第二次老龄问题世界大会政治宣言，要

---

[1]《习近平在中共中央政治局第三十二次集体学习时强调 党委领导政府主导社会参与全民行动 推动老龄事业全面协调可持续发展》，《人民日报》，2016 年 5 月 29 日第 1 版。

让人们更健康地进入老年，同时享受更加充分的福祉；力求使老年人充分融入社会；使老年人能够更有效地为社区和社会发展作出贡献；不断完善老年人所需要的照顾和支持。中国拥有数量巨大的老年人口，这是与其他国家完全不同的老龄国情，老年人作为社会的重要组成部分，既关涉社会问题，也影响政治稳定，老年人离开工作岗位之后变成散落的个体，并不利于社会的有效治理。而与此同时，老年人也有参与社会的强烈需求与较大能力。

2015 年全国 1% 人口抽样调查主要数据显示，我国 60 岁至 69 岁低龄老年人在全体老年人中的占比超过一半，达到 56.1%，其中农村老年人中的这一比例（57.7%）要高出城镇老年人 2.3 个百分点。低龄老年人，尤其是离退休老干部、低龄老年党员有丰富的经验智慧和人生阅历，有相对更高的受教育水平和社会地位，有相对充足的时间和饱满的精力，在互助养老中也肩负示范、带动、释放正能量等光荣使命。同时，第四次中国城乡老年人生活状况抽样调查数据显示，我国 81.7% 的老年人生活可以完全自理，通常他们无须被供养，只是在生活遇到困难时需要帮助。55.0% 的老年人正在提供一项或一项以上的家庭照护，他们不是单纯的被抚养者，而是社会和家庭的继续贡献者。

尽管中国社会从古至今都在强调孝道尊老的思想，然而人们仍旧会因为能力的减弱及健康水平的下降，对衰老产生恐惧。这些消极图景妨碍老年人对自己身份进行正确的认识和评价，难以从社会这面"镜子"中获得积极的身份认同。从老年人就业数据亦可以说明老年人的社会参与情况：目前我国老年人的在业人口数量和在业率并不高。如表 1-5 所示，根据第六次全国人口普查主要数据结果，60 岁及以上老年在业人口为 534.2 万，以此推算，全国 60 岁及以上老年在业人口总数约为 5 372.6 万。60 岁及以上老年人口的在业率是 30.3%，男性老年人口在业率高于女性，男性为 37.8%，女性为 23%。65 岁及以上老年人口的在业率是 20.9%，男性老年人在业率也高于女性，男性为 27.4%，女性为 15%。而这些老年在业人口以农林牧渔业为主，从 2010 年的老年在业人口的行业分布看，从事农林牧渔业的老年人所占比例达到 87.07%。

表 1-5　我国在业老年人口的数量与比例

年份	年龄组	老年人数 / 人	就业人数 / 人	男性		女性	
				人数 / 人	比例	人数 / 人	比例
2010	60 岁及以上	177 594 449	53 725 686	32 752 955	60.96%	20 972 731	39.04%
	60—64 岁	58 653 058	28 823 978	17 139 396	59.46%	11 684 582	40.54%
	65 岁及以上	118 941 391	24 901 708	15 613 559	62.70%	9 288 149	37.30%

资料来源：第六次全国人口普查主要数据。

因此，积极看待老年人和充分利用老年人力资源，为老年人提供在保障中参与社会的机会，是社会养老体系和社会治理体系建设的重要内容。只有在创造条件将老年人组织起来、推动老年人积极参与社会的同时，做好老年人照顾服务工作，弘扬敬老养老助老社会风尚，提升老年人的获得感和幸福感，才能充分体现社会主义制度的优越性，积极应对人口老龄化，推动民生改善、促进社会和谐。

三、社会建设的重点任务：老龄社会治理和社会养老服务保障

面对数量庞大的老年人口，急速的人口老龄化进程，经济、社会、心理等多重衰老劣势，以及老年人参与社会的强烈需求，构建以满足老年人需求为重点的社会养老服务保障体系，而非以简单的供给视角为老年人提供经济保障，成为提高老年人福祉的重要内容。这一体系是社会福利保障体系（集政治、经济、社会、文化影响于一体），与社会治理共同构成社会建设的一体两面，是未来的社会建设重点，也是推进国家治理体系和治理能力现代化、维护国家长治久安的重要组成部分。

从积极应对人口老龄化角度来看，目前积极应对人口老龄化已经上升为国家战略。与此同时，人口老龄化本身就是 21 世纪的全球性问题，构建社会养老服务保障体系——给老年人以保障和社会参与机会是全球共识。[1]《2015 全球老龄事业观察指数》数据显示，全球 60 岁及以上的老年人口约 9.01 亿，占全球总人口的比重为 12.3%。到 2030 年，这一比例将达到 16.5%。[2] 发达国家的人口老龄化进程相对缓慢，人口老龄化形势严峻主要出现于二十世纪后半叶，如德国、芬兰、日本、韩国等国家。因此，面对这一全球性新课题，任何国家都是学习者。

对中国而言，人口急速老龄化、深度老龄化与经济快速发展、经济发展水平有待进一步提升相伴随，老年人收入水平和储蓄水平都相对不高，对社会养老服务的购买力不足、购买意识相对不强，但是子女数量减少、家庭规模小型化等因素又导致其对社会养老服务的需求急剧增加。面对这样一批占据全国人口 1/5 至 1/3 的庞大群体，如何构建社会养老服务保障体系，以提高老年人养老福祉，减小代际摩擦，降低子女家庭向下养育子女、向上抚养 4 位至 8 位（祖）父母的沉重压力，成为关系国家稳定和谐的重要民生问题。因此，一方面，中国需要立足未富先老的现实国情，通过顶层设计，合理有效应对急速人口老

---

① 联合国大会于 1991 年 12 月 16 日通过《联合国老年人原则》（第 46/91 号决议）。大会鼓励各国政府尽可能将老年人独立、参与、照顾、自我充实、尊严等原则纳入本国国家方案。

② 郭源生主编：《智慧医疗与健康养老》上册，中国科学技术出版社 2017 年版，第 1 页。

龄化和超老龄社会的到来；另一方面，面对人口老龄化这一全球问题，中国作为发展中国家和社会主义国家，也要发出中国声音、提出中国方案，贡献中国道路和中国智慧，为广大处于相同局面的国家提供参考和典范。

从推动社会治理体系和治理能力现代化的角度来看，党的十九届四中全会指出："坚持和完善共建共治共享的社会治理制度，保持社会稳定、维护国家安全……建设人人有责、人人尽责、人人享有的社会治理共同体，确保人民安居乐业、社会安定有序，建设更高水平的平安中国。"[①] 国家治理，尤其是社会治理将逐渐成为影响国家和谐稳定的主要因子，并反作用于经济发展。尤其在全面建成小康社会之后，社会建设的传统—现代转型作为被搁置和暂缓的滞后短板，对维护国家稳定和长治久安的重要意义将更加凸显——包括从管理型社会向服务型社会转型，从救助话语向福利话语转变，从简单的经济保障向精细的服务保障转型等。因此，构建社会养老服务保障体系的重要外溢效应还在于建设社会治理共同体，即探索在行政管理体系和社会保障体系基本建立的基础上，建设中国特色的社会文化体系、社会组织体系、社会服务体系、社会合作体系、社会参与体系，因地制宜地进行社会治理共同体建设，进而探索与中国的现实国情、地情相符合的中国特色社会建设道路。

第三节　互助型社会养老是社会养老的基本组成

当前，互助型社会养老越来越多地出现在全国和地方性政府文件中。同时基于我国未富先老的现实国情、民间互助的传统历史及提高老年人养老福祉的广泛需求，近些年，在基层的自发组织及政府部门的推动之下，各地积极探索互助养老的可行途径，形成许多创新形式。但总体来看，目前我国的互助养老要么还是以硬件设施建设为主，要么只是作为养老的辅助形式，定位不清、受重视程度不足，基础性地位并没有得到足够关注。

一、中国未富先老现实国情的必然选择

根据前文所述，中国在 21 世纪的未来 70 多年将经历人口急速老龄化、深度老龄化

---

① 《中国共产党第十九届中央委员会第四次全体会议文件汇编》，人民出版社 2019 年版，第 12 页。

和重度老龄化三个阶段，而与人口老龄化相伴随的是：社会主义初级阶段是当前和今后一段时期内中国的最大国情和实际状况。面对新时代建设现代化经济体系、推动经济社会从高速度发展向高质量发展转变的核心任务，以及发达国家曲折的社会福利保障发展道路教训，中国不能走高福利保障的道路。[1]

对社会养老保障体系建设，我国过去整体的发展思路是希望通过国家主导建立包括社会救助、社会保险、社会福利在内的社会保障体系。政府一方面承担起了包括社会救助、养老保险金等在内的重要的经济保障功能，另一方面探索建立专业化、规范化、市场化的社会养老服务体系。与之相应的是，传统道德伦理与宗族约束弱化，基于亲邻互助圈子的非正式互助保障可靠性降低。但与政府在提供经济保障方面的显著成效相比，即便国家大力推动，我国的社会养老服务发展依然不甚理想。究其原因，主要在于没有找到老年人实际需求和政府、社会、市场供给能力两方面的平衡：（1）受经济能力影响，政府难以承担全部照护保障的任务；（2）多数老年人（尤其是农村老年人）没有足够的经济能力和意愿购买专业化的服务。这也是大多数社区（村居）养老照料中心、养老服务机构运营状况不佳、收不抵支的重要原因之一。

事实上，大多数老年人需要的也并非高端的专业护理服务，需要的只是社会交往、文化娱乐、日常帮扶或生病时的照顾帮扶等。目前在多数城乡社区，这些需求难以得到满足，这是政府失灵和市场失灵的表现。笔者将其总结为：在个人层面，一是老年人存在低成本高收益追求和集体安全稳定生活的心理需求；二是老年人支付能力不足，仍然不舍得或不习惯购买服务。在市场层面，市场关系是契约关系也是信任关系，是以契约的形式来提供信任担保，虽然这种方式便捷高效，但成本高且受信任度低。在政府层面，未富先老的现实国情及地区间的巨大差异，导致很多地区政府在社会福利服务供给方面心有余而力不足，往往硬件设施建成，进一步的运营补贴难以持续到位。

故中国发展互助型社会养老要解决的是经济发展水平相对不高，国家保障能力较低、市场化服务成本过高的问题。通过社会组织化的形式，开展多种类型的低成本的亲朋、邻里、志愿互助，因地制宜地建设中国特色的合作型福利经济体。这既可以满足老年人多方面的需求，同时能够促进包括老年人在内的各类人员积极参与社会，也可以促进老

---

[1] 习近平曾以一些国家为例，提醒我们要吸取过度福利化和过度承诺导致效率低下、增长迟滞、通货膨胀，收入分配最终恶化的教训。他提出："我们要坚持从实际出发，收入提高必须建立在劳动生产率提高的基础上，福利水平提高必须建立在经济和财力可持续增长的基础上。"（《习近平关于社会主义社会建设论述摘编》，中央文献出版社 2017 年版，第 38 页。）

龄经济的发展。因此，在老年人养老照护体系的构建中，推动养老照护（养）体系与康复护理（医）体系的分离（执行层面可以结合），充分利用各类闲置人力资源和人力资源的闲置时间，以成本节约的方式满足老年人的食、住、精神慰藉、生病或者部分条件适合地区的失能半失能老年人的生活照护，同时倒逼养老家政服务向专业的护理服务业转型升级，是具有诸多本土化优势和广泛社会需求的，对中国现阶段积极应对人口老龄化具有很强的现实意义。

二、中国特色社会主义国家建设的必然选择

在党委领导、政府负责之下，互助型社会养老依赖集体和组织的力量，市场和专业组织等都是运营的工具，由此开展互助养老服务、保障及其他增值服务。互助型社会养老的基础性地位恰是因为中国作为社会主义国家的"社会"性质决定的，是中国特色社会主义国家建设的必然选择。

历史发展总是遵循一定的规律。市场经济所带来的对资本的追逐、对人性的忽视不可避免地需要进行"社会"建设，社会主义国家和资本主义国家在这一点上具有共同性。但中西方不同的是：西方是对资本主义的社会主义改良，而中国是对社会主义制度和社会主义道路的巩固发展和对资本主义社会的借鉴。十七八世纪西方国家在圈地运动、工业革命等工业化、城镇化进程之后，亦发展起来以同行、同业人员为主，具有自治和自我帮助性质的互惠型互助组织，以及具有浓厚基督教色彩的救济型宗教慈善组织，受西方空想社会主义、社会主义运动、社会改良运动的影响，社会互助进一步扩大到经济合作领域。同时西方早期的社会主义者提出用工人结社取代现存政治组织，以实现工人的社会、经济和政治权利。意大利政治思想史专家萨尔沃·马斯泰罗内指出："对于劳动者来说，只要联合起来，就能够向雇主要求工资、休息和自由的权利。"[1] "结社主义被视为一种文明生活的制度，结社团体可以成为民主生活的中心。"[2] 这种结社相当于把有相同利益需求的个人力量群体化，通过与国家权威的抗衡与合作，更好维护个人权益。当时很多西方互助组织都是工人组织或者行业组织。但也正是因为其与政府分立制衡的地位、庞大的组织规模、会员的中产阶级属性、强大的动员能力，以及对威胁或潜在威胁其生存与利益的政府行为的政治敏锐性，导致政府一直对其有所忌惮，并不断尝试对其进行行政和财务上的监管。随着国家干预程度、范围的进一步加深与扩展，互助组织的地位

[1] 萨尔沃·马斯泰罗内：《欧洲政治思想史——从十五世纪到二十世纪》，黄华光译，社会科学文献出版社1992年版，第307页。
[2] 萨尔沃·马斯泰罗内：《欧洲民主史——从孟德斯鸠到凯尔森》，黄华光译，社会科学文献出版社1990年版，第124页。

不断下降，其功能也逐渐被取代。

与西方国家相比，中国自古就重视社会，国家领导下的互助组织——"社会"是基础性的组织形式。从历史上来看，古代宗族等乡村非正式互助组织亦起到类似作用。换言之，西方"社会"本质是与政府分立制衡的，是对政府的威胁，难以与强大的市场相抗衡，因此在资本主义国家里难以占据主要和基础地位。而中国的"社会"对政府、市场虽然有一定的监督制衡作用，但总体都在党和国家的领导之下，而作为一个人口大国，要维护国家的长治久安，我国就必须构建起"人"的共同体——即"社会"的组织化，这也是社会主义国家与资本主义国家区别的重要体现。从可行性角度来看，虽然中国没有经历西方国家从中世纪到十九世纪末自发性的社会互助组织和正式互助组织的广泛发展过程，但是，中国已经具备自下而上的非正式的互助网络（以血缘、亲缘、地缘为基础的宗族、邻里等非正式互助圈子）和自上而下的层级式的党政管理架构（市和区县两级党委政府，派出机构街道，以及下设社区党组织、社区工作站和社区居委会），在此基础上发挥举国体制优势，创新社会组织体系、社会服务体系和社会参与体系，是可行且必要的。①

西方 20 世纪以前的互助合作（社会）道路采取了有限政府状态下的以工人、农民等为主的行业内部联合方式，而现代社会的互助合作，从文化互助、资本（经济）互助、服务（社会）互助逐步向政治影响发展的可行性更强。与年轻人相比，老年人对低成本和集体化生活的需求更强，从这个群体需求出发的各类互助合作（部分互助合作化道路）可以作为互助社会共同体构建的突破口，将广大的社会力量动员起来，进行资金、服务和文化上的互助，降低社会养老成本，让老年人获得物美价廉的服务的同时，满足其集体生活的需求，同时可以对接其他服务，推动产品供销，推动构建和谐向善的互助共同体，创新建立务实的综合社区（村居）治理体系和综合的社会经济系统。这是社会主义国家的社会建设之路，是中国特色的社会治理（互助社会）建设之路，也是符合中国现实养老国情的社会养老发展之路。这种通过重新弘扬集体主义和互助互援、纯朴帮助的精神，亦可以激发人民共同克服困难的创造精神、奋斗精神和团结精神，增强国家和民族的向心力、凝聚力。

---

① 一提到"社会"，很多人想到的一般就是非营利的专业社会组织或社会企业，其实"社会"不能简单等同于非营利，它是由个体所构成的"共同体"，在这个"共同体"中，个人可以过集体生活，获得精神慰藉及低成本相互帮助的服务。

三、基层实践创新提供现实可行依据

中国自古就有互助的传统，以义庄、义田为代表的宗族非正式互助养老保障一直是中国历史上家庭养老的重要补充。除亲属邻里之间的生活互助以外，非正式互助养老保障发挥了相对稳定的互助保障功能。新中国成立以后，以生产队、生产大队、人民公社为单位的集体互助保障组织承担了社会保障功能。宗族和集体互助保障的主要职责是对贫困成员的临时物质救济及道德教化等。

伴随 21 世纪农村人口的空心化、老龄化和高龄化，以及全面建成小康社会之后的救助话语向福利话语转变，农村社会养老，尤其是对农村老年人口的照护服务逐步成为农村社会保障的焦点议题。受农村老年人养老困境，农村人力、财力匮乏等影响，以及为了延续农村互助传统，2008 年，河北肥乡前屯村建立互助幸福院，农村互助养老引发社会普遍关注，此后在国家及各地政府推动下，各地先后展开互助幸福院、幸福大院等试点。2012 年，国务院提出，要在农村探索推行新型农村互助养老模式。根据《2014年中国人权事业的进展》白皮书数据，2014 年我国政府共支持建设了 3.33 万个农村幸福院项目。

从 2008 年肥乡互助幸福院建立至今已有 10 余年，国家一些重要政策文件对农村互助养老进行了部署，同时在逐步修正发展思路，从互助幸福院的设施建设逐步向服务开展转变。如 2011 年国务院办公厅印发的《社会养老服务体系建设规划（2011—2015 年）》、2013 年国务院印发的《国务院关于加快发展养老服务业的若干意见》、2016 年民政部、国家发展和改革委员会发布的《民政事业发展第十三个五年规划》，均提出要大力支持农村互助型养老服务设施（互助式养老服务中心）建设。到 2017 年，《"十三五"国家老龄事业发展和养老体系建设规划》则提出要大力发展农村互助养老服务。2018 年，《关于加强农村留守老年人关爱服务工作的意见》提出，要充分发挥老年人组织、村民互助服务组织、社会工作服务机构作用，鼓励低龄健康老年人为高龄、失能留守老年人提供力所能及的志愿服务，探索建立志愿服务互助循环机制。2021 年发布的《中共中央 国务院关于加强新时代老龄工作的意见》指出，要结合乡村振兴战略，加强农村养老服务机构和设施建设，鼓励以村级邻里互助点、农村幸福院为依托发展互助式养老服务。

另外，针对城乡范围的养老政策亦提到发展互助服务。如 2000 年出台的《关于加强老龄工作的决定》就提出，今后一个时期我国老龄事业发展的主要目标是：从我国社会主义初级阶段的基本国情出发，努力建立和完善有中国特色的老年社会保障制度和社会互助制度。《中华人民共和国老年人权益保障法》也明确提出要倡导老年人互助服务。2018 年政府工作报告首次提出了发展互助式养老，代表了政府对互助养老的战略性认可。2020 年党的十九届五中全会通过的《中共中央关于制定国民经济和社会发展第十四个五年规划和二〇三五年远景目标的建议》提出要实施积极应对人口老龄化国家战略，发展普惠型养老服务和互助性养老。

城市也在探索通过成立社会组织、利用社区行政资源、联动社区经济社会资源等方式，开展文化娱乐活动，组建志愿服务队伍，探索邻里互助机制，同时部分街道、社区探索试点利用社会力量，开展巡访、家政保姆、老年饭桌、日托中心等服务。北京、天津、南京、广州、青岛等城市探索开展了"时间储蓄""劳务储蓄""银龄互助""结对帮扶"等互助养老形式，尤其是上海市虹口区提篮桥街道晋阳居委会在 1998 年试行"时间银行"，这一做法在全国不少城市得到推广。近年来，在政府主导的自上而下的和民间自发的自下而上的探索之下，各种互助养老形式亦不断出现，如北京、湖南等地成立的独居老人协会、养老互助会，上海的"老伙伴计划"和睦邻互助养老等。

但是，研究表明，首先，互助养老的运行状况参差不齐，表现为两个不平衡。一是城乡之间的不平衡。受经济发展水平与市场成熟程度等影响，互助型社会养老主要由国家在农村进行推广，在城市养老服务机构注重硬件设施建设及市场化、产业化发展较快的情况下，作为一种辅助形式，互助型社会养老的发展并不受重视。二是农村之间的不平衡。受当地政府思路局限及农村内生动力不足等影响，很多农村互助养老发展效果并不理想，很多幸福互助院为 GDP 和应付上级考核而建，根据相关调研结果，一些举措看似有用，却没有实际效果，即便一些农村互助型社会养老服务相对较好，也面临可持续发展的难题。

其次，与城乡广泛实践相比较，相对滞后的是我国互助养老学术研究的匮乏，表现为两个较少。一是互助研究较少。"互助"所代表的"社会"建设相对敏感，也与西方非营利话语不一致，研究者较少。二是农村和中小城市养老研究较少。我国的高等院校主要集中于京沪等大城市，多学习和借鉴西方思路，关注和研究农村、中小城市社会养老实践的较少。故虽然多位学者提出互助养老是与中国现实国情相符合的社会养老道路，但多认为这是辅助性的或者过渡性的，少有研究结合社会主义制度、中国现实养老国情及老年人需求等多个维度，真正厘清中国互助养老的战略意义、概念、地位、发展模式和发展道路的。

理论和概念上的不清晰，是导致实践中出现盲目推动硬件设施建设、形式化等问题的根源所在。故本书将围绕从理论上论证互助型社会养老的基础性地位，从实践上描述中国城乡开展的互助性社会养老实践，进而总结互助型社会养老的中国模式、中国道路三大部分展开。

第二章　互助型社会——社会养老的理论探索

　　从个体角度而言，中国人的互助是基础的、普遍的、互助互利的，同时是一种对美德和向善的引领。从组织角度来讲，立足于传统互助社会、社会主义国家性质、社会主义初级阶段的基本国情，中国现代互助体系并非像资本主义国家一样处于与政府、市场分立制衡、补充辅助的位置，而是在党委领导、政府负责之下，与行政管理体系、市场经济体系相互配合补充、互有交叉、并立存在的社会组织体系。因此，面对中国快速的人口老龄化进程，互助养老作为一种延续中国传统的低成本的养老服务保障方式，是积极应对人口老龄化的中国道路，也是未来中国福利经济（社会经济）的重要组成，可以作为互助社会建设的突破口。其重要意义不仅在于提供低成本的养老服务供给和积极应对人口老龄化，还在于多种形式的社会治理和福利保障，更在于保证国家的和谐稳定和长治久安。

第一节　有关互助理念的多维阐释

　　互助是互助型社会养老的核心概念。互助是人类社会所共有的，广泛存在于人类的生产生活之中。本部分将主要从三个维度对互助理念进行阐释，一是互助的普遍存在及其交换和美德意义；二是互助的政治意义，即互助在中西方语境下的区别；三是互助与志愿、慈善理念的比较。

一、互助的普遍存在及其交换和美德意义

互助既是本能、需要，也是美德和向善的力量，这是合作、志愿、慈善、公益等现代西方非营利部门话语，或者人情、信任、关系等中国乡土社会词汇所难以涵盖的。互助与竞争一起，是共同推动人类社会进步的关键要素。

（一）互助的普遍存在

互助作为一种本能和需要，是基础性的、普遍存在的。19 世纪末，克鲁泡特金曾对互助进行了较为全面的论述，他认为，互助是一种情感的本能和需要，也是进化的本能和需要。一方面，人天生就有合群的需要，另一方面，在一个集体之中，并非以竞争为主，而是以互助为主，互助性强的生物群才能得以延续。同时，他提出，互助可以让人们情同手足，比公平、平等、正义等原则更能让人们感到幸福。克鲁泡特金在《互助论：进化的一个要素》中提出，与竞争相比，互助才是生物界的普遍特征，是自然法则和进化的要素。互助感情和互助本能可以追溯到动物世界的最低级阶段，如蚂蚁、蜜蜂、大猩猩等动物都存在互助合作。进化到人类阶段，他认为，在人类的天性中，生来就具有合群及互相帮助和互相支援的需要；在人类道德的进步中，起主导作用的是互助而不是竞争。[①]

受西方互助思潮影响，孙中山、李大钊、毛泽东等，都一定程度地接受了互助思想并尝试将其中国化。如从进化论的角度，孙中山提出分期进化论，反对社会达尔文主义把人类社会与动物世界类比，把生物进化规律套用于人类社会，反对当时国内流行的"物竞天择，适者生存"之说。他认为，进化有天然（自然）进化、人事进化之别，进化分为三期：一是物质进化时期，二是物种进化时期，三是人类进化时期。从此原则出发，人的天性与自然物种不同，物种以竞争为原则，人类则以互助为原则。[②]李大钊认同互助是生物进化与人类社会的共同特点，"互助"是生物进化的根本动机，是生物界与人类社会的共同现象。进而他认为，人类社会历史就是一个向"互助"方向发展的长过程；人类生活的普遍法则应是"互助"，应把"互助"精神推及四海，推及人类全体生活中，并建立一个互助的理想社会、一个互助生存的世界。[③]

延续克鲁泡特金的互助进化论，一些西方学者也相信：一方面，人类具有亲社会行为的直接动机，人们之所以合作，并不仅是出于自利，"这个人的天赋中总是明显地存在

① 克鲁泡特金：《互助论：进化的一个要素》，李平沤译，商务印书馆 2009 年版。
② 赵璐，朱丹琼：《论孙中山的进化思想及社会历史观》，《西北大学学报（哲学社会科学版）》，2007 年第 2 期。
③ 《李大钊全集》，人民出版社 2006 年版，第 71~75 页。

着这样一些本性，这些本性使他关心别人的命运，把别人的幸福看成是自己的事情"①，另一方面，合作与演化起源有关，在我们祖先生活的环境中，那些由具备合作倾向和维护伦理规范倾向的个体所组成的群体，比其他群体更容易生存和扩展。②只是现代西方社会更愿意使用"合作"（cooperation）而非"互助"（mutual aid）一词。

（二）互助的交换意义

张康之等在《共同体的进化》一书中，将社会关系按照类型划分为分配关系、交换关系和竞争关系，认为它们是社会关系中三种最基本的关系。③从生存需要和竞争需要的角度来看，互助属于交换关系的低级形式，满足生存需要而非竞争需要，竞争则产生于互助交换的边缘，是交换关系的高级形式。我们尝试以中国乡土社会为例阐释互助的交换意义。中国乡土社会自古就有互助（守望相助）的传统，是在小农家庭经济资源有限、风险抵御能力不足的情况下生发出的以血缘、亲缘、地缘形成的私人网络为单位，以人情伦理为规范所进行的包含生活互助、生产互助、金融互助等多种互助形式的民间互助体系。在这个民间互助体系中，互助也是互利，与"人情""报答""帮"等概念密切相关。"人情"指导和规范社会交换、互助的界限和多少，"帮"和"报答"是一对相互的概念，村民既有作为受助者的回报责任，也有作为助人者的给予责任。传统民间互助只限于一定的社会圈子（血亲、姻亲、朋友），原因也在于社会圈子的成员一般互相承认大家共同的历史社会经验。换言之，互助虽然是一种理念，但更是实实在在的存在，它是在中国乡土社会几千年自给自足的小农经济条件下，人们为生活免于危机而构建出的互助网络和机制，其本质是一种内含交换意义的经济互助。

中国农村互助发展变迁史，也是一部饱含脉脉温情但曲折前进的经济社会发展史，经历了从以宗族为主要单位的宗族互助时期、以生产队为主要单位的集体互助时期，以及村民家庭间自愿交换的民间互助时期。在中国传统社会中，宗族是一个绵续性的事业组织，有政治、经济、社会、宗教等多方面的功能。除生活、劳动、金融（借贷）上的互助以外，从宋代开始，族田、义庄、社仓等发挥了相对稳定的互助保障功能，包括对宗族贫困成员的临时物质救济、鼓励科举入仕、义学教养子弟等。20世纪50年代以后，农村宗族及宗族互助模式和观念受到严重冲击，以生产队、生产大队、人民公社为单位

① 亚当·斯密:《道德情操论》，蒋自强，钦北愚，沈凯璋等译，商务印书馆2017年版，第5页。

② Werner Güth. Bowles，S. and Gintis，H. A Cooperative Species—Human Reciprocity and Its Evolution [J]. *Journal of Economics*，2011，104（2）: 191.

③ 张康之，张乾友:《共同体的进化》，中国社会科学出版社2012年版。

的集体互助合作，期望能逐步地、有次序地把工（工业）、农（农业）、商（商业）、学（文化教育）、兵（民兵，即全民武装）组成一个大公社，从而构成我国社会的基层单位。而历经家庭联产承包责任制和改革开放，复兴中的传统社会关系网络又开始发挥互助的作用。不少人类学研究对这一时期的民间互助进行了详细考察，比如在农忙时节的相互帮助、小额的私人融资，还有个人遇到非常情况或危机时的援助等。在这些方面，村民求助的恰是深具传统与"情谊"的，有宗族、村民小组等历史烙印的非正式组织。直到21世纪以后，伴随农村人口流动速度加快、现代性因素进入农村经济社会各个领域，村庄个体间的互惠预期降低，农村传统互助的经济和保障意义才大幅降低。但是，互助既然存在千年，必有其扎根的土壤和原理——是由中国的地理、历史、政治、经济、社会、文化等多重因素叠加衍生并稳定下来的，是中国特色的，故互助虽然是历史的，但并非糟粕，其所代表的历久弥新的经济社会关系也并非乡村属性，中国乡土互助社会的很多经验值得现代城市社会进行创新借鉴。

（三）互助的美德意义

互助不仅是一种需要，也是一种美德。人们在相互帮助时，会产生认同、信任、友好等向上向善的感受，这是一种社会资本和社会正能量。因此，延展来看，互助是现实的，也是理想的，是经济的，也是道德的，它既是一种基础和普遍的存在，也是一种推动社会进步的力量和人类向高层次生活的引领，其更高层次表现为文明社会中人们自发自愿帮助他人的行为。克鲁泡特金就提出，社会在人类中的基础，不是爱，甚至也不是同情，它是无意识地承认一个人从互助的实践中获得了力量，承认每一个人的幸福都紧密依赖一切人的幸福，承认是个人把别人的权利看成等于自己的权利的正义感和公正感。更高的道德感就是在这个广泛而必要的基础上发展起来的。而孙中山则着重强调了互助的美德意义，并认为这是中西方文化的根本差异。他提出，"互助"的法则是通过道德仁义来实现的，建立"互助"为原则的社会，必须提升道德水平。人是动物性与道德性的结合。随着人类的不断进化，人类的动物性不断减少，人性逐步增多。一个民族文明水平的高低，主要表现在人性，即道德水平的高低。人类社会要发展进步，必须增强人的道德性，弱化人的动物性。一个只讲竞争、不讲互助的国家，是不可能有高尚道德的。道德越高尚，互助意识越强，国家越长久、越和谐。不重视道德、不讲廉耻、不讲诚信的社会，不是文明的社会。一个道德沦丧、缺失的国度，政治不可能清明，经济不可能可持续发展，人民不可能幸福，社会不可能稳定，国家不可能长治久安。进入文明社会，人类走上了一条"莫之为而为，莫之致而致"的自然趋向互助的大道。互助本身，虽然缘于进化，但它既已形成，便驱动了人类自觉的追求，并承载着人类未来的希望。人类道德进化的过程，便是不断克服动物性，发扬、增长互助的人性的过程。[①]

故从中国历史来看，传统互助社会主要以儒家伦理思想为指导，互助虽然普遍存在，但不是弘扬的重点。而进入现代社会，伦理思想中的宗法、不平等观念被法治和自由、民主、平等观念所取代，互助作为与中国现实国情相适应的美德词汇，应当被宣传和弘扬。尤其是伴随着中国的崛起与强大、世界秩序变化和国内人民需求多元化，未来中国的互助社会建设和互助文化弘扬非常重要，互助社会建设最重要的目的就在于推动有效治理。

二、互助的政治意义：中西方语境下的互助的区别

虽然互助是普遍存在的，且具有美德意义，但中西方历史、文化、制度不同，从政治意义角度来看，中西方语境下的互助是存在区别的，即以竞争为本（市场—财富）还是以互助为本（社会—人民）的问题，这是资本主义国家和社会主义国家的区别。由此所产生的国家、社会、市场的关系也存在差别。对中国而言，互助不仅存在于个体范畴，也是社会的基本组织原则。

（一）西方基于个人主义的互助（合作）

1. 资本主义国家以竞争为本的互助

现代西方学者对互助的表达一般使用"合作"一词。他们认为，人类是个人主义和自利（竞争）的：西方国家历史上多是城邦制国家，以贸易经济为主，故强调自由竞争、契约精神、平等合作，个人利益至上。因此，西方生物进化论（竞争）思想也是西方资本主义社会的主流思想。互助竞争就是互利目的下的互助，是基于利己主义的产物。互助的目的是个人更好竞争。达尔文生物进化论的核心在于遗传性变异、繁殖和生存斗争，即物竞天择、适者生存。此后的赫胥黎等均是进化论的忠实捍卫者，他们认为生存斗争是生物界的真实写照，是进化的引擎。从动物界到人类社会，社会进化论同样遵循生物进化论的原理，只是社会性物种更加懂得通过互助合作以对外界的恶劣环境进行适应性反应。

虽然达尔文在论述中，也提到道德、宗教等的作用，但在这一方面，赫胥黎的《进

---

① 何星亮：《孙中山的"互助"思想与当代社会》，《中南民族大学学报（人文社会科学版）》，2012 年第 2 期。

化论与伦理学》的讨论更加深入。赫胥黎认为，贪图享乐、永不餍足是人的天性，是人类在与外界的自然状态进行斗争中取胜的必要条件之一。但是，如果任由这种天性在人类内部发展，它就会成为破坏社会的必然因素。因此，人类除了天然的人格，还应建立起来一种人为的人格，即在人类情感基础上进化来的有组织、人格化的同情心。它是社会的看守人，负责把自然人的反社会倾向限制在社会福利所要求的限度之内。与此同时，在人类同自然状态及作为自然状态一部分的其他社会组织进行的生存斗争中，逐步走向密切合作的那部分人类群体较其他群体占有极大的优势。因此，要发展出一种有价值的文明，就要维持和改进一个有组织的社会的"人为状态"，从而与"自然状态"相对抗。[1]换言之，人类社会需要伦理以使生存斗争更有效率。

2. 以利他为目的的互助

除以利己为目的的互助之外，西方宗教文化中还存在以利他为目的的互助。西方的志愿、慈善主要受原罪和救赎的宗教信仰、追求人生真正意义的人本主义思想影响，既强调个体为公共部门的奉献精神，也是一种个人主义参与公共生活的选择，体现了国家、社会、宗教分立制衡的局面。基督教是一种来世的宗教，它把人死后灵魂的得救而非他们在现世生活中的精神和物质满足作为最高追求。[2]它的原罪说认为，人天生即有罪，存在于内心的隐秘之处，只有不断忏悔，做善事来赎罪，才能被拯救。因此，它以拯救人的灵魂为目的，强调他人的奉献、灵魂的救赎和下一世的安宁。基督教的教义中就有"当爱你的邻居"的告诫，这里的"邻居"既包括朋友、亲戚，也包括陌生人，乃至敌人。[3]可以说，精神世界与世俗世界的对立—合作关系、教会与封建君主的权力之争，贯穿影响了整个西方政治思想史。奥古斯丁将精神世界与世俗世界称为上帝之城与尘世帝国，"两种国家来自两种不同的爱：尘世的国家来自对自我之爱，这种爱甚至是对上帝的蔑视；上帝之城则来自对上帝之爱，这种爱甚至是对自我的放弃"[4]。

（二）中国基于集体主义的互助

1. 集体主义的互助互利的组织形态

与西方"世俗—宗教""国家—社会"等分立制衡的二元文化不同，中国文化是存在于世俗之中的家国同构的一元文化。历史上中国长期属于中央集权制国家，以农业经济

---

① 赫胥黎：《进化论与伦理学》，宋启林等译，北京大学出版社 2010 年版。

② 唐士其：《西方政治思想史》，北京大学出版社 2002 年版。

③ 李迎生：《西方社会工作发展历程及其对我国的启示》，《学习与实践》，2008 年第 7 期。

④ Augustine，S. *The City of God Against the Pagans* [M]. Edited and Translated by R.W. Dyson. Cambridge：Cambridge University Press，1998：11.

为主，强调统一和有效治理。国家通过"家国同理同构"的社会关系模式将家族形塑成为社会的基本构成单位（非正式互助组织），[1] 通过祖先崇拜、农耕文化、人情伦理、差序格局等一套政治、经济、社会、文化合一的治理哲学进行国家的治理（也有一些研究称为国家的控制）。[2]

因此，在中国的互助理念中，没有西方国家泾渭分明的平等利己的互助和纯粹利他的互助，而是在"父慈子孝、兄友弟恭、朋义友信"等儒家伦理道德规范之下进行的差序化、主次有序的互助，是一种习俗伦理、社会结构和小农意识共同建构的行动策略。一方面，因血缘而形成的互助是核心的、主要的，如家庭、家族，其中内含中国人以家为先、祖先崇拜、孝道的伦理规范和超经济的代际反馈行动，[3] 也是传统道德教化和道德进步的理想形态；另一方面，因亲缘、地缘形成的互助是相对外围的、次要的，存在于人情伦理规范之中。"帮"和"报答"约束规范村民既有回报的责任，也有给予的责任。这是在农业资源有限、现金流不足的情况下，基于个人责任和社会信用的互助互利。虽然村民之间互助是基于个人主义的互利活动，但因这种互利活动存在于人们的社会交往中，故包含或装饰着一种温情和人伦，在中国传统乡土社会起到了重要的多重保障作用。另外，在人情网络、人际信任、关系主义等中国本土化的社会学话语体系中均包含互助行为和互助关系，互助也常与互惠互利交互使用。

2. 社会主义国家组织原则的互助本质

中国互助研究在20世纪初有过一次高潮，孙中山、李大钊、恽代英等均非常推崇"互助"。他们也指出了中西方文化的本质差别即互助与竞争的差别。孙中山提出，以互助为原则的文化是"王道"文化，以竞争为原则的文化是"霸道"文化。东方的文化是王道，西方的文化是霸道；讲王道是主张仁义道德，讲霸道是主张功利强权。讲仁义道德，是用正义公理来感化人；讲功利强权，是用洋枪大炮来压迫人。欧洲近百年是什么文化呢？是科学的文化，是注重功利的文化。这种文化应用到人类社会，只见物质文明，只有飞机炸弹，只有洋枪大炮，是一种武力的文化。欧洲人近来专用这种武力的文化来压迫我们亚洲，所以我们亚洲便不能进步。这种专用武力压迫人的文化，用我们中国的古话说就是"行霸道"，所以欧洲的文化是霸道的文化。而中国文化的本质，是仁义道德。这种仁义道德的文化，重在感化人，而不是压迫人。是要人怀德，不是要人畏威。

① 杨善华，刘小京：《近期中国农村家族研究的若干理论问题》，《中国社会科学》，2000年第5期。
② 钱杭，谢维扬：《宗族问题：当代中国农村研究的一个视角》，《社会科学》，1990年第5期。
③ 范成杰：《代际失调论：对江汉平原农村家庭养老问题的一种解释》，华中科技大学博士学位论文，2009年。

这种要人怀德的文化，用我们中国的古话就是"行王道"。所以中国的文化就是王道的文化。[1]

恽代英提出了互助思想的"义务论"，驳斥竞争思想的"权利论"。他认为权利论是战争和压榨的本源，"夫人情本不免于自私"，但如果为"私心"所支配，"天下自然入于纷争之域"。[2] 而"互助"思想的"义务论"则是达到"无贫贱富贵之阶级，无竞争防御之忧患"，那才是"利人类之文明"。"与其提倡争存的道理，不如提倡互助的道理。因为人类只有知道人群的真意义，才能为社会福利去求社会的改进。这才可盼望是社会上长治久安之道"。[3]

从集体和组织的角度而言，互助内含集体主义的意义。故在现实之中，互助的另外一面是互利。从这个角度来看，互助的本质还是经济互助。中国传统农业社会是一个皇权统治下的圈层化和非正式的互助社会，每一个村落是一个圈子，县、市、省、国家是多个层级，每个村落的互助单位与血缘、地缘、亲缘相联系，受伦理规范指导，限于一定的互相承认大家共同的"历史社会经验"的社会圈子（由血亲、姻亲、朋友构成的非正式互助组织）。[4] 如孙中山认为"互助"是处理国家内部社会关系的基本法则。所谓"社会国家者，互助之体也"[5]，也就是说，国家是互助的社会组织。一个国家是由同一范围内的不同阶层成员、不同民族组成的共同体，"互助"是不同阶层成员、不同民族结合为一个国家的前提，也是一个国家内部人与人之间关系的行为准则，同时是国与国之间关系的基本法则。从保家卫国、共御外敌的角度看，孙中山提出："凡我国民，均应互相团结，以致共和政治于完善之域。人人之志愿，均应为人民求幸福，为国家求独立，而国家乃进于强盛，共和之目的，乃可达到。"[6] 如果说孙中山、李大钊等还停留于互助的理论与设计层面，那么，毛泽东则真正将互助理论运用到实践之中，将互助思想引入农业互助合作之中，建立了由小及大的农业互助合作组织，这是一项将中国传统非正式互助转向正式互助的重大实践探索。通过引导、鼓励农民建立多种形式的生产互助组，开展劳动互助、经济互助，并发展了在消费、供销、金融等领域的高级形式的合作社。这场互助合作运动的土地等生产资料的性质没有变，人与人的关系、人与物的关系得到一定程度的调整，

---

① 何星亮：《孙中山的"互助"思想与当代社会》，《中南民族大学学报（人文社会科学版）》，2012年第2期。

② 《恽代英全集》第1卷，人民出版社2014年版，第2页。

③ 《恽代英全集》第1卷，人民出版社2014年版，第3页。

④ 王铭铭：《村落视野中的文化与权力：闽台三村五论》，生活·读书·新知三联书店1997年版。

⑤ 《孙中山选集》上卷，人民出版社2011年版，第163页。

⑥ 《孙中山全集》第8卷，人民出版社2015年版，第249页。

毛泽东称之为"生产制度上的革命"①。1953年11月4日,毛泽东在关于农业互助合作的谈话中,总结了互助合作的步骤是由社会主义萌芽的互助组,发展为半社会主义的合作社,再发展为完全社会主义的合作社。

三、互助与志愿、慈善理念的比较

现代西方社会常把互助与志愿、慈善混淆使用,或将互助作为志愿、慈善的组成,中国在一定程度上受西方思潮影响。但中国的国家心理底色是互助而非互争,个体受儒家伦理规范的工具理性的影响,人们的互助普遍存在于生产生活之中,而非"一边竞争,一边行善"。故对中国而言,互助是基础的,志愿、慈善是辅助的,是互助的延展。

（一）对慈善理念的阐释

1. 源起与发展

在西方,慈善主要有两层含义:一是民间慈善——富人对社会（穷人）的责任,二是宗教慈善——博爱或赎罪思想。在中国,"慈善"二字组合使用开始于魏晋南北朝时期的《魏书·崔光传》。民间慈善实践主要是由乡绅组织的,最常见的是地方贤良施粥。建立在儒家仁爱思想之上的乡绅慈善公益活动,是传统中国不可或缺的人文关怀和人道传统。宗教慈善主要以佛教为主,佛教在传入中国之后经过了本土化的改造,中国佛教实际上是一种劝导人们止恶从善、避恶趋善的伦理宗教,它以兴善止恶、改恶迁善为佛法之大端,要求断一切恶,修一切善。这是在慈善的伦理价值层面上规范人们的心理动机和行为倾向。②

"慈善"的英文表达有"charity"和"philanthropy"。"charity"一词源于拉丁语"acritas",是"发自内心"表现出的"博爱、宽容、同情"等。"philanthropy"源于古希腊语,本意是指"人的爱",大约从十八世纪开始使用。对人类的爱（philanthropos）正是慈善（philanthropy）一词的词根。而民间慈善——富人应该捐赠是古希腊和古罗马社会的普遍观念,尤其是西塞罗的公益慈善理论对西方公益事业的发展有深远影响。③教会慈善是中世纪慈善的最主要形式,慈善动机主要是赎罪。

2. 现代慈善

从现代慈善角度来看,西方现代慈善事业经过科学化、专业化、制度化改革,也对

---

① 《毛泽东文集》第3卷,人民出版社1996年版,第71页。

② 周秋光,曾桂林:《中国慈善思想渊源探析》,《湖南师范大学社会科学学报》,2007年第3期。

③ 罗伯特·H.伯姆纳:《捐赠:西方慈善公益文明史》,褚蓥译,社会科学文献出版社2017年版。

中国慈善事业产生了诸多影响。14 世纪以后，随着世俗王权和宗教改革运动的兴起，教会慈善的方式也开始不断演变，尤其是英国为了协调政府与民间各种慈善组织的活动，在伦敦成立慈善组织会社，后又开展睦邻组织运动，注重慈善的科学性，以解决现实问题并保证资金的高效使用。现代慈善主要涉及资金、劳务和实物等方面的捐赠，已经成为社会财富再分配的一种方式。郑功成提出，在经济意义上，慈善事业实际上是一种独特的财富转移方式。它通过合法的社会组织，以社会捐献的方式，来达到整个社会民众的平等的生存权利。① 也有研究将其称为"第三次分配"或是社会保障的补充体系。②

（二）对志愿理念的阐释

1. 志愿的源起与发展

西方志愿者（volunteer）一词来源于拉丁文的"voluntas"，意为"意愿"。志愿的产生晚于慈善，它起源于欧美国家慈善，最初的志愿服务主要源于战争中的人道主义援助。伴随现代社会对服务保障的逐步重视，现代志愿服务主要包括帮助弱者、消除贫困、保护环境、维护社会秩序、维护世界和平等方面。③ 志愿精神在美国尤为突出——为反抗宗教迫害而从欧洲迁移到北美大陆的移民，为了克服面临的困难，互相帮助，逐渐养成了志愿帮助别人的精神。

19 世纪以后，志愿服务逐步融入西方社会的公益事业之中，受原罪和救赎的宗教信仰、追求人生真正意义的人本主义思想影响，人们以为社会服务、为他人服务的方式来圆满人生和人心。④ 到 19 世纪末 20 世纪初，欧美先后通过了一系列有关社会福利的法律法规，这些有关社会福利的法律法规除要有大批具有职业献身精神的社会工作者去实施之外，也需要动员和征募大量的志愿人员投身于各项服务工作之中。志愿服务在政府的重视和鼓励下影响力进一步扩大。第二次世界大战以后，西方国家的志愿服务进入规范化发展阶段，而且扩大成为一种由政府或私人社团所举办的广泛性的社会服务工作。工作的重心不仅在于调整被救助者的社会关系和改善他们的社会生活，更在于调整整个社会结构和社会关系。志愿服务工作逐渐制度化、专业化。⑤

从历史的角度来看，基于民主、平等、互惠思想，与西方资本主义市场经济相伴而

① 郑功成：《现代慈善事业及其在中国的发展》，《学海》，2005 年第 2 期。

② 赵蕊，李国林：《社会文明进程与慈善事业》，《福建教育学院学报》，2004 年第 7 期。

③ 徐柳：《我国志愿者组织发展的现状、问题与对策》，《学术研究》，2008 年第 5 期。

④ 谭建光：《社会转型时期的志愿服务与人文精神》，《社会科学》，2000 年第 5 期。

⑤ 邓国胜：《中国志愿服务发展的模式》，《社会科学研究》，2002 年第 2 期。

生并在十七八世纪广泛发展的，能够自我教育、互相帮助的行业协会、合作社、相互保险社等互助组织、互助小组，实际是在各方权衡博弈之下，与志愿、公益、慈善合流，进入现代非营利部门和非正规经济部门的。[①] 故西方的现代志愿话语（主要是志愿精神、服务）包含互助在内，国内不少研究亦对此做出过阐释。如徐彤武提到北美殖民地早期的社区服务主要是通过居民的志愿性互助方式实现的。[②] 江汛清提出志愿服务是一个非常复杂的概念，受历史、政治、宗教和区域文化的深刻影响，一些国家的志愿活动，在其他国家可能被视为相互帮助和相互关照的政治活动，或者低报酬的劳动密集型的工作。[③] 中西方研究亦在探索如何发动更多志愿者参与的过程中，提出志愿者行动往往是一种基于利己主义的利他主义，[④] 可以凭借兼顾私利的志愿性实践活动来实现公共性的再生。[⑤]

2. 中国的志愿服务

我国最早的志愿者来自联合国志愿者组织。当时联合国志愿者组织派遣了包括地理、环境、卫生、计算机和语言等领域的志愿者来中国工作，后来国外的其他组织也陆续派遣志愿者到中国来。20世纪80年代后期，社区志愿者组织逐步建立起来。20世纪90年代初期，另一支志愿者队伍在共青团系统中形成，并出现了全国性的青年志愿者组织。其中，广东是我国青年志愿者组织的发源地之一，较早将"学雷锋、做好事"与志愿者组织"自由、灵活、人性化、国际化"的理念相结合，创造了我国志愿者组织发展史上四个"全国第一"，即全国第一个志愿服务热线电话、第一个正式登记注册的志愿服务团体、第一个地方性法规《广东省青年志愿服务条例》、第一个地方性公募志愿者事业发展基金会。[⑥] 1993年底，共青团中央开始组织实施中国青年志愿者行动，中国志愿服务进入了有组织、有秩序的阶段。根据民政部2019年第三季度例行新闻发布会发布的数据显示，中国注册志愿者数量已经超过1.2亿。根据共青团中央2013年修订的《中国注册志愿者管理办法》，志愿精神包括"奉献、友爱、互助、进步"，互助属于志愿精神的一部分。

但是与西方志愿话语包含互助在内不同，中国自古以来的乡土基层是由国家支

① Cordery Simon, 2003, "UK: Palgrave Macmillan", in British Friendly Societies, 1750–1914.

② 徐彤武：《联邦政府与美国志愿服务的兴盛》，《美国研究》，2009年第3期。

③ 江汛清：《关于志愿服务若干问题的探讨》，《中国青年政治学院学报》，2002年第4期。

④ 李晓光，李黎明：《制度分割、志愿者行动与公共性再生》，《西南交通大学学报（社会科学版）》，2020年第4期。

⑤ 今田高俊：《拓展新的公共性空间》，朱伟珏译，《社会科学》，2007年第12期。

⑥ 徐柳：《我国志愿者组织发展的现状、问题与对策》，《学术研究》，2008年第5期。

持下的宗族等互助组织和互助互利的小农社会经济组成的，一直到改革开放以后，建立国家领导下的街居制和乡政村治的政治社会管理和治理格局，互助都是基础性的中国话语，故为与互助相区分，志愿从西方舶来时即被赋予了更高要求的无私奉献的高尚美德属性，是积极参与社会、自我实现的方式。其对参与者思想素质、道德境界提出了更高的要求，特点为：个人自愿奉献自己的时间、智力等因素，以利他性为价值取向、不以营利为目的的行为，无预期回报、无契约关系、付出单向性、非互惠互利，并以此发动有无私奉献精神的居民参与到志愿活动中。[①] 也正因此，研究显示，中国的受教育程度高和收入高的人群在技能、精力、资金等条件及志愿机会方面均具有优势，同时具有更高利他取向动机的志愿者更有可能频繁积极地参与志愿活动。[②]

（三）互助与志愿、慈善的比较

根据前文的分析，互助、志愿、慈善都具有美德意义，在现代西方社会往往混淆使用，中国的现代慈善和志愿也受西方影响，既强调个体为公共部门的奉献精神（义务），也是基于个人主义的决策，是实现个人价值、满足个人心理需求的途径（权利）。慈善被普遍定义为：政府体系之外的个体或组织无偿向与自己无特定血缘、社会关系的弱势对象提供经济、物质援助的行为。它具有非营利性、利他性、财富的转移性等特征。志愿则被普遍定义为：在不为获取物质报酬的情况下，为推动社会福利事业及社会进步，自愿贡献个人的时间和精力所提供的服务。[③] 其重要特征是自愿性、无偿性、公益性和组织性。同时，慈善组织和志愿组织等公民团体体现了一个独立于国家的个人行动自治空间的存在，其形成的公共领域是公民社会的核心。[④] 总体而言，现代志愿和慈善是个人自愿地为公共领域的付出，是一种个人参与公共生活的选择，体现了国家与社会分立制衡的力量。[⑤]

伴随中国慈善事业、志愿服务的发展，有研究提出了慈善、志愿的本土化——内涵

① 笔者亦认同这种界定方式，只有这样才能更好地厘定志愿与互助的边界，并指导中国特色的现实政策制定与实践。参见穆青：《如何理解志愿服务与志愿精神》，《北京青年政治学院学报》，2005 年第 3 期；魏娜：《我国志愿服务发展：成就、问题与展望》，《中国行政管理》，2013 年第 7 期；于海：《志愿运动、志愿行为和志愿组织》，《学术月刊》，1998 年第 11 期；党秀云：《论志愿服务的常态化与可持续发展》，《中国行政管理》，2011 年第 3 期。

② 陈静静，冯浩：《志愿者背景、动机结构与志愿行为的关系研究》，《江汉学术》，2021 年第 1 期。

③ 王妮丽，崔紫君：《非营利组织中的志愿者及其管理》，《云南社会科学》，2003 年第 6 期。

④ Jürgen Habermas. *The Structural Transformation of the Public Sphere: An Inquiry into a Category of Bourgeois Society* ［M］. Cambridge. MA: MIT Press，1989.

⑤ 事实上，在福利国家建立之前，西方志愿与互助亦是分立的，志愿主要代表了宗教意义的纯粹付出，而互助代表了社会领域的互惠型帮助。但是伴随着国家主导的福利国家的建立，志愿和互助都进入补充、辅助、自愿的非营利（社会）部门。

因人、因地、因时而异。[①]但本书认为，互助与志愿、慈善是有本质区别的，对中国社会建设的意义也完全不同。西方现代志愿和慈善代表了一种自下而上的，包括互助或自助，慈善或为他人提供服务，参与、倡导与运动在内的，多元主义和分立制衡的社会建设方式，其也包括历史上的互助结社和现代的邻里互助。与西方国情不同的是，中国建构的是一种政治、行政架构深入基层的自上而下与自下而上相结合的社会治理体系，是一种基于集体主义、以有效治理为目的的社会建设方式。现代互助话语仍然是中国特色现代社会建设的基础和核心话语，其以血缘、地缘、亲缘等的区块为特征，内含时力维艰、共渡难关的共同体意义，体现了社会主义国家的组织原则。一方面，需要摒弃封建糟粕；另一方面，需要重建新型的现代互助组织，强调党委领导、政府负责，强调互助互利、困难共担和集体责任，推动建立信任关系，完善个体精神生活，形成法治、自治、德治相结合的圈层化的社会组织共同体和社会经济共同体。

志愿和慈善则是中国特色现代社会建设的高层次表达，代表利他、奉献、不求回报的更高层次的引领与示范，其精神、服务及专业性等价值对基层互助的发展极为重要。尤其是志愿可以通过宣传动员让更多的公民愿意承担公共责任，参与到集体的公共生活之中，在每个人"服务他人，奉献社会"的基础上推进文明和谐的现代社会建设。但是，西方志愿和慈善话语下的自下而上的基层自治形式不适合中国国情，中国的基层志愿者队伍仅凭志愿精神和志愿服务，在实际中无法实现有效的基层组织化，如果不依托互助组织只能是无源之水，很难规范化、可持续发展。

第二节　有关互助组织—社会的中西方比较

根据前文所述，中西方语境下的互助是存在根本差别的，这主要体现在组织层面。西方的传统互助组织与政府和市场的关系主要是分立制衡，在强大政府和市场的双面夹击下，互助组织变成辅助部门，表现为多元主义的民间自发的碎片化组织，以及法团主义的结构化中介团体。而中国社会建设并非以分立制衡为根本目的，其根本目的是推进国家有效治理，让社会更加和谐稳定，人民生活更加幸福美好。故建设党委领导、政府负责、社会参与、市场经营的现代互助社会是中国未来社会建设的方向，我们需要在明

① 江汛清：《关于志愿服务若干问题的探讨》，《中国青年政治学院学报》，2002 年第 4 期。

确战略方向的前提下借鉴西方的路径和措施。中国共产党领导下的互助组织体系及其相关的互助文化、互助保障、互助合作、互助参与、互助服务是中国未来需要着重发展和建设的。互助型社会养老恰是建设现代互助社会的重要组成，是需要与互助社会建设一同发展探索的。

一、西方互助组织的历史溯源

（一）互助组织、保障的发展脉络

西方国家的互助组织、保障发展是与中世纪后思想启蒙运动、资本主义经济发展、自由竞争和工业化盛行相伴随而产生的，主要产生于 17 世纪末。当时以同行、同业人员为主，具有自治和自我帮助性质的正式互助组织，在 17 世纪末的欧洲广泛兴起，其活动和影响力在十八九世纪达到最高。这些互助组织是西方国家的法定社会保险的前身，但是与现代保险不同的是，一方面，互助组织为其成员提供价廉质高的社会救助、福利服务、灾害保险等，起到了广泛的互助保障作用。如工厂工人、铁路工人及后来的教师和零售商组织共同缴纳费用，共同应对与疾病、残疾和老年等社会风险，农民等其他专业群体以类似的方式集中储蓄，防范火灾、事故、恶劣天气导致的财产风险等。另一方面，互助组织成员以自助和独立为前提，自我教育、自治、娱乐、互相帮助，这些成员的互助不同于有严格资格审查的"层级救助"或者慈善，而是以自助和独立为前提进行的"互惠型救助"。[①] 帮助别人与获得帮助既是个体权利，也是个体责任。[②] 因此，当时的互助组织和互助保障在经济和社会领域都填补了不断下降的"道德经济"所提供的社会认同和连贯性，其作为一个巨大的缓冲机制避免了大规模的社会冲突和动荡。[③] 而受西方空想社会主义的影响，社会互助进一步扩大到经济合作领域，包括生产合作社、销售合作社、信用合作社、保险合作社等。19 世纪末 20 世纪初，西方开始主导建立福利国家和现代福利制度，伴随各国国家法定社会保险政策的颁布实施，互助组织的地位不断下降，作用也被取代，一部分互助组织被纳入国家福利领域之中，负责运营国家性质的保险、组织进行服务供给，一部分向纯资金互助组织（互助保险）转型，还有一部分被分离成小型的非营利组织。

换言之，西方中世纪后的互助组织是西方现代互助团体、相互保险、非营利组织（也

---

① 闵凡祥：《互助的政治意义：英国现代社会福利制度建构过程中的友谊会》，《求是学刊》，2016 年第 1 期。

② David G.Green. *Reinventing Civil Society: The Rediscovering of Welfare Without Politics* [M]. London: Civitas, 1993: 11.

③ 闵凡祥：《18~19 世纪英国"友谊会"运动述论》，《史学月刊》，2006 年第 8 期。

称非政府组织、公民社会等，非营利组织的前身包括互助组织和宗教慈善组织等）的前身。英国著名的《贝弗里奇报告——社会保险和相关服务》提到的改革之三就是废除现行的对缴费相同的强制性参保者实行不同福利待遇的批准社团制度，同时保留互助会和工会作为发放疾病福利待遇的负责机构，管理其会员的国家福利待遇和自愿性福利待遇。[1]一些已经转变成大型保险机构的无分支的互助组织与国家剥离，成为相互保险公司，而一些有分支、分支会员、会员参与和会员活动的互助团体则逐渐成为国家福利制度框架的一部分，还有一些与总部联系减少，成为独立的社会组织。目前，欧洲不少国家的互助团体依然与国家联系紧密，他们通常提供健康、社会和保险服务，并能够覆盖诸如疾病、残疾和老年等社会风险。更重要的是，他们还会开展广泛的活动，如提高生活质量，组织社会工作、文化活动等。一些互助团体还有自己的医院、养老院和康复中心。在瑞典，互助团体是负责管理强制性健康保险制度的区域组织。在比利时，互利团体负责管理整个强制医疗保险制度。

（二）互助服务的发展脉络

与互助组织、保障发展的经济社会背景相似，自十六七世纪以来，西方国家的工业化、城市化与现代化过程，引发了经济社会结构的巨大变化，激烈竞争、金钱至上、贫富差距加大和积弱积贫等社会问题激起了尖锐的社会矛盾。面对当时各类突出的社会矛盾，以及政府救济对贫民严苛的资格审查、管理和污名化，基于同情、博爱、给予、帮助陌生人、人的尊严、人道主义等观念，具有浓厚基督教色彩的宗教型慈善和贫困救济事业服务得到广泛发展。[2]到19世纪中后期，由于贫民和失业者数量的大幅增加，各类具有不同目标的慈善组织出现了，同时，以协调政府和民间组织各类慈善活动为目的的慈善组织会社和以社区改良为目的的睦邻组织运动成为"科学慈善运动"，并且逐步走向规范化、制度化，为20世纪以后的社会工作专业化发展奠定了社会基础。[3]当时的主要互助服务人员是有钱、有闲和富有同情心的中产阶级妇女，她们以"友善访问员"（friendly visitor）的服务身份访问贫困家庭，并开展社区服务和帮助救济穷人。[4]

直到20世纪以后，西方社会服务性质由慈善转为国家"社会福利"，社会工作与慈

① 《贝弗里奇报告——社会保险和相关服务》，劳动和社会保障部社会保险研究所组织翻译，中国劳动社会保障出版社2004年版。
② 李迎生：《西方社会工作发展历程及其对我国的启示》，《学习与实践》，2008年第7期。
③ 王婴：《社会工作与社会政策的发展历程与启示》，《江苏社会科学》，2002年第3期。
④ 刘继同：《英美社会工作实务模式的历史、类型与实务模式演变的历史规律》，《社会工作》，2014年第5期。

善事业分离，作为社会福利的资源传递者，慈善事业在福利国家制度框架下获得了快速的制度性发展。社会工作与慈善事业相分离，慈善公益性质的互助服务空间受到挤压，后伴随福利国家社会福利改革，主张社会、国家、企业、社区、家庭、个人"共担"责任的福利多元主义盛行，政府定位从直接提供社会服务转变为间接购买或引导各类非政府组织（NGO）组织提供社会服务，政府强调政府与第三部门的伙伴关系，重新发动社区，动员社会资源，提供公益服务。[①]

二、中国互助组织的发展变迁

中国的现代互助组织虽然没有经历几百年的发展历史，但是在中国举国体制优势之下，在新中国成立以后的几十年里，我们构建了国家领导下的村（居）自治组织，同时村（居）内部因外源推动和内生需求，以及农村传统的宗族等非正式组织适应性转型，在社区内部形成了各类互助组织。西方国家有几百年的正式互助保障（主要是经济保障）发展历史，在国家保障成立以后才成为第三部门。中国几乎是从民间非正式互助保障直接过渡为国家保障，正式互助保障一直是空缺之地。

（一）乡土社会的非正式互助——民间经济社会系统

不同于西方互惠型互助组织和救济型慈善组织的发展理念、发起者、发展形式等的分离和分立，中国传统乡土社会的互助是合二为一的。在国家保障缺位的情况下，以血缘为基础的宗族互助保障和以地缘为基础的邻里互助网络构成了中国民间非正式保障体系。这是在小农经济现金流不足、内生信用担保能力不强的情况下，人们通过互助互利方式维持生产生活有序进行的民间非正规社会经济系统。

首先，如前所述，宗族是农村非正式互助保障的基本单位，承担了政治、经济、社会、宗教等多方面的责任。[②]由于社会生产水平和人们生活水平较低，族田和义庄的社会保障作用主要表现为对宗族困难成员的临时物质救济、鼓励科举入仕、义学教养子弟等。同时，宗族的约束和统治能力要求族人敬宗守节、赡养老人、体恤孤寡。除生活、劳动、金融（借贷）上的互助以外，从宋代开始，族田、义庄逐步发展成庞大的地方经济实体，发挥了相对稳定的互助保障功能。义庄是传统宗法社会中，在血缘和地缘关系基础上，由宗族中的士绅、商人或力田起家的庶民地主捐置田产和庄屋，以达敬宗、收族、保族之目的，并得到国家认可和支持的一种封建宗族赈恤组织。根据史料记载，自宋代范仲淹建立范氏

① 王名：《非营利组织的社会功能及其分类》，《学术月刊》，2006年第9期。

② 费孝通：《社会学的探索》，天津人民出版社1984年版。

义庄为始，其后义庄不断发展，到清代出现了设立义庄的高潮，清代末年仅苏州府的义庄数量就达到 200 个。[1] 同时，义庄田产少则数百亩，多则数千亩，个别义庄的田产达到万亩以上。[2] 另外，"单""社"——原始祭祀有关的民间结社，农业生产有关的互助结社，生活互助结社，具有女性特点的女人社，保障农业生产生活的牛社、马社，民间慈善性组织会社亦是我国现代互助组织的雏形。[3]

其次，邻里互助网络是在宗族互助基础上建立的更大范围的互助保障系统，尤其是在 20 世纪 50 年代以后，农村土地改革严重冲击了农村宗族及传统的宗族互助保障模式，合作化运动和人民公社化运动增加了人们对以生产队为单位的公共场域的依赖，20 世纪 80 年代家庭联产承包责任制实行以后的基于人情伦理规范的互助互利关系更加突出，比如在农忙时节的相互帮助、婚丧嫁娶、急救、造房和投资时的凑份子等。直到 20 世纪 90 年代以后，农村人口外流，市场化、现代性因素进入农村，村庄个体间的互惠预期降低，农村传统非正式互助的经济意义和保障意义才不断降低。[4] 而具有市场经济和现代意义特点的正式互助形式逐步进入农村。

（二）现代社会的正式互助组织——政治型社会组织与草根型社会组织

新中国成立以后，在家族这一以习俗伦理为指导，差序格局、互助互利的非正式的政治、经济、社会共同体解体之后，我国迅速建立起自上而下的行政性的治理主体和治理结构——行政管理体系、社会保障体系，建立了自上而下与自下而上相结合的社会组织体系，如群团组织、村居自治组织均属于中国共产党领导的正式互助组织。到 20 世纪 90 年代以后，党委领导、政府负责下的村居自治组织和群团组织治理基本确立。同时，在借鉴西方经验和村居内生动力驱使的基础上，一些自下而上生发的专业社工组织或者自发形成的村居内部组织也在不断发展。这种以党的领导、集体主义、互助组织、有效治理为特点的中国历史和现实实践正是中国特色社会主义制度的体现，也是我们选择社会主义道路的原因。

1. 政治型互助组织

费孝通曾经提出传统中国社会采取的是一种"双轨制"的治理方式：一条是自上而

---

① 范金民：《清代苏州宗族义田的发展》，《中国史研究》，1995 年第 3 期。

② 商业行会自唐出现（公元八世纪），在宋、元、明、清得到极大发展。我国商业行会的互助意义相对有限。这些商业行会既存在发挥行业群体优势，为成员提供业务指导、咨询、服务，维护同行利益，争取社会地位的作用，也是政府进行行业管理、控制商人、摊派差料、监察市场的工具。

③ 卞国凤：《近代以来中国乡村社会民间互助变迁研究》，南开大学博士学位论文，2010 年。

④ 胡叠泉：《从互助到市场：农村丧葬服务变迁的实证研究——以湖南省双峰县石村为个案》，《深圳大学学报（人文社会科学版）》，2015 年第 6 期。

下的中央集权的专制体制的轨道，它以皇帝（君主）为中心建立一整套的官僚体系，最后可以到达县这一层；另一条是基层组织自治的轨道，自下而上，它由乡绅等乡村精英进行治理，士绅阶层是乡村社会的实际"统治阶级"，而宗族是士绅进行乡村治理的组织基础。[①]新中国成立，尤其是土地改革和合作化运动以后，国家废除了乡村传统的非正式的宗绅治理，通过生产队、合作社等新的正式组织形式，在广大乡村建立新政权，在乡镇层面建立基层政权，村民委员会作为农民自发选举产生的自治性组织，与农村基层党组织一起成为正式的乡村权力机构。乡村基层党组织及在其领导下的自治组织、群团组织都属于自上而下建立的政治型互助组织。

从城市角度来看，伴随城镇化和工业化进程，我国城市土地和人口规模不断扩大，城市利用国家既有的强大行政组织资源迅速构造出一个社区治理体系。社区取代单位成为基层社会治理的主要单元，社会保障在很大程度上代替了单位保障。在进入 21 世纪以前，社区也像村居一样，承担了很多经济职能，包括社区办企业、供销社等，但由于行政化、国有化的弊病，社区逐步剥离了经济职能，只保留了党政和自治功能。就目前来看，社区的政治型互助组织主要包括三类：一是自上而下的社区基层党组织、服务站和居委会，接受街道、区（县）、市等各级党政部门的领导，承担包括政策宣传、公共卫生、社区服务、优抚救济等行政性的社区治理事务。二是作为自下而上的基层群众性自治组织的社区居委会，发挥自我管理、自我教育、自我服务的互助组织作用。三是自下而上与自上而下相结合的中国共产党直接领导下的群团组织，包括工会、妇联、残联、共青团等，他们既有自上而下的层级管理，又在最基层拥有实在的会员群体。

2. 草根型互助组织

草根型互助组织既包括在民政部门登记注册的社会组织，也包括很多没有登记注册、活跃在社会生活各个领域的社会组织，如农村老年协会等。正式登记注册的社会组织也称非政府组织（NGO），是中国与西方社会接轨后的产物。[②]社会组织是我国政府和社会转型的重要抓手。根据民政部统计，截至 2021 年 1 月，在民政部门登记注册的社会组织超过 90 万个。[③]然而，经过 20 余年的规范管理和发展，中国的社会组织和社会工作依然

① 费孝通：《社会学的探索》，天津人民出版社 1985 年版。

② 1995 年，第四次世界妇女大会在北京召开，按照国际惯例需要同期同地召开国际 NGO 论坛，这一世界妇女 NGO 论坛成为 NGO 这一概念进入中国的标志。1998 年，国务院将设于民政部的原社会团体管理局改为民间组织管理局，"民间组织"一词从此作为"NGO"的官方用语开始被正式使用。

③ 董凡：《我国社会组织总数破 90 万个》，《慈善公益报》，2021 年 01 月 27 日第 8 版。

停留在政府扶持下的依赖性发展关系阶段。以往有研究提出，中国的社会工作之所以难以发展，与"个人主义""案主自决"的价值理念、工作方法和中国的传统观念、生活方式不相容密切相关。[①] 事实上，不仅上述个人层面的分析，从国家层面来看，西方社会工作成长于西方资本主义市场经济成熟期，本质上是发达社会的与政府保持独立和对立的制衡力量，这与中国社会主义初级阶段的现实国情和国家主导、党委领导、政府负责的以有效治理为目的的经济社会格局不同。因此，力量薄弱的社会组织意图在保持独立的同时影响中国政治、社会，是极为困难的，也难以发挥社会组织应有的独立性、创新性、灵活性优势。

另外，由于缺乏互助组织基础，我国的现代相互保险（互助保障）的发展仍处于起步阶段。上海、北京的职工互助组织都尝试开展了医疗互助保障计划。网络互助平台，如 e 互助等则开展疾病、意外等互助保障。农民互助组织包括农业合作社、农村基金会、金融扶贫组织、农业互助保险等，主要帮助农民对接市场与社会，增强农民、农业的抗风险能力等。

三、互助组织—社会的中西方比较

从微观意义上来讲，互助是人类社会共有的，其本能、需要、美德特征是其普遍存在的本质属性。如果进一步思考互助的中西方区别，中观层次的互助组织是重要区分维度，这也反映了中西方文化及由此带来的国家和社会结构的差异。西方文化以个人主义（竞争）和分立制衡为本，中国文化则以集体主义（互助）和有效治理为重。西方互助组织作为与国家、市场分立制衡的社会力量，在三方博弈中成为补充性的非营利部门——市民社会，这也反映了资本主义国家的市场主导、无限追求剩余价值的绝对规律，"社会"建设只是对资本主义的社会主义改良。但中国乡土社会的宗族等传统互助组织一直是国家有效治理的工具，延续传统，中国现代社会的互助组织依然是党委领导、政府负责下的基础性的组织形式——互助社会，这也是中国作为社会主义国家的基本组织原则。

（一）互助组织和互助保障的中西方比较

经过与西方国家的比较，可以发现，西方国家正式互助组织和互助保障发展的重要时间逻辑表现为：中世纪正式互助组织和互助保障广泛兴起和发展；20 世纪以后国家保障逐步完善，互助组织和互助保障成为补充；20 世纪末以来在政府福利压力和非营利部

[①] 张红，李宣：《社区照顾的中国契合性研究》，《社会工作与管理》，2018 年第 3 期。

门兴起的背景下，混合福利经济重新受到重视。

这一过程经历了相当长的时间，与工业革命、农业社会向工业社会转型所带来的社会变革密切相关。随着十八九世纪工业革命的发展，工人阶级的贫困状况加剧，国家福利制度尚未建立，他们就通过自助—互助的形式，组织资金支付与疾病、残疾和老年等社会风险有关的费用，农民、渔民等其他专业群体也以类似的方式集中储蓄，共担风险，防范财产风险（如火灾，事故，恶劣天气等），同时组织活动，自我服务。前文所述互助组织（也包括相互保险公司）正是基于此而广泛兴起并且蓬勃发展的。19世纪，大多数西方国家制定了相关法律来规范互助组织的建立和运作。直到20世纪初，国家全面介入社会保障事业，互助组织才逐步收缩，或成为国家保障体系的一部分，或成为志愿部门和社会企业部门的补充。但伴随20世纪70年代以来的福利国家危机，西方国家面临人口老龄化、经济退步，政府重新开始积极倡导"责任、互助和义务"，希望利用个人与社会部门来分担政府和市场的经济压力。

中国没有经历西方国家几百年的正式互助组织和互助保障发展过程，农村以非正式的民间互助保障为主，城市在经历短暂的计划经济时期的"单位制"后，直接进入国家保障阶段。而中国农村社会的互助存在于人们的人情伦理和日常生活之中，虽然历经几千年的变迁，但非正式的宗族互助保障和由血缘、亲缘、地缘构成的非正式互助网络一直维持着民间互助保障体系。国家保障在农村始终相对匮乏，不过国家管理通过村级权力机构已经深入农村。计划经济时期的国家单位实际发挥了互助组织功能，进入市场经济时期后，国家保障介入，社区居委会作为互助组织进行自我教育、自我管理和自我服务。

从互助组织的性质来看，西方国家的互助组织和各类互助小组都是自下而上自发形成的，尤其是互助组织在与国家、市场的博弈中，三者的关系演变为合作关系，互助组织作为社会组织和社会企业进入非营利部门和非正规经济部门。值得注意的是，一些欧洲国家的互助团体成为国家福利制度框架的一部分，负责管理和运营部分保险和机构。与西方国家自下而上自发形成的正式互助组织不同的是，改革开放以来，中国迅速自上而下建立了高度行政化的城乡自治组织（互助组织）——居民委员会和村民委员会，由于很多地区"一套班子，多块牌子"，因此中国的这一自治（互助）组织又是在党委领导、政府负责下的村（居）权力机构。城乡居民都属于自治组织成员，对这两类组织具有较强的归属感和信任感，而在村（居）民委员会的领导之下，城乡村（居）成立了各类自发性的互助组织。

从互助保障的功能来看，西方国家的正式互助保障在 17 世纪至 19 世纪国家保障能力不足的情况下，发挥了重要的"缓冲器""安全网"作用。近年来，在西方国家福利支出减少的情况下，政府和学界都认为非营利部门可以成为西方新兴的混合福利经济体的一部分。而中国由民间非正式的互助保障网络直接过渡到国家保障介入，在社会经济领域的正式互助保障，如相互保险、资金互助社、社区基金会等方面的发展仍然十分缓慢。尤其是中国的互助型经济组织主要存在于农村，如农业合作社、金融扶贫组织等，帮助农民对接市场与社会，增强农民、农业的抗风险能力。虽然近年有一定进步，但仍需大力推动。究其原因，没有人的集体（共同体），很难进行物的联合。换言之，"人"的集体——社会共同体是互助共同体的基础，文化、政治、经济共同体在此基础上建立，这不同于西方基于平等、自由的个人主义而进行的以"物"的合作为目的的"人"的联合。故没有由关系和情谊联结的社会互助网络、内生信用体系的重建，经济上的联合与合作可能会非常困难。

（二）互助服务的中西方比较

西方国家现代意义上的社会服务实际源于互助＋志愿＋专业服务，包括十七八世纪以后的互惠性的互助服务，救济性的济贫服务，以及伴随服务专业化、制度化出现的社工服务等，由自下而上的诸多草根型社会组织（非营利组织）运行。西方非营利组织包括"邻里组织""社区组织""公益团体""私人志愿组织""慈善组织""独立部门""第三部门""基金会""非政府"及"非商业"的组织等。

相比较而言，受社会组织尤其是互助组织发展滞后的影响，中国的互助服务主要注重发展政治型和专业型社会组织。虽然在社区（村居）领导动员和（村）居民自发形成之下，民间自发成立的互助型社会组织近年来广泛发展，其优势在于这些组织从当地群众中来，有群众基础，具有很强的适应性和动员能力，但是大部分组织都没有在民政部门登记注册并且专业能力不足。[①]与互助型社会组织相比，尤其在中国，专业社会组织的定位应当是工具性和辅助性的，目的是提高治理的有效性。社工组织要成长起来并且发挥作用，必须解决两个基础问题：一是组织基础，二是资金基础。对应的有两个解决途径：一是实现村居各类政治型互助组织及村居内部各类草根型互助组织的优势互补。利用自身专业优势，输出理念和技术，充分扎根社区，致力于"熟人社会"建设，帮助社区互助组织规范化、制度化，服务社区居民，在此基础上谋求

---

① 由于很多草根型互助组织是非正式的，故无法申请政府购买服务等项目，导致经费来源不足，运行困难。

本组织的规模扩大和业务扩展。二是与市场对接联动。针对非营利组织的自我造血能力不足、资金依赖性强的问题，不少西方国家的社会组织已经在向企业转变。因此，一方面，社工组织可以自谋向社会企业转型；另一方面，中国有一类资源整合能力强且需要保证国家经济社会安全的国有企业。两者合作的混合型社会企业经营方式值得探索。

（三）中国互助社会与西方公民社会的比较

西方的理性、分立、制衡思想，以及与资本主义市场经济、现代化工业发展相伴随的个人主义和自由主义价值理念，贯穿于西方社会组织、社会保障、社会服务的发展之中。"公民社会"一词出现于 20 世纪 50 年代，西方主流观点认为公民社会是独立于国家的非政治的社会领域，是介于政府和企业之间的第三部门。[1] 也正因此，虽然西方互助组织一直以去政治化、自助互助为宗旨，但仍然被国家福利所取代。在西方福利国家建立、构筑国家保障体系之后，公民社会主要活跃于非营利部门和非正规经济部门，这些部门在与国家、市场的博弈中逐步演变为合作关系（如安东尼·吉登斯所倡导的第三条道路）。其组织形式也衍生出很多更细的分支，如社会部门的社会组织／社会团体／社会企业，经济部门的相互保险公司、各类合作社等。总结而言，西方国家公民社会形成的时间逻辑可以归纳为：中世纪互惠互利型的互助组织、互助保障和救济型的互助服务广泛兴起和发展；20 世纪以后国家保障服务逐步完善，互助组织成为补充；20 世纪末以来在政府有福利压力，经济发展放缓的背景下，公民社会重新受到重视。

与西方国家个人主义思想，利他与利己思想的分离，因行业、职业、居住地而建立的外生性的正式互助组织，以及因慈善救济、保护弱势群体而产生的互助服务－社会工作不同，中国的互助互利思想是建立在家国同构、祖先崇拜、小农经济、人情伦理基础上的利他与利己交织并存的思想。改革开放以来，城市文化娱乐、志愿服务等组织自发成立或组织建立，在村（居）内部形成了各类介于正式与非正式之间的互助组织，建立了一套自上而下与自下而上相结合、正式与非正式相结合的"双轨制"的联合治理格局。

与此同时，虽然中国正快速进入现代城镇社会，这可以迅速改善人民生活水平、生活条件，却很难迅速改变中国传统思维方式和文化理念。原子化的个体依然在寻找集体

---

① 俞可平：《中国公民社会：概念、分类与制度环境》，《中国社会科学》，2006 年第 1 期。

化的生活，人们依然生活在受儒家伦理规范的、且有工具理性的经济社会系统之中。由以家族作为经济、政治、社会合一的事业单位的非正式组织转变为企业、行政组织、社会组织等功能分离的正式组织，由以亲属、朋友、邻里等构成的非正式互助网络转变为以朋友、邻里、同事、陌生人等构成的正式与非正式相结合的互助网络，由人情伦理指导下的以劳力、物品为主的互助交换转变为市场、规则、合作、伦理、习俗、情谊与生产、生活、供销的互助交换并存。事实上，这也是中国特色社会主义国家组织原则的根本体现。

近年来由民间自发或在政府推动之下，资金—服务—文化互助等零散提法和做法已经出现，虽然名词很新很热，但实际发展效果不尽如人意。民间自发互助——金融圈钱诈骗的案例经常见诸报端，不少政府推动的服务互助项目演变成大规模的硬件设施建设。这与忽视"互助"之于中国的传统及现代意义、盲目照搬同时期而非同阶段的西方国家做法、没有设计与中国国情相适应的互助社会（社会部门）发展方案密切相关。对比西方国家互助—市民社会发展历程，首先，中国的社会发展总体滞后于经济发展，任何事物都有其发展规律，互助型社会组织这一阶段即使被跳过了，仍需要回头补课，否则有形无本，很难成功。其次，新中国成立以来，我国直接由非正式互助保障阶段进入国家保障阶段，国家主导建立社会保障体系，没有经历互助组织和互助保障的发展阶段。但是，过去以国家为主要责任者构建的社会保障体系相对简单，以现金支付的社会救助和社会保险为主。而伴随我国全面建成小康社会，未来需要进一步构建的是以服务供给为特色的福利经济体和社会共同体，以满足人们日益增长的美好生活需要，提高人们的生活质量，使人们精神愉悦。面对未富先老的现实国情，以及服务供给的复杂性，国家很难承担全部资金和责任，需要有序发动和依靠民间力量，进行资金、服务的互助，降低福利服务供给的成本。

故面向未来，中国可以依靠传统互助的逻辑根基，通过重建各类互助组织，结合市场经济规则、法律契约等外生信用手段，公益、慈善、合作等理念，互联网、物联网等先进技术，联动社会组织（企业）进行制度化、规范化发展、运营，低成本地提供服务。这与中国已经建立的正式互助保障制度都在党委领导、政府负责之下，相辅相成。互助的本质是经济互助，在社会主义初级阶段，通过构建互助社会，发动社会范围内的资金、服务、物品、文化的互助等互给互足的方式，可以在一定程度上解决现阶段国内外各类风险增加、国家服务保障能力不足的问题。

第三节　有关互助型社会养老的理论探讨

互助型社会养老不仅是我国积极应对人口老龄化的道路选择，也是推进社会治理体系现代化——建设现代互助社会的重要突破口。以往研究对互助养老重视程度不足，延续西方的辅助、过渡思路，且较少从互助组织—互助保障—互助服务，以及互助社会—互助经济—互助文化角度进行分析。本节即通过梳理目前国内外关于互助养老的研究，对中西方及城乡互助养老进行比较分析。

一、国外互助养老的相关研究

20世纪初以来，学术界对互助养老相关领域进行了多种形式的探索和讨论，西方研究主要集中于三个理论视角（目的）：（1）以促进就业和缓解贫困为主要目的建立的社区货币系统（Local Exchange Trading Schemes，简称LETS）；（2）从社区建设和志愿服务视角出发的时间银行计划（Time Banks）和互助养老社区（Elder Cohousing Community/Villages）；（3）医疗护理中的同辈支持（Peer Support）。社区货币系统，如英国的当地交易系统（LETS）和美国的伊萨卡小时（Ithaca hour）系统，意图建立社区自运转的贸易网络（货币体系），达到促进经济社会发展、促进就业、减少社会隔离的目的。但由于其由民间组织或社会组织发起，缺少持续经费、专职管理人员，服务供求不平衡，所以绝大多数宣告失败。在此基础上发展起来的时间银行计划，因为植入了社区助老、助残等资金来源稳定的政府救助性福利服务项目，并以已有机构为线下组织，所以发展较好。

（一）社区货币系统和时间银行计划

全球的社区货币可分为四种主要的货币类型：服务货币（如时间美元/时间银行）、相互交换计划、当地货币（如小时）、易货市场。[①]总体来看，这几类模式具有相似性，可以划分为社区货币系统和时间银行系统两大类。

一方面，社区货币系统致力于通过社区虚拟货币交换商品和服务，或者直接以物易物、以服务易服务，也可以用社区货币购买服务或物品，建立社区贸易网络，成为整个经济系统的组成部分，达到促进经济社会发展、促进就业、减少社会隔离的目的。虽然在20世纪90年代得到欧美国家，尤其是英国政府的大力推广，但由于受到服务供不应求、交易层次低、经费短缺、管理人员不足、隐私保护不佳、缺乏信任，以及担心因为工作

---

① Seyfang G，Longhurst N. *Growing green money? Mapping community currencies for sustainable development* [J]. Ecological Economics，2013（2）.

而失去福利等因素限制，社区货币系统的实际规模远小于统计数据的规模，学者对其讨论也从优势视角分析逐步向理性分析转变。相关研究显示，到 2010 年，只有极少数地区的 LETS 在持续发展。受互联网发展的影响，近年来有关这类社区货币计划的研究在不断增加。

另一方面，一些地区的 LETS 也并非要建立货币系统，而是以社区建设及为社区居民提供服务为目的而发起社区互助计划。但以此为目的的更为普遍的建设还是兴起于美国、日本的时间银行计划，该系统在新西兰、阿根廷、以色列等国家和地区也有较好的发展。从 1973 年起，日本就开始记录"关怀关系票"（Fureai Kippu）的早期例子，但这一想法并没有从日本传播开来。在美国，卡恩于 1986 年提出了"服务货币"或"时间美元"的概念，以利用贫困社区未开发的技能和资源重建社区，恢复被社会排斥者的尊严。这种时间银行模式遍及美国，然后在 1997 年通过戴维·博伊尔和新经济基金会传到英国。此后，强大的英美网络为新项目制定了最佳支持方案，并在意大利、西班牙、葡萄牙、新西兰、芬兰、加拿大和日本进行了调整。最近，在英国，基于机构间互惠和鼓励参与者行为的组织，特别是关注社会护理（Care 4 Care），正在调整和开发新的模式。作为英国政府"大社会"议程的一部分，服务货币模式一直受到政策关注，这些新模式更具工具性，不太注重建立邻里互助互惠的关系。

与社区货币系统相比，时间银行一般采用服务兑服务的形式。无论服务类型或内含的技能，只要付出一小时服务，就可以换得一小时服务。由于这项计划在小范围内进行，所依据的价值基础包括互助、信任、互惠和平等，并且会依托现有的社区组织，如医院、教堂或者社会服务机构等帮助社区弱势群体，即使没有服务互换，政府也可以给予资金支持，因此该措施被认为更有可能持续发展。时间银行提供的服务内容包括照顾老人或儿童、志愿者交友、代人购物等。根据这种互助互惠形式及养老社区理念，一些居民自治的互助养老社区／村庄也在欧美国家发展起来。这些互助养老社区多面向中低收入者，很多是丧偶或无子的老年女性，服务包括提供照护、相互支持、社区服务、娱乐活动、创意生活等。

从发展意义和局限的角度来看，有学者认为时间银行是促进可持续消费的工具。[1]可持续消费有五个特点：本地化、减少生态足迹、社区建设、集体行动和建立新的社会机构。尤其是在社区建设和社会资本开发方面，时间银行设法使被社会排斥的个人感到

---

① Seyfang，G. *Working Outside the Box*: *Community Currencies*，*Time Banks and Social Inclusion*［J］. *Journal of Social Policy*，2004（1）.

自己对社区的发展是必要和重要的，从而增强他们的自尊心和自信心。时间银行也可以创造新的财富、工作制度及不同的价值观，以主流化的供应体系促进可持续消费。同时时间信用可以与商业中的常规货币共存，从而使社区有可能走向双重货币体系。有研究显示，时间银行比传统的志愿者计划让人们保持了更长的服务时间，人与人之间建立了信任感。但是，不少研究者也指出了时间银行在发挥其潜力方面面临一定的限制和障碍，包括所提供的服务范围有限，存在"技能差距"；面临短期融资难的问题；由于很多参与者不愿要求服务，互惠原则迟迟未能实现；尽管主要面向包括失业者在内的弱势群体，但他们可能不愿意参加时间银行或一般的志愿工作，害怕失去福利。[①]

（二）互助小组和同辈支持计划

从 20 世纪 60 年代开始，互助小组（self-help groups）数量在欧美国家就有相当大的增长，并成为社会组织、公益领域的重要力量。有研究者将互助小组界定为：由通过互相帮助、满足共同需要、克服某种困难，实现个体或社交变化的一群人组成的，自愿、小规模、为达成特殊目的的组织。[②] 这些属性也将互助小组与工会、公司董事会、友谊会等组织区别开来。目前来看，互助小组主要包括：关注身体和心理治疗的组织、关注权利维护和社会宣传的组织、创造替代性生活模式的组织、保护身处生活和社会压力的绝望人群的组织等。

同辈支持计划主要存在于社会工作、临床医学、精神病学、心理学领域，应用于经历重大生命事件，患有身体或心理疾病，以及行为偏离者的治疗及其共同问题的解决。从医护领域的同辈支持来看，伴随人口预期寿命增加，老年人带残存活年限的增长，以及医疗照护向疾病治疗、健康促进和疾病预防的转变，照护责任更多转移到社区，不少学者提出社会关系对疾病治疗、健康照护等都具有重要意义，同辈支持作为重构社会关系和提供照护服务的重要概念也因此得到重视。其优势在于可以通过广泛参与、面对面的互动、任务分工、集体决策，以及成员的学习和改变等，赋予处于不利地位的成员以权利和个人责任，通过团结和自主，让成员参与到个人与他人的成长和问题解决之中，促进个体认识的转变，提升自我认知水平。

---

① Seyfang G. Working for the Fenland Dollar: An Evaluation of Local Exchange Trading Schemes as an Informal Employment Strategy to Tackle Social Exclusion. *Work*, *Employment & Society*，2001（3）.

② Alfred H. Katz and Eugene I. Bender. *The Strength in US: Self-Help Groups in the Modern World*. New York：New Viewpoints，1976.

研究显示，当人们意识到群体的共同关切时，他们更有动力提供互助。[①] 在小组中，成员会与别人面临类似的人生挑战，成员发现他们并不孤单，其他人有与他们相同的经验、感受和反应。这种现象也被称为"同一船现象"或"普遍性原则"。这就让成员自发地产生信任和接纳，容易在通过相互帮助来解决困难方面达成共识。其中存在普遍的利他主义，而不仅是利己主义。因为成员不仅接受援助，还要无私地提供经验，帮助他人解决问题。与此同时，随着同伴问题的解决，个体的责任感、效能感也会得到提高。[②]

在互助小组刚出现的几十年，学界对互助小组与专业服务的关系的看法并不一致：有学者认为互助小组是专业服务的"协助者"，有学者认为互助小组是专业服务的成本节约且有效的替代形式，还有学者提出互助小组可能成为现有专业人员和专业援助模式的竞争者。不少研究者强调了互助小组相对于传统咨询、个案咨询的优势，认为互助小组通过非正式结构、成员的团结自主取代了专业精英主义，或者认为专业化和行政化会对互助小组的发展产生严重威胁，很多小组没有显示出向有偿组织和专业组织转型的迹象等。进入 21 世纪后，相关研究不再拘泥于互助小组与专业服务的关系，而是在肯定互助小组作用的基础上，着重探讨了社会工作者如何让互助更好发挥作用。一是社会工作者对每一个小组的帮助都是定制的，要满足该组织的具体情况和需要。二是要明确团队目的，并且将共同性转化为具体的操作任务。三是帮助人们组成互助小组，建立互助关系。[③] 四是维持团体的凝聚力和互助。[④] 五是创造环境让成员有意愿、有能力表达他们的缺失，传达自己的价值，小组向成员提供关心及有用的和感性的建议。

二、国内互助养老的相关研究

与西方国家相比，中国的互助养老研究开展相对较晚，主要是阐释互助养老概念、互助养老模式及时间银行等。

（一）对互助养老的概念阐释

国内对互助养老的概念界定主要包括两类观点，一类是将互助养老作为社会养老的一种辅助性实现方式，另一类是将互助养老看作一种与家庭养老、社会养老并列的农村

① Mankowski, E. S., K. Humphreys, and R. H. Moos. Individual and Contextual Predictors of Involvement in Twelve-step Self-Help Groups after Substance Abuse Treatment. *American Journal of Community Psychology*，2001，29（4）：537-563.

② Yalom, I. and Leszcz, M. *The Theory and Practice of Group Psychotherapy.* New York: Basic Books，1995.

③ Anderson-butcher, Dawn, A. O. Khairallah, and J. Racebigelow. Mutual Support Groups for Long-Term Recipients of TANF. *Social Work*，2004，49（1）：131.

④ Simons, Jeffrey S., et al. A Content Analysis of Personal Strivings: Associations with Substance Use. *Addictive Behaviors*，2006，31（7）：1224-1230.

养老新模式或过渡模式。

1. 社会养老的实现形式

基于发达国家和我国一些城市、发达农村的实践经验，有研究者探讨了互助养老这一新兴的社会养老形式的发展形式，如"时间储蓄""劳务储蓄""银龄互助"等，由低龄老人为高龄老人、健康老人为缺乏自理能力的老人提供服务。这种社会养老服务形式传递了两个重要理念，一是积极老龄化视域下的"互助—自助"养老观念，二是福利多元主义视角下的"社会福利社会化"观念。如一些研究认为"互助养老"是人们在养老过程中的服务互助，即依靠家庭以外的非老年人及相对年轻且健康的老年人照顾高龄且身体不健康的老年人，两类人群在自愿的基础上结合起来，相互扶持、相互照顾，[1]彼此在生活照料、情感依托、精神慰藉等方面得到满足，[2]从而实现养老过程中的自我管理和自我服务。[3]金华宝提出社区互助型养老是"居住在中心 + 供养在家庭 + 生活在社区 + 照顾在彼此"的部分社会化家庭养老方式。[4]在此方式下，社区居民以志愿的形式进行互助，更好满足老年人医疗保健、人文关怀、日常照料、生活服务、娱乐学习等方面的需求，促进个人价值的实现，满足老年人"就地养老"的愿望，这与老年人通过自发合作或援助形式建立非正式互助群体的意愿相符。

面对农村传统家庭照护资源的弱化甚至缺位，不少学者在对农村养老问题进行分析之后，认为需要重视农村邻里间的互助，开展多种形式的互助养老，充分利用年老返乡人员和留守老人的闲力。张乃仁提出了农村养老服务的双向耦合机制，认为要促进农村老年人"老有所为"，让老年人不仅作为需方获得养老服务，也可以作为供方提供养老服务，提升老年人的产出能力。[5]

2. 养老新模式或过渡模式

也有不少研究倾向于将互助养老视为与家庭养老、社会养老并列的养老新模式或过渡模式。如陈欣等将互助式养老界定为一种全新的养老模式。[6]韩振秋认为互

① 甘满堂，娄晓晓，刘早秀：《互助养老理念的实践模式与推进机制》，《重庆工商大学学报（社会科学版）》，2014 年第 4 期。
② 刘欣：《我国互助养老的实践现状及其反思》，《现代管理科学》，2017 年第 1 期。
③ 许加明，华学成：《城市社区空巢老人互助养老的参与意愿与互助方式——基于江苏省淮安市的调查与分析》，《现代经济探讨》，2015 年第 8 期。
④ 金华宝：《农村社区互助养老的发展瓶颈与完善路径》，《探索》，2014 年第 6 期。
⑤ 张乃仁：《农村居家养老中的双向耦合机制》，《郑州大学学报（哲学社会科学版）》，2013 年第 3 期。
⑥ 陈欣，黄露：《互助式家庭养老——城镇养老的有效模式》，《社会福利》，2010 年第 6 期；白华：《互助式养老：破解城镇养老难题的路径选择》，《社会科学家》，2016 年第 6 期。

助养老是介于社会化养老和传统家庭养老之间的一种新型的养老模式。[1]熊茜等则提出互助养老是社会养老的补充，农村应发展以居家养老为基础、以互助养老为依托、以社会化养老为支撑的覆盖农村的新型养老模式。[2]杨静慧指出我国无法一步到位完成从家庭养老模式向社会养老模式的转型，力量薄弱的社会养老无法完全补偿家庭养老功能的缺损，并提出互助式养老是养老模式的"第三条道路"。[3]方静文则认为互助养老可以成为继家庭养老、社区养老、机构养老这三种主要养老模式之外的第四种养老模式，可以成为同社区养老及机构养老并行的辅助养老途径。[4]王豪等认为应在家庭养老、机构养老、社会化养老之外，发展互助养老这一特殊的养老模式。[5]陈静等认为互助养老是社会正式和非正式养老体系有机结合的重要模式，是老年人自主选择和政府引导相结合的产物，也是老年人由亲友熟人支持向社会陌生老年群体延伸的模式。向运华等认为集体互助养老介于家庭养老与社会养老之间。方浩提出农村养老方式包括家庭养老、机构养老（市场养老）和集体养老，其中集体养老包括集体供养（政府养老）和互助式养老。[6]石人炳等提出区别于亲情模式、福利模式、市场模式的互惠养老模式。[7]贺雪峰提出区别于家庭养老和机构养老（市场养老）的互助养老。[8]

有关互助养老的界定以总结实践经验为主，包括：陈欣等基于城市互助养老服务实践，将互助式养老界定为：在政府的支持引导下，老年人遵循自愿选择、互助友爱的基本原则，以亲情或友情为纽带，在基层社区实现邻里之间结伴而居、互相帮助与扶持，实现老年人的自我管理与自我服务，以满足老年人的精神情感交流与生活护理等需求的一种全新养老模式。[9]王豪等认为互助式养老是生活在同一社区内的老年人，在相关部门的指导和帮扶下，依托社区资源和老年人群体自身的力量，以低龄老年人为高龄老年人服务、身体健康的老年人为患病老年人服务的方式，来提高老年人生活

① 韩振秋：《浅析农村养老新模式——"互助养老"的特点》，《理论导刊》，2013年第11期。

② 熊茜，李超：《老龄化背景下农村养老模式向何处去》，《财经科学》，2014年第6期。

③ 杨静慧：《互助式养老：转型中的理性选择》，《兰州学刊》，2014年第9期。

④ 方静文：《从互助行为到互助养老》，《中南民族大学学报（人文社会科学版）》，2016年第5期。

⑤ 王豪，韩江风：《互助养老新模式唱响最美"夕阳红"》，《人民论坛》，2017年第12期。

⑥ 方浩：《农村互助式养老模式的选择与策略研究》，《兰州学刊》，2019年第11期。

⑦ 石人炳，王俊，梁勋厂：《从"互助"到"互惠"：经济欠发达农村地区老年照料的出路》，《社会保障研究》，2020年第3期。

⑧ 贺雪峰：《互助养老：中国农村养老的出路》，《南京农业大学学报（社会科学版）》，2020年第5期。

⑨ 陈欣，黄露：《互助式家庭养老——城镇养老的有效模式》，《社会福利》，2010年第6期；白华：《互助式养老：破解城镇养老难题的路径选择》，《社会科学家》，2016年第6期。

水平的养老模式。①

　　另外，近年来农村互助养老的研究主要基于农村互助幸福院实践，如取得了较好养老效果和社会反响的河北肥乡前屯村幸福互助院。不少学者对农村互助幸福院的运行机制进行了深入探讨，分析了其经济社会条件、特点（优势）、问题及对策等，认为这种"集体建院、集中居住、自我保障、互助服务"的互助养老方式，优点在于"低成本、低门槛、高效率"，是我国新型农村养老模式的重要依托，可以有效缓解我国的农村养老压力。基于此，韩振秋总结为：由村集体出资修建、供老人免费集中居住的幸福院，所发生的基本费用（吃、穿、就医等）由子女或者本人负责，管理模式采取"自我管理、互助服务"，让相对年轻的老人照顾年纪大的、身体好的帮助身体弱的，共同起居生活的养老新模式。②

　　杨静慧等学者的研究已经关注到互助养老除解决老年人生活照护和精神慰藉等问题以外的重要意义：在积极老龄化的政策框架下，发挥老年人的能动性，充分活化退休人力资源，让老年人主动参与社会和构建社会网络。这既顺应了老年人对亲友的依恋，也打破了养老事业高成本、难持续的发展瓶颈，还高效利用了社区资源，帮助老年人解决在晚年生活中遇到的问题。③尤其是贺雪峰、杨静慧等学者系统分析了我国城乡家庭养老弱化、急需向社会养老转型，以及未富先老的基本国情，提出互助式养老的养老成本低、综合效益优，为破解转型困境指明了理性的选择方向。

　　（二）对互助养老的模式总结

　　在互助养老的模式划分方面，学者进行了诸多探索。如杜鹏等针对领导主体划分为干部领导型、能人带动型和群众自发型。④刘欣针对互助养老的主导者将其划分为政府主导型、社会主导型和家庭主导型。⑤秦琴等根据互助养老主体地位特征将其划分为行政型、自发型、增援型和嵌入型。⑥高和荣等基于对闽南地区的调查，按照血缘关系及空间距离的远近将民间互助养老划分为宗族型、姻亲型、邻里型和社区型。⑦王伟进认为，当前，我国大致有四类活跃的互助养老模式：在农村主要是肥乡互助幸福院模式；在城市，

① 王豪，韩江风：《互助养老新模式唱响最美"夕阳红"》，《人民论坛》，2017 年第 12 期。

② 韩振秋：《浅析农村养老新模式——"互助养老"的特点》，《理论导刊》，2013 年第 11 期。

③ 杨静慧：《互助式养老：转型中的理性选择》，《兰州学刊》，2014 年第 9 期；杨静慧：《互助养老模式：特质、价值与建构路径》，《中州学刊》，2016 年第 3 期；方静文：《从互助行为到互助养老》，《中南民族大学学报（人文社会科学版）》，2016 年第 5 期；王豪，韩江风：《互助养老新模式唱响最美"夕阳红"》，《人民论坛》，2017 年第 12 期。

④ 杜鹏，安瑞霞：《政府治理与村民自治下的中国农村互助养老》，《中国农业大学学报（社会科学版）》，2019 年第 3 期。

⑤ 刘欣：《我国互助养老的实践现状及其反思》，《现代管理科学》，2017 年第 1 期。

⑥ 秦琴，刘格格：《试论农村互助养老模式的四类型说》，《当代经济》，2019 年第 3 期。

⑦ 高和荣，张爱敏：《中国传统民间互助养老形式及其时代价值——基于闽南地区的调查》，《山东社会科学》，2014 年第 4 期。

形式更为多样，根据组织和管理方式大致可分为结对组圈式、据点活动式和时间银行式三种。① 欧旭理等提出了互助幸福院、守门人、时间银行和合租互助四种类型的互助养老模式。②

下面从农村互助养老、城市社区互助养老、时间银行三个方面对一些文献中的典型案例进行梳理。

1. 农村互助养老模式

面对中国养老保障问题的重心在农村的现状，河北肥乡建立了全国首家农村互助幸福院，后逐渐推广，现农村互助养老模式主要为"肥乡模式"。学者的研究重点也集中于此。

河北肥乡的农村互助养老原则为：村级主办、互助服务、群众参与、政府支持，其模式是：集体建院、集中居住、自我保障、互助服务，具体表现为村集体出资或利用集体闲置房屋自建互助幸福院，政府承担水、电、暖等日常开支以保证运转，年满 60 周岁且能生活自理的老人可申请入住。入住的老人互助供养、自我管理，低龄老人照顾高龄老人、共同生活，以此模式解决老年人的生活照料和精神慰藉问题。③ 但也有不少学者指出其存在的诸多局限，如无法满足残障、病瘫、生活不能自理的老年人的养老需求，养老技术匮乏，配套机制不完善，社会参与不足等。④

除肥乡模式之外，也有研究分析了其他地区的典型做法。如江苏省 S 县创办的农村老年关爱之家以"集体建院、集中居住、互助服务"为特征，主要收住的是村里生活能够自理的空巢老人，少数失能半失能的空巢老人也可以由其配偶或亲属担任主要护理人一同入住。老年关爱之家的养老场所费用和水电费由政府承担，入住的空巢老人每月只需要付出少量资金，即可实现低成本养老。⑤

2. 城市互助养老模式

与农村互助养老相比，城市互助养老虽然没有大范围铺开，但很多城市的社区都在自发探索相关模式。不少研究对昆明、深圳、温州、青岛、吉林等地的社区互助养老模式进行了分析，如温州市万顺社区形成了以社区志愿服务为基础的社区互助

① 王伟进：《互助养老的模式类型与现实困境》，《行政管理改革》，2015 年第 10 期。

② 欧旭理，胡文根：《中国互助养老典型模式及创新探讨》，《求索》，2017 年第 11 期。

③ 赵志强，杨青：《制度嵌入性视角下的农村互助养老模式》，《农村经济》，2013 年第 1 期。

④ 熊茜，李赵：《老龄化背景下农村养老模式向何处去》，《财经科学》，2014 年第 6 期。

⑤ 陈际华，黄健元：《农村空巢老人互助养老：社会资本的缺失与补偿——基于苏北 S 县"老年关爱之家"的经验分析》，《学海》，2018 年第 6 期。

养老模式。其社区居民以退休妇女为主，居民自行组建社区志愿者服务队。志愿者在社区内开展各类志愿服务，与社区内的工作人员、服务组织和社工等一同合作，开展陪老人就餐、散步、聊天等非入户服务。截至 2018 年 12 月，社区志愿者已有两百余人。[①]

青岛市市北区将社区作为家庭养老和机构养老的最佳结合点，按照"政府支持、多方参与、依托社区、民间操作"的模式运作，整合政府、社会、社区三方资源，社区互助养老点的活动场所由热心老人提供，设施、设备及相关娱乐工具由区民政局统一配备，并由社区统一调配使用，养老点每年享受政府提供的 240 元水电费补贴。市北区以老年人"自愿结合、互助养老、互相帮助、共建和谐"为基本原则建立养老互助点，倡导低龄老人照顾高龄老人、身体好的老人照顾身体偏弱的老人，并在社区建立社区互助中心，形成了以老人家庭为基础的家庭式互助养老和以社区养老设施为依托的社区式互助养老。社区互助中心面向社区老年人提供精神慰藉、文化娱乐等多项服务，使老人能在自己家中享受到社会的温暖与服务。[②]

对社区互助养老模式，不少研究也提出其面临资金筹措难、老年资源的利用率较低、定位尴尬、社会力量参与度低等问题。[③]

3. 时间银行模式

时间银行作为一种有偿的志愿服务载体，可以整合社区资源，量化服务时间，延期支付劳动成果，实现服务者、服务对象与社区间的三方共赢，达到互助同济的目的，是互助养老的一种可推广方式。中国亦在进行时间银行模式的探索。

不少研究提出，时间银行是一种社会互助模式，强调低龄老人帮助高龄老人，前者以社区为主要依托，为后者提供日常生活照料、精神慰藉等居家养老服务，以此积累服务积分。服务以时数累计并记录在时间银行的账户上，待自己需要被人服务时，可凭借储蓄在时间银行的时间数来享受同等时数的免费服务。[④]同时,较为完善的时间货币制度、

① 秦利：《以社区志愿服务为基础的城市社区互助养老模式研究——以温州市万顺社区为例》，《智库时代》，2018 年第 42 期。
② 鹿美华、王蕾：《发挥社区民间组织优势 创建社区互助养老新模式》，《中国民政》，2007 年第 10 期；魏瑞雪：《青岛市四方区——创建互助养老新模式》，《社会福利》，2008 年第 2 期。
③ 吴香雪、杨宜勇：《社区互助养老：功能定位、模式分类与机制推进》，《青海社会科学》，2016 年第 6 期。
④ 景军，赵芮：《互助养老：来自"爱心时间银行"的启示》，《思想战线》，2015 年第 4 期；张晨寒，李玲玉：《时间银行：居家养老服务模式的新探索》，《河南师范大学学报（哲学社会科学版）》，2016 年第 5 期；袁志刚，陈功，高和荣等：《时间银行：新型互助养老何以可能与何以可为》，《探索与争鸣》，2019 年第 8 期。

时间货币信用体系机制等制度的设立，保障时间银行模式的顺利运行。①

上海市老龄工作委员会在 1998 年即建立"老年生活护理互助会"，率先在虹口区和静安区试行时间储蓄互助服务。老年生活护理互助会有"劳务储存"和"货币储存"两种服务方式。"劳务储存"指将互助会会员的志愿服务时间记录下来，待本人需要时可以向互助会申请享受与时间积分相当的护理服务时间。"货币储存"则指互助会会员所交纳的每年 400 元的护理互助费，会员缴费满 15 年之后，在生活不能自理时可获得每日 4 小时的护理劳务或费用资助。为了实现规范化管理，互助会在全市使用计算机网络管理手段。为了准确记录志愿服务时间和内容，每个会员有一本全市通用的存折，可以转让或继承。如果老人的居住地没有合适的低龄老人为会员提供服务，互助会会为会员请来钟点工服务，以保证会员积分储蓄的兑现。为保证"时间银行"顺利实施，上海市还颁布了《老年生活护理互助会章程》及《老年生活护理互助会管理办法》。②

从 1998 年上海市虹口区提篮桥街道晋阳居委会试行"时间银行"，到北京、天津、南京、广州、青岛等城市自发进行探索，进而在全国不少城市推广实践，至今已有 20 多年。近年来，伴随互联网和区块链技术兴起，一些地区，如南京、广州、北京等地的实践取得较大进展。在政府支持之下，互联网"时间银行"不断增加。从实践效果来看，虽然这些探索如星星之火，但因为当时互联网不发达且时间银行以小范围的社区为单位或由民间自发组织，故仍然面临缺乏政府支持、管理机制不完善、区域间统筹性差、服务内容单一、服务质量难以保证、服务计量不合理、缺少持续性激励等问题。③

（三）对互助养老研究的述评

1. 对互助养老的述评

（1）现有研究述评

作为互助的重要实践形式，互助养老需要探索中国模式。通过前述文献梳理，目前国内对互助养老的定位主要分为两种：一是认为它是一种养老新模式或过渡模式，二是认为它是社会养老辅助或补充性的实现形式。这两种定位都不十分恰当和明晰。

首先，简单地将互助养老看作养老模式之一并不恰当。作为两种重要的养老模式，

① 郑红，王慧莹，李英：《社区居家养老引入时间货币探索性试验》，《东北大学学报（社会科学版）》，2018 年第 6 期；郑红，李英，李勇：《引入社区货币对互助养老时间储蓄的作用机理——应对人口老龄化的金融创新》，《财经研究》，2019 年第 5 期。

② 景军，赵芮：《互助养老：来自"爱心时间银行"的启示》，《思想战线》，2015 年第 4 期。

③ 陈功，黄国桂：《时间银行的本土化发展、实践与创新——兼论积极应对中国人口老龄化之新思路》，《北京大学学报（哲学社会科学版）》，2017 年第 6 期；陈功，王笑寒：《我国"时间银行"互助养老模式运行中的问题及对策研究》，《理论学刊》，2020 年第 6 期。

家庭养老和社会养老的划分依据是养老资源的提供者，这些养老资源包括经济的或物质的资源、照护资源和精神资源。而互助养老意味着经济资源、照护资源和精神资源的提供者是其他（准）老年人。这是社会养老的实现形式之一，而非与家庭养老和社会养老并列的养老模式。从现有实践来看，农村幸福互助院的推动效果不佳，主要原因就在于这部分地区仅仅将农村"互助养老"作为一种政府行政主导推进的以硬件设施建设为主的养老模式，没有搞清推动农村"互助养老"的核心是全面激活农村（准）老年人的守望相助的认知，将农村（准）老年人相互间的零散的互助行为有效组织起来，调动起广大农村居民的团体性和积极性力量。从根本上来讲，互助养老应当为互助型社会养老，它是社会养老的一种类型，但表现形式是多样化的，包括从圈子里的非正式化到逐步正式化，到离开圈子的社会企业（市场化运作，但不以营利为目的），其本质还是在于低成本运行和形成互助共同体。

其次，国内不少研究虽然认为互助养老是社会养老的实现形式，但对其在中国社会养老发展中的定位不甚准确。大部分研究还是认为这种社会养老形式是辅助性的或者补充性的。这主要是延续了发达国家民间互助与政府、市场相互分立的思维方式。但需要注意的是，发达国家是伴随城镇化和工业化进入人口老龄化社会的，人均 GDP 在 10 000 美元以上，同时距离十七八世纪互助组织、互助保障、互助服务的广泛发展已经超过 200 年，国家福利体系基本建立，社会养老服务体系比较专业、规范、完善，不少国家近年来形成整合化的社会照护体系，并且建立了长期照护保险制度。互助养老虽然发展较早、形式多样，但很大程度上是为促进社区建设、社区融合及积极老龄化和健康老龄化的实践。

中国与西方国家不同的是：一是中国的互助组织发展虽然仍处于起步阶段（对标西方十七八世纪以来的互助组织、互助保障、互助服务发展过程），但是，中国共产党领导的社区（村居）自治组织和各类内部社会组织，以及传统的非正式互助网络都为互助组织和互助服务的迅速发展奠定了强有力的组织基础和群众基础。二是中国未富先老，政府财政能力有限，大多数老年人也没有足够的经济能力购买专业化的养老服务。因此，在老年人养老体系的构建中，推动养老照护（养）体系与康复护理（医）体系的分离，发挥举国体制优势，大力发展党委领导、政府负责下的国家与社会、企业的合作，通过建立各类互助组织，进行创新性的经营、组织和动员，调动社会互助资金，充分利用各类闲置人力资源和人力资源的闲置时间，成本节约地满足老年人的食、住、精神慰藉，生病或者失能半失能老年人的生活照护需求，是可行之路。三是要保证中国这一社会主义大国的长治久安，社会建设关键在于依照社会主义国家特色，建设中国共产党领导的互助共同体——"人"的共同体，形成社会治理共同体，互助养老是非常好的途径和选择。

（2）笔者观点

笔者从 2014 年开始关注互助养老，通过调研和相关文献梳理，提出了"互助型社会养老"这一概念，并在理论与实践的碰撞中，不断对其进行理论探索和模式总结。总体来讲，互助养老是一种基础性的社会养老方式，这是由中国特色互助组织的性质所决定的，互助养老的发展方向也在一定程度上代表了中国的互助组织和社会形态的发展方向。

在 2017 年发表的两篇论文中，[①] 笔者即尝试澄清：一是互助型社会养老是社会养老的一种方式，并非独立于"家庭养老"和"社会养老"之外；二是互助型社会养老的核心是充分利用老年人力资源，推动老年人之间的"自助—互助"，而非简单的养老设施建设。笔者将农村互助型社会养老界定为：将"自助—互助"（守望相助）理念寓于农村社会养老之中，把农村老年人力资源有序组织动员起来作为主要服务力量，为农村老年人提供互助型的社会养老服务。笔者将欠发达地区农村互助型社会养老服务界定为：基于欠发达地区农村的现实困境，为有效解决欠发达地区农村社会养老发展滞后的困境，将"自助—互助"（守望相助）理念寓于欠发达地区农村社会养老服务发展之中，通过多元社会主体发挥合力作用，共同推动，把老年人有序组织动员起来作为主要服务力量的，低水平、保基本、有重点的新型农村社会养老服务形式。

随着研究的深入，笔者进一步提出农村互助型社会养老是一个乡村互助合作的系统工程，只有这个系统有效运行，互助型社会养老的可持续发展才有可能。在 2019 年的两篇论文中，[②] 笔者提出：（1）互助型社会养老的重点在于互助，互助的本质是经济互助，并非简单提供服务或直接帮助。（2）中国的互助并不等同于公益或者慈善，中国的互助扎根于农村传统的亲邻互助网络，兼具效用和美德，有可以获得有价回报的期待。（3）之所以通过互助这种方式发展社会养老，是为有组织地发动邻里、志愿等社会力量，充分利用以老年人为主的各类人力资源的闲置时间、资源，低成本地提供相互帮助和服务。[③]（4）农村互助型社会养老是对家庭养老的重要补充，应当将其看作一个涉及多个领域、多个层

---

① 刘妮娜：《互助与合作：中国农村互助型社会养老模式研究》，《人口研究》，2017 年第 4 期；刘妮娜：《欠发达地区农村互助型社会养老服务的发展》，《人口与经济》，2017 年第 1 期。

② 刘妮娜：《中国农村互助型社会养老的类型与运行机制探析》，《人口研究》，2019 年第 2 期；刘妮娜：《农村互助型社会养老：中国特色与发展路径》，《华南农业大学学报（社会科学版）》，2019 年第 1 期。

③ 互助型社会养老与老年人购买高水平、专业化、市场化的文娱、照护服务并不冲突，这只是为大多数农村购买能力相对不足的老年人提供的相对低水平的服务和帮助的一种选择。

次、多个方面的基础性的社会支持系统，只有这个系统有效运转，互助型社会养老的可持续发展才有可能。笔者将农村互助型社会养老界定为：将互助理念寓于社会养老之中，在政府扶持之下，发挥村民自治组织、社会组织、市场等多元主体作用，将以（准）老年人为主的各类农村人力资源有序组织动员起来作为主要力量，通过多种形式为老年人提供资金互助、服务互助、文化互助的新型社会养老模式。

进一步地，笔者认为，首先，社会养老概念本来就是区别于家庭养老的一个中国特色的统合性概念，体现了中西方差异，体现了中国系统性而非碎片化的社会养老体系建设的目标，政府、社会、市场各有责任，但并非分立，也并非发展一方就要推卸掉另一方责任，尤其并非推卸政府的资金和政策支持责任。西方经验虽然值得借鉴，但不能完全从西方理论视角出发去分析中国的实际情况。而在社会养老体系中，无论政府、社会组织还是企业办的社会养老，互助合作化和市场化都是其核心组织方式。从长远发展来看，政府办养老需要转型，剥离运营责任，社会组织则能力不足，这两类养老机构要存活和可持续发展，要么与当地的互助组织或队伍合作，要么帮其组建、为其赋能，要么向社会企业转型。故互助合作化与市场化是社会养老中的互斥概念，即互助型社会养老与市场型社会养老是一对概念，都是社会养老的方式之一。同时它们与居家养老、机构养老和社区养老相融合，是可以在这些养老形式中实现的。

其次，互助是普遍存在并且为人类所需要的，任何一种养老形式都有互助的成分在，故如果仅从互助服务的角度界定互助型社会养老，一是会导致其过于泛化，二是一些合作社提供和对接的市场服务虽然由互助组织开展，且是合作社维持可持续运转的重要方式，但在这种概念界定下将不被作为互助型社会养老形式。故互助型社会养老的概念边界从互助组织出发进行界定更为合适。

2. 对互助养老模式的述评

根据前文分析可以发现，越来越多的学者开始关注互助养老，并对中国目前的互助养老模式进行了梳理总结，但不足之处在于：一是很多县域互助养老是地方的自发探索，模式多样、各有特色，但是现有的一些研究或是从某一个案例出发进行分析，或根据新闻、其他文献整理得到，缺乏真正的全面扎实的系统调研，虽然在学术上具有一定的指导意义，但是对实践，尤其是地方实践的启示意义不足。二是现有互助养老研究主要是从组织（领导）主体角度进行的分析，但是，互助养老是一个系统工程，资金、组织、服务、评估缺一不可，尤其是资金来源非常重要。互助的本质是经济互助，人们在付出的同时希望获得回报，故要做好互助服务工作，资金支持十分重要。在政府资金支持有限的情况下，让互助型社会养老有可持续的资金支持，发展互助保障，是互助型社会养老发展的基础。三是城乡比较研究相对较少，这是非常重要的视角。互助养老是适用于城乡的，农村的优势在于其本身就是一个包含经济互助—社会互助—文化互助在内的互助共同体，从长远来看，中国的历史在农村，城市治理也要向农村学习，找到城市圈层化—集体化社区的发展路径。

　　具体而言，虽然与农村相比，城市缺乏如村两委一样具有政治、经济、社会等多重功能的互助组织，"互助"类型更加多样，参与主体更加复杂，但在未来几十年的过渡时期，城乡面临相同的急速人口老龄化、老年人口服务购买能力不强和服务购买意识不足等问题。对城市社会养老服务体系建设而言，"互助"同样是中国特色的，是基础性而非辅助性的，应该大力推动。换言之，城乡地区都需要发展互助型社会养老，但是，城乡互助型社会养老呈现的特点有所不同，比如与农村相比，城市可能专业化社会组织、企业更发达，需要尝试更多的创新合作，呈现出更明显的专业化、圈层化、多元化、规范化特点。

第三章　概念界定与理论分析框架建立

在对互助型社会养老的研究与实践进行系统梳理的基础上，笔者认为，互助型社会养老并非一种养老新模式或过渡模式，也非简单的志愿服务或互相帮助，而是立足于社会主义国家的互助本质、未富先老的现实国情，以及老年人对低成本和集体化生活的天然需求，建立在社会价值体系、社会组织体系、社会服务体系、社会合作体系和社会参与体系，以及福利经济体（社区经济体）和社会治理共同体基础上的中国养老模式。故互助型社会养老既是在实践中创新发展的中国特色的新型社会养老服务保障模式，是新时代积极应对人口老龄化战略的重要理论和实践组成，也是构建中国特色的现代互助社会的积极探索和重要组成。本章将在前文述评的基础上，进一步对互助和互助养老概念进行详细辨析，建立本书的理论分析框架。

第一节　对互助型社会养老的概念界定

互助型社会养老可以从互助和社会养老两个角度分析，相对来讲，社会养老研究较多，而互助研究较少。在以往研究的基础上，笔者尝试依据互助的层次性，从微观、中观、宏观层次对互助型社会养老进行概念界定，并对其进行定位及类型划分。

一、互助型社会养老的多层内涵解析

（一）微观层次——互助行为

根据前文所述，互助的本源属性包括两点：一是情感，二是需要，即个体与个体之间因情感和需要而进行的相互帮助。延伸来讲，人类的互助行为既是一种本能，也是一种需要，人们通过生活、生产、金融（资金、服务）等内含经济因素的互相帮助以共同应对困难环境，并在这一过程中满足交往和精神上的需要，并以此培养美德，推动人类不断走向更加美好的高层次生活。[①]受回报预期和美德、志愿精神等因素影响，互助不仅包括双向的互助，也包括单向的帮助；可以是单方面无偿的付出，也可以是低偿的支付，还可以是双方认可的互换。

故从微观层次来看，互助型社会养老是指基于情感和需要，通过个体间资金、服务、文化互助的形式，满足老年人社会养老的需求，补充家庭养老不足（如图 3-1 所示）的养老方式。需要说明的是，首先，从互助主体来看，不少研究认为互助养老是老年人的相互帮助。这只是一种狭义的界定，因为从广义的角度来讲，帮助他人同样可以使个体获得精神上的满足，单方面的提供帮助亦属于互助范畴。同时，互助并没有年龄之分，

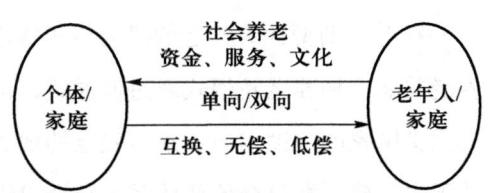

图 3-1 互助型社会养老的微观图示

各个年龄段的人都可以以互助的形式参与其中。其次，从互助内容来看，目前互助型社会养老主要指社会养老服务的互助，但事实上，资金互助与服务互助可以互为延伸。资金互助可以成为服务互助从政府救助走向适度普惠的方式，也可以拓展长期照护、医疗、灾害等方面的相互计划和相互保险。最后，从互助性质来看，互助不同于以竞争和利润为目的的市场手段，其是非营利的，即低偿或无偿的。

（二）中观层次——互助组织

作为一种本能的情感和需要，互助存在于人们的日常交往之中，可以说，在现实生活中，每个人都有或大或小的非正式互助网络。但是，要让个体之间的非正式的互助变为一种规范、有序、可持续的正式行为，就需要建立机制和制度，进行规范的组织和管理。要建立现代互助组织，需要建立法律法规、市场规则、外生信用，由正式组织负责进行

[①] 需要指出的是：首先，在互助中，情感和需要产生的先后顺序较难明确区分。其次，高层次生活不是经济的极度富裕，而是一种幸福无虞的生活状态和安稳愉悦的精神状态。最后，因为信任关系和情感联结而形成的互助，无论是否组织化，都不可避免地以圈子或区块为基础，内外拓展资源。

组织化管理和企业化运营，同时提高资金、管理、评估的统筹层次，达到有效管理和可持续运转的目的。互助组织可以是单个组织，也可以是圈层组织，这是从传统小农经济向现代市场经济转型的结果。人与人之间的交往和互助形成的各类正式的或非正式的组织——互助组织 / 互助合作组织，在传统社会和现代社会中均发挥了重要的政治、经济、社会、文化——治理、保障、服务等功能。互助组织的形式和内容是多样的，比如自上而下建立的行政管理体系深入城乡社会，国家亦主导建立党委领导的社会组织体系，包括妇联、共青团、工会等各类群团组织及村居自治组织，自下而上成立的歌舞团、书画社等各类文化娱乐、志愿服务队伍，以及业委会等现代城市互助组织。当然，不同地区的组织发展、规模、资源动员能力等差异较大。

故依循前述思路，互助型社会养老是通过建立互助组织和互助机制，将个体间的资金、服务、精神等互助行为组织化、规范化，并在有条件的地区进行经营，以达到自身可持续运转目的的社会养老模式（如图 3-2 和图 3-3 所示）。互助型社会养老无法一蹴而就，有非正式互助—组织化管理—混合化运营的非线性发展过程。

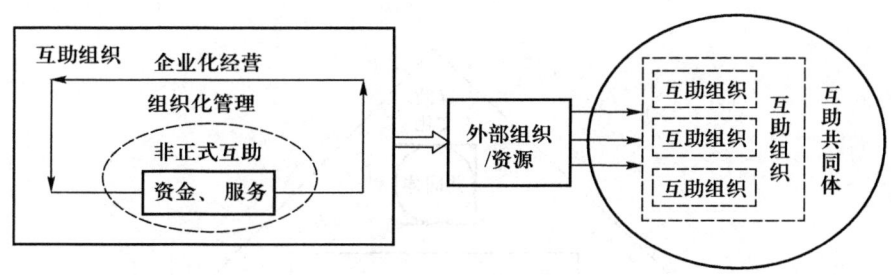

图 3-2 互助型社会养老的中观图示 A

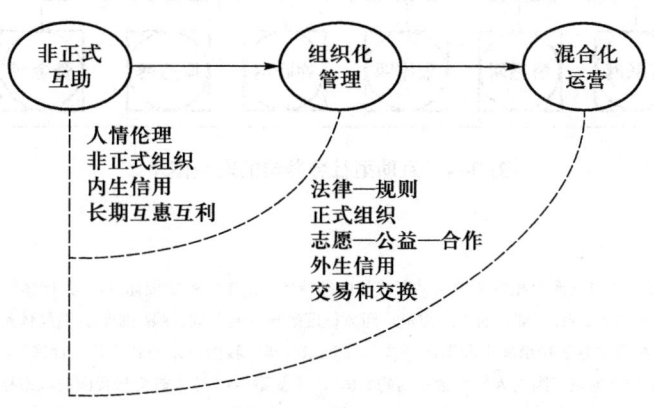

图 3-3 互助型社会养老的中观图示 B

65

由于社区本就是一个自治的互助组织，互助型社会养老在中观层次的互助组织可以以自治组织（社区）为一个单元，其中不同用途、性质的小型互助组织都是为保障互助型社会养老有序进行的组织形式。当然，互助组织在开展互助养老的过程中，可以自行运转，与企业或者专业社会组织合作，也可以由企业或者专业社会组织进行培育、管理和运营。

（三）宏观层次——互助社会 + 互助型社会养老体系

1. 互助社会

如图 3-4 所示，党委领导的个体间的互助行为和互助组织构成了我国互助社会的主体部分。[①] 企业、专业社会组织、互联网等为支持方，并由此形成各类模式、机制，目的是让互助社会良性运行。从宏观角度分析，互助社会既由微观行为和中观组织组成，又可以分解为互助文化体系、互助组织体系和互助服务体系——社会文化体系、社会组织体系和社会服务体系，这三大体系与党的领导和行政管理体系共同构成社会治理共同体，与社会保障体系、市场经济交叉构成民生保障体系——福利经济体进而发展到互助经济体。从党、政府、市场与社会的关系来看，中国共产党是互助社会的集中统一领导核心，政府发挥行政管理职能，对互助社会起到指导、支持、监督作用，市场发挥在资源配置

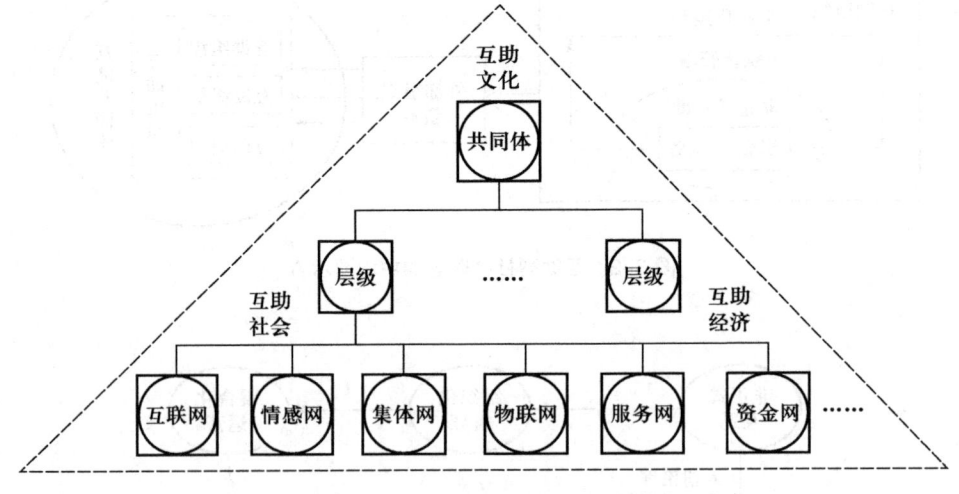

图 3-4　互助型社会养老的宏观图示

---

① 党委领导下的自上而下与自下而上相结合的互助形式是中国特色互助组织的重要体现。"共同体"和"社区"这两个词都从同一个英文单词"community"翻译而来。但是，西方社区是自下而上的，滕尼斯认为共同体是"一种持久的和真正的共同生活"，是"在共同的感观和精神上和谐的形式"。而 1986 年，我国民政部首次把"社区"概念引入城市社区管理之中，认为"社区是居住在一定地域范围内人们社会生活的共同体"（夏建中：《社区概念与我国的城市社区建设》，《江南论坛》，2011 年第 8 期）。换言之，中国的社区既指行政上的街道或居委会所管辖的一个居住区范围，又强调"共同体"一词中的群体认同感与归属感，实现群体的整体利益最大化。需要说明的是，这里主要指社会建设领域，纯市场领域应遵循市场逻辑。

中的决定性作用，是互助社会运行的动力，政府、市场、社会三者相互交叉，具有一定的制衡作用。

2. 互助型社会养老体系

互助社会的构建可以看作互助型社会养老体系的保障和治理意义的外展。从服务保障角度来看，中国传统的农村保障以宗族／村庄范围内的救助性的互助保障为主，包括以宗族为主要单位的宗族互助保障，以生产队为主要单位的集体互助保障，村民家庭间自愿交换的民间互助保障等。在国家逐步主导建立包括社会救助、社会保险、社会福利等在内的以现金支付为主要手段的农村社会保障体系之后，互助保障从主要角色转为补充／协同角色，这符合现代国家的发展规律。但本研究中的互助型社会养老服务（保障）体系则并非传统的以现金、物品救助为主的保障，而是伴随中国全面建成小康社会，从社会救助话语转向社会福利话语，系统构建的互助型社会养老体系。一方面，依托非正式互助网络、圈层化的互助组织提供救助性的互助型福利服务供给，另一方面，在有条件的地区，可以通过国家资金、社会互助资金的多元筹集，比如养老微基金，来推动某个村居或多个村居的互助型社会养老服务系统（互助服务＋）的可持续运转，在此基础上，亦可以发展相互保险等补充保险形式来补充国家保险的不足。故从构建互助型社会养老服务保障体系的层次来看，互助型社会养老是指在党委领导、政府负责之下，以互助组织和互助网络为依托，以救助性的互助型社会养老服务为基础，推动构建的社会养老服务保障体系。

二、互助型社会养老的概念比较

在对互助型社会养老进行微观、中观、宏观层次的内涵解析之后，本部分从互助型社会养老的两个关键界定指标：互助组织和互助服务出发，比较互助组织与企业和公益慈善组织，互助服务与市场服务和志愿服务两组概念，并进一步厘定互助型社会养老的概念。

（一）互助组织与企业和公益慈善组织

1. 互助组织与企业

从互助组织与企业的比较来看，互助组织是原始社会就有的组织形态，并非仅满足本能的社会交往的需要，还是重要的互助互利的社会经济系统。根据克鲁泡特金的论述，人类的原始组织形式是社会、群或部落，即非正式互助组织，直到实现财产分立与财富积累才逐步产生家庭。即便在家庭产生之后，因血缘、亲缘、地缘而形成的氏族、村落公社依然发挥着重要功能。[①]费孝通将互助组织界定为在艰苦环境中，人们需要基于某种效用或共同利益，构建出使个体或家庭生活免于陷入危机的互助网络和机构。[②]市场则产生于社会内部交换关系的边缘，是交换关系现代化的体现，后逐步部分取代社会交换。

企业正是适应现代社会化大生产和市场经济要求的以特定利益为目的的经济组织，利润是其存在和发展的重要动力。但是企业在追逐利润的过程中，会造成贫富不均及弱势阶层利益受损，故伴随市场经济的发展，现代互助（合作）组织通过限制资本的方式，合作制衡保护弱势群体。因此，从社会建设的角度来看，社会系统的有效运转离不开市场的动力作用，除政府持续补贴支持之外，互助组织的可持续发展亦离不开企业化经营或组织内部的部分市场化拓展。[③]西方国家20世纪70年代重新提倡的社会经济/团结经济/社区经济（Social Economy/Solidary Economy/Community-based Economy），包括合作社（Cooperative）、信用联社（Credit unions）、住房协会、互助协会、社团、自助项目、社区企业和商业等（Hudson and Cameron），就是一种社会与市场经营方式的结合，但其目的是通过社会、经济等手段来提高社群的福利。[④]

2. 互助组织与公益慈善组织

互助组织与公益慈善组织属于非营利部门，主要源自西方。[⑤]受宗教利他思想及中世纪教会组织影响，慈善救济一直属于西方宗教工作范畴，也是西方传统社会救济的重要组成部分。[⑥]19世纪中后期以后，伴随捐赠数额的增加及政府在济贫方面的责任扩大，社会工作者开始不再将关注点仅放在救灾济贫上，而是探索通过发展文化、教育、医疗等公益事业，推动社会进步。[⑦]西方福利国家建立以后，由于西方慈善和公益的延续性，以及捐赠带有的宗教色彩，故也会称相关组织为公益慈善组织。综合王名和邓国胜的界定，狭义的慈善组织是指从事救助弱势群体的非营利组织，广义的慈善组织，即公益慈善组织指致力于各种公益事业，为不特定多数受益者提供服务的非营利组织。而互助组织并

---

① 克鲁泡特金：《互助论：进化的一个要素》，李平沤译，商务印书馆2009年版。

② 费孝通：《乡土中国》，北京联合出版公司2021年版。

③ F. B. Meira, Liminal Organization: Organizational Emergence Within Solidary Economy in Brazil. *Organization*, vol. 21, no. 5, 2014, pp.713-729.

④ S. Bowles and H. Gintis, Social Capital and Community Governance. *The Economic Journal*, vol. 112, no. 483, 2001, pp. F419-F436.

⑤ 根据王名的界定，互助组织与公益慈善组织的非营利性体现在不以营利为目的，不能进行剩余收入（利润）的分配（分红），不得将组织的资产以任何形式转变为私人财产。事实上，西方非营利部门是很少使用互助话语的，除相互保险（Mutual Insurance）和互助/互惠社团（Mutuals/Mutual Benefit Organizations）等，其余互助组织一般使用草根组织（Grass Roots Organization）或公益慈善组织（Philanthropy or Charity）指代。

⑥ 罗伯特·H.伯姆纳：《捐赠：西方慈善公益文明史》，褚蓥译，社会科学文献出版社2017年版。

⑦ 资中筠：《财富的责任与资本主义演变：美国百年公益发展的启示》，上海三联书店2015年版。

非国际通行话语，王名根据美国流行的非营利组织分类方式，只是划分了会员制组织和非会员制组织，会员制组织包括公益型组织和互益型组织，并将人民团体和事业单位一起划入了公益型组织。[1]

故综合以上分析，我们将现代互助组织界定为：在党委领导、政府负责之下，由在经济、社会等方面进行相互帮助的个体成员组成，通过组织化管理或企业化经营达到可持续发展目的，低成本满足本组织成员物品、资金、服务、精神等需求的非营利组织。从组织性质角度来看，互助组织可以划分为政治型互助组织和草根型互助组织。政治型互助组织主要指群团组织和村（居）民自治组织。群团组织包括共青团、妇联、工会等，因为群团组织兼具政治性与社会性，有学者也将群团组织称为政治社会团体。[2]草根型互助组织则是指自下而上生发的居民组织，从功能角度可以划分为经济型互助组织、社会型互助组织、综合型互助组织。经济型互助组织指完全从事经济类活动的互助组织，如资金互助社、相互保险。社会型互助组织指完全从事社会活动或社会服务的互助组织，如一些已经备案或纯粹自发成立的居民志愿服务团体、文化娱乐医疗等团体和互助小组。综合型互助组织指从事包括经济、社会等多种类型活动的互助组织，包括农民合作社、互助社团等。由于非营利组织中不包括政党组织和宗教组织，故互助组织亦不包括这两类组织。在社会部门，中国特色互助组织与企业、公益慈善组织的关系如图3-5所示。在党委领导、政府负责之下，企业和公益慈善组织等都是帮助互助组织实现规范化、专

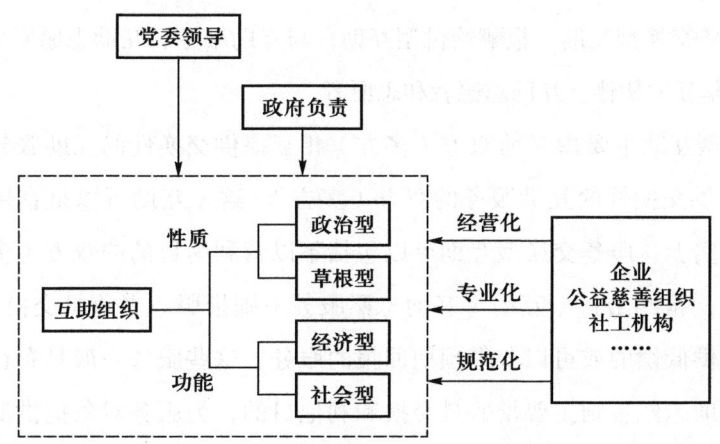

图3-5　互助组织视角的组织类型划分

① 王名编著：《非营利组织管理概论》，中国人民大学出版社2002年版；邓国胜主编：《公益慈善概论》，山东人民出版社2015年版。
② 褚松燕：《在国家和社会之间——中国政治社会团体功能研究》，国家行政学院出版社2014年版。

业化、经营化，以及供给资源的工具型组织。从企业和社工机构的角度来看，互助组织则是帮助企业和社工机构完成工作任务、实现组织目标的重要抓手。

（二）互助服务与市场服务和志愿服务

在个体层次上，互助包含需要（心理和生理意义）、交换（经济意义）与美德（社会意义）三重内涵。人类天然具有相互帮助和交往的需要，同时互助可以共同抵御困难。在这一过程中，人类会产生认同、信任、友好等向上向善的感受，是一种社会资本和社会正能量，其更高层次表现为文明社会中人们自发自愿帮助他人的追求。

1. 互助服务与市场服务

与互助组织和企业的关系类似，互助服务与市场服务也是一对概念。与最大限度满足消费者需求以赚取利润为目的的市场服务相比，互助服务具有多重目的：一是需要获得回报或报酬（经济），二是满足交往和组织的团结目标（社会），三是个人的自我实现（心理）等。仅从物质报酬角度来讲，互助服务是低成本、低报酬的，而非无成本、无报酬的。

2. 互助服务与志愿服务

根据前文所述，互助代表本能、需要和美德，其中带有利他成分。如果从服务的角度区分互助和志愿，一是从相互关系角度，互助是一种多个方向的交换互动，志愿则是面向他人进行的单向付出。二是从报酬角度，互助实际代表了社会内部的交换关系，现代社会交换意义的互助服务可以用报酬衡量，而不是非要进行双向的服务或物品的交换。志愿服务则是无报酬或是仅给予成本消耗补贴的无偿服务。故可以将互助服务、互助志愿服务称为服务交换型互助、报酬给付型互助，与互助服务、互助志愿服务、志愿服务三者相对应的是互助伙伴、互助志愿者和志愿者。

服务交换型互助主要指互助双方（多方）相互提供交换性的互助服务，互助伙伴主要指相互提供交换性的互助服务的双方（多方）。这一互助可以是直接的，也可以是间接的。事实上，服务交换型互助可以包括不以营利为目的的双方（多方）相互提供的所有服务。报酬给付型互助（互助志愿服务）则指服务者兼具交换和利他目的，为服务对象提供低偿的或可以获得预期回报的服务，这些服务一般具有长期、劳动密集等特点。互助志愿者则主要指兼具交换和利他目的，为服务对象提供低偿的或可以获得预期回报服务的人。志愿服务主要指服务者以利他为目的，为服务对象提供无偿服务。志愿者主要指不关心报酬的人或是不为报酬而主动提供无偿服务的人。

结合互助组织与企业的界定和以互助组织为先的考虑，我们将互助服务界定为在互助组织中，为满足组织团结和服务供给的目标，由组织成员提供根据服务性质和组织规定获得回报或报酬的非市场服务，同时满足个人自我实现的需要。

三、互助型社会养老的概念厘定

本书立足于中国特色社会主义社会的性质及社会养老服务的供求关系，确立中国语境下的互助型社会养老的基础性地位，并提出其与市场型社会养老是一对概念，判断标准是中观层面的互助组织，划分标准是组织方式和组织目的。在此基础上，本书将互助型社会养老界定为：在党委领导、政府负责之下，通过专业社会组织赋能管理、企业经营等方式，建设各类基层互助合作小组/组织，利用亲朋邻里、志愿者等社会互助资源，围绕老年人开展资金互助、服务互助、文化互助等多种互助项目的社会养老服务保障方式。需要说明的是：第一，这里使用了基层组织指代现阶段互助型社会养老所涉及的组织形式，互助小组、志愿队伍、互助志愿队伍是其基础形态。[①] 同时，基层志愿队伍、互助志愿队伍以社区范围内中老年人为主，应当向互助小组、互助组织发展，让志愿者有长期的、可期待的回报的现实条件和心理感受，推动互助养老服务正式化、规范化，可持续发展。第二，在运营主体方面，群团组织和村居自治组织等政治型互助组织，以及其他枢纽型社会组织对各类基层组织起到管理、培育、支持的作用，互助小组、志愿队伍、互助志愿队伍等没有在政府登记注册的组织，一方面可以自我成长为正式的互助组织、合作社，另一方面可以接受政治型互助组织和枢纽型社会组织等的管理、专业社会组织和企业赋能经营，进行体系化运营。尤其应当注意政治型互助组织和枢纽型社会组织，这些组织平台可以得到党委、政府、居民的信任，能够管理、对接资源和服务，制衡市场。互助型社会养老的概念图示如图 3-6 所示。

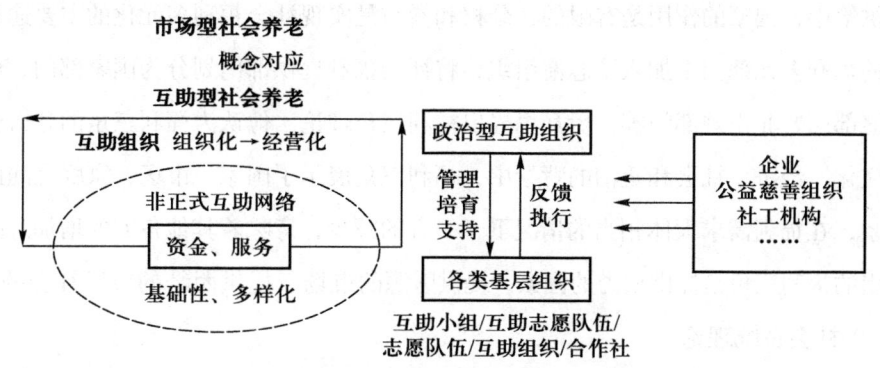

图 3-6　互助型社会养老的概念示意图

---

① 本书其他部分多使用互助组织一词。

第二节　理论分析框架的建立

在前文对互助型社会养老进行理论探索之后，后面章节将主要分析部分典型城乡互助型社会养老模式，故本节的目的在于建立理论分析框架。正如前文所述，互助型社会养老是一个系统工程，应当从整体视角去进行分析，而非仅碎片化分析供给主体。以分立制衡的多元主义为理论根源的福利多元主体虽然值得借鉴，但在中国并不完全适用。以社会系统理论为基础进行中国特色互助型社会养老系统的构建更加符合中国实际、具有中国特色。需要说明的是，互助型社会养老作为社会养老体系中的基础性体系，与康护保健服务体系是并立且可以相互支持和促进的，只是受市场型社会养老服务发展的影响，它们在不同地区的发展模式、覆盖人群、服务内容等可能有所不同。

一、两个重要理论范式

本书所涉及的理论范式主要是福利多元主义和社会系统理论，主要研究目标在于从系统论的角度去构建中国特色的互助型社会养老体系——福利经济体。

（一）福利多元主义及其拓展

福利多元主义思想最早出现在 1978 年英国的《沃尔得分的志愿组织的未来报告》中，该报告提出志愿组织应该成为社会福利的提供者。罗斯对这一概念进行了较为清晰和明确的论述，指出由国家承担社会福利的完全责任是错误的，社会福利应由国家、市场和家庭共同承担，社会福利的总和等于家庭、市场、国家提供的福利之和。[①] 在此之后，约翰逊、格罗斯、伊瓦思等均提出了自己的福利理论，如约翰逊提出混合福利经济理论。他认为，在福利供给中，国家的作用是有限的，分权和参与是实现社会福利多元化的主要途径，他在罗斯的福利多元部门中加入了志愿组织，将社会福利提供部门划分为国家部门、商业部门、志愿部门、非正规部门等。伊瓦思提出福利三角理论，他认为福利三角的分析框架应该放在文化、经济、社会和政治的背景中，福利三角展示了国家、市场、家庭之间此消彼长的关系，在福利需求大体相当的情况下，一方的减少，意味着其他各方的增加。阿布瑞汉森提出的福利三角是提供权力的国家、提供财源的市场、提供团结的市民社会的组合。

（二）社会系统理论

贝塔朗菲于 1937 年首次提出系统这一概念，认为系统是相互作用的诸要素的综合

---

① Rose，R. *Common Goals but Different Roles: The States Contribution*. The Welfare State East and West，1986.

体。受系统理论影响，社会学结构功能主义创始人——塔尔科特·帕森斯对"社会系统"进行了深入研究，并于20世纪五六十年代出版《关于一般行动理论》和《社会系统》等著作和论文。他着重分析了社会系统结构—功能的协调整合，并且提出了功能主义范式（AGIL模式），将其应用于社会系统，说明了社会各功能、各层次亚系统之间的关系，为理解社会系统的运行提供了基本框架。其缺点在于，他认为社会系统总能通过各个子系统的功能协调实现稳定运行，因此将社会系统看作封闭的和静态平衡的。尼可拉斯·卢曼摒除了帕森斯社会系统功能理论的弊端，进一步完善、发展了社会系统理论。他的主要思想包括三点，一是强调社会系统对环境的依赖，社会系统并非孤立和自我封闭的，而是与环境之间存在密切交往的开放系统，社会系统需要在极端复杂的环境中选择最有利于自己的运行方式。二是认为社会系统是不断演化的，环境中任何系统的变化，都意味着其他系统要发生变化。三是强调社会系统内部各要素相互关系的重要性，同时，社会系统内部相互关联的各要素之间必须存在一个中介，使相互关联的各要素能够通过这个中介协调起来。

总体而言，系统论视角下的社会系统是开放的和动态的，它由若干要素组成，这些要素组成多个维度、层次的子系统，这些子系统以某种结构关系连接组成内部系统，在相互作用及与外部环境的互动下，共同影响和维持社会系统的存在和运行（如图3-7所示）。

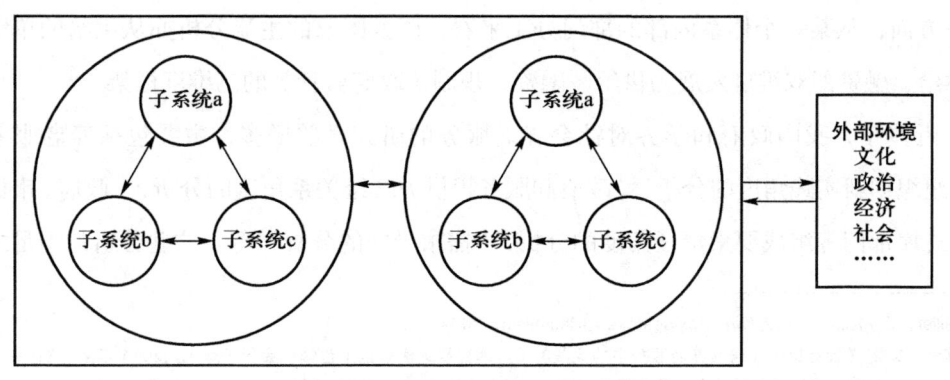

图3-7　社会系统构成示意图

（三）对两个理论的小结

福利多元主义和社会系统理论是本书选择的两个重要理论范式，福利多元主义的重要意义在于提出国家部门、商业部门、志愿部门、非正规部门等福利主体，但其具有西方特点，只是强调了福利提供主体的"多元化"——不同福利主体承担不同的职责。运用福利多元主义理论分析中国社会养老体系的不足之处在于，一是没有明确不同福利主体间的地位和关系，二是没有指出不同福利主体间如何整合，即没有将一系列保证体系正常运转的体制机制考虑进去。

与中国的现实情况相结合，一方面，我国政府、市场、社会组织之间的地位和作用并非平行。另一方面，中国社会养老系统正处于建设初期，面临各要素单独发力、缺乏整合，以及管理不规范、供求不平衡、评价低效等诸多问题。因此，根据前述的福利多元主义理论的不足之处，使用该理论视角对中国社会养老体系进行构建和阐述可能过于宽泛，且较难指导实践。故笔者更倾向于借鉴社会系统理论进行中国特色社会养老——互助型社会养老体系的构建和分析。

二、互助型社会养老的分析框架

（一）结构视角的分析

从西方国家社会养老服务研究和实践的发展来看，伴随福利国家从国家承担福利责任到构建国家、社会、市场合作的混合福利经济体，社会福利服务的供给体系日趋复杂。一方面，不同服务体系所针对的服务对象、服务内容和服务性质并不相同。正如米勒（Miller）所言，仅从服务供给角度区分的四大部门——国家、市场、志愿性和非正式部门的传统的各自的描述（传统福利多元主义的分析视角）对服务供给体系来说还不够完善；另一方面，从某一个体系内部的部门分工来看，西方国家的主流分析亦从供给的单维度及供给、融资的双维度发展为供给、融资、规制（政府监管）的三维度框架。[1]

近些年，我国政府和学界对社会养老服务的研究日益增多，主要包括养老服务企业／组织创新实践角度的分析，[2] 政府和服务提供方二维关系角度的分析，[3] 政府、市场部门、志愿部门等组成要素责任角度的分析，[4] 需求导向的分析[5] 等。这些分析的不足之处

① Miller, C. *Producing Welfare*. Basingstoke：Macmillan，2004：11.

② 陈竞，文旋：《社会组织在居家养老服务中的实践》，《广西民族大学学报（哲学社会科学版）》，2014 年第 1 期；纪晓岚，刘晓梅：《网络治理视阈下的社会化养老服务研究——基于上海市 WF 街道的实证分析》，《华东理工大学学报（社会科学版）》，2016 年第 4 期；汪忠杰，何珊珊：《社区居家养老服务模式探析——以武汉市为例》，《武汉大学学报（哲学社会科学版）》，2014 年第 4 期；刘焕明，蒋艳：《社区居家养老为老服务模式探析》，《贵州社会科学》，2015 年第 11 期。

③ 陈静，赵新光：《从"购买"到"共治"：政府向社会组织购买居家养老服务模式创新研究——基于老龄社会治理的视角》，《佳木斯大学社会科学学报》，2018 年第 1 期；章晓懿：《政府购买养老服务模式研究：基于与民间组织合作的视角》，《中国行政管理》，2012 年第 12 期。

④ 刘蕾，陈绅：《社会影响力债券模式下的养老服务合作治理》，《北京行政学院学报》，2017 年第 4 期；赵向红：《社区照顾养老福利政策：逻辑、分析框架与构建思路》，《社会科学家》，2017 年第 5 期。

⑤ 汪波：《需求—供给视角下北京社区养老研究——基于朝阳区 12 个社区调查》，《北京社会科学》，2016 年第 9 期；陈岩燕，陈虹霖：《需求与使用的悬殊：对社区居家养老服务递送的反思》，《浙江学刊》，2017 年第 2 期。

在于：一是大多数研究只从服务供给方角度出发，忽视了服务接受方的主体性地位，以及根据服务对象、服务内容、服务性质的体系划分。仅从供给角度规定部门和责任容易造成部门分割、业务重叠和各自为政。二是体系内部构建的维度单一，大多数的分析都趋向于将福利的组成要素割裂开来单独讨论，并没有尝试分析各要素之间的关系，或者主要集中于组织方和运营方或者政府与组织方和运营方的二维关系。[①]三是缺少立足于中国老龄化国情基础上的分析与构建。[②]

虽然不能走西方国家高福利保障的道路，但是作为一个社会主义国家，中国未来同样面临创新国家、社会、市场的合作，完成构建与中国现实国情相符合的福利经济（保障）体系的任务。与此同时，作为中国共产党领导的社会主义大国，中国具有坚持全国一盘棋，调动各方面积极性，集中力量办大事的显著优势。如果能有清晰的顶层设计，在理论突破的基础上进行实践探索，可以在未来构建起从老年人需求和中国实际出发的中国特色的社会养老体系，既能积极有效应对人口老龄化，也能获得推动社会治理现代化的外溢效果。

故伴随中国养老服务供给体系的复杂化和多元化，应当从老年人需求出发，细分服务供给体系，在此基础上探讨每个体系内部责任主体的分工。具体而言，第一步，先根据服务对象、服务内容和服务性质划分不同体系。[③]第二步，再细分每一个体系中每一个责任主体的位置和功能。这样一来，从某一个体系的角度来看，可以通过部门分工与合作更好地实现体系的目标。而从每一个部门的角度来看，它们能更加清晰自己在每一个体系中的任务和分工，进而据此确立自己的业务目标，划分主次、合理规划。

同时，未富先老的现实养老国情要求我们探索一条相对低成本、高效率的路子，非正式互助网络和志愿服务力量是应当充分发动和利用的（互助型社会养老的意义所在）。事实上，除一些专业性、技术性较高的服务项目需要专业人员去完成，其他的由家人完成的照护可以由非正式互助网络和志愿服务力量完成。[④]只是这些力量目前缺乏动员，且

① 马丁·鲍威尔主编：《理解福利混合经济》，钟晓慧译，北京大学出版社 2011 年版。
② 李国梁：《城乡居民养老观念比较研究》，《四川理工学院学报（社会科学版）》，2017 年第 3 期。
③ 孙宏伟，孙睿：《我国社会养老服务体系建设的政策选择》，《东北大学学报（社会科学版）》，2013 年第 4 期；姚俊：《"多支柱"社会养老服务政策的理念与设计研究——基于服务递送的视角》，《现代经济探讨》，2015 年第 7 期；冯春梅，郑洁，钟蔚：《"二维多层次"社会养老服务体系构建》，《统计与决策》，2016 年第 6 期。孙宏伟等的研究已经开始尝试从服务内容和服务对象的角度划分社会养老服务体系，这与本书观点不谋而合。
④ 金华宝：《"用老服务"：破解我国养老困境的一种新思路》，《中州学刊》，2015 年第 11 期；朱浩：《城市社区养老服务供给效率机制研究——以杭州市为例》，《当代经济管理》，2017 年第 4 期；张强，张伟琪：《多中心治理框架下的社区养老服务：美国经验及启示》，《国家行政学院学报》，2014 年第 4 期。

组织和机制不完善。实践表明，由于社区自治组织的行政色彩及社区居民的能力有限，这种组织和机制的形成较难生发于社区内部，需要专业化、社会化、市场化力量的支持和经营。[1] 换言之，需要分开讨论部分养老服务供给的运营方和服务方。故社会养老体系的初步构建如图 3-8 所示。

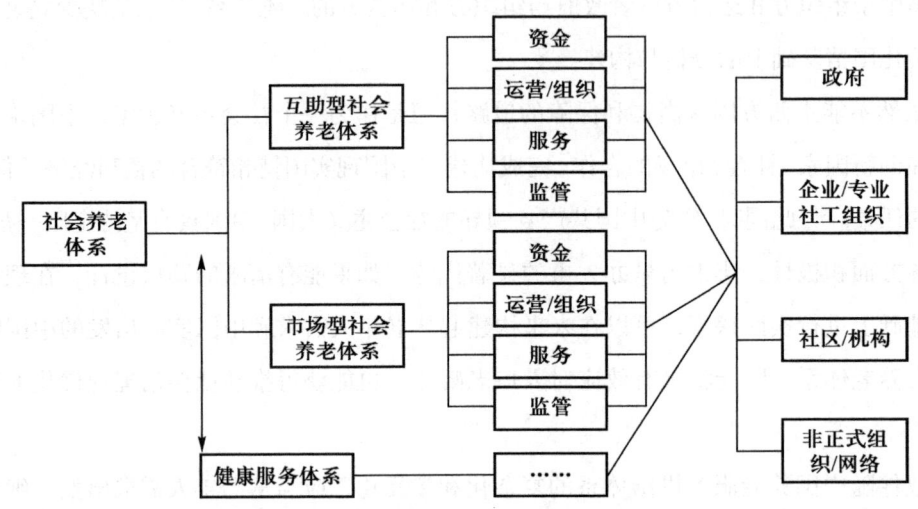

图 3-8　中国社会养老体系的初步构建

如果将互助型社会养老体系的圈层结构考虑进去，自上而下的层级统筹、自上而下与自下而上相结合的圈内执行的圈层模式是互助型社会养老体系构建的重要特征。从层级的角度看，互助型社会养老体系主要包括资金—管理—评估三个方面；从圈属的角度，主要包括资金—组织—服务—评估四个方面。层级的评估和资金是外源的，而圈内的资金和评估则是内生的。需要指出的是，由于互助型社会养老服务的执行过程多样，且依靠情谊、志愿、慈善、公益精神，故服务质量评估、投入产出效益评估是难点和重点。具体构建如图 3-9 所示。

（二）过程视角的分析

如果说以社会养老体系为视角的分析更多侧重于纵向圈层体系的构建，那么以互助系统为视角的分析则更多侧重于圈内互助养老所涉及的多维内容的相互作用，共同推动互助养老的可持续发展。本书应用社会系统理论，依循社会互助、社会养老的双向逻辑，区分了三个维度，构建四类互助型社会养老系统，如图 3-10 所示。

---

[1]　马光川:《居家养老服务的双重困境及其突破》,《山东社会科学》，2016 年第 3 期。

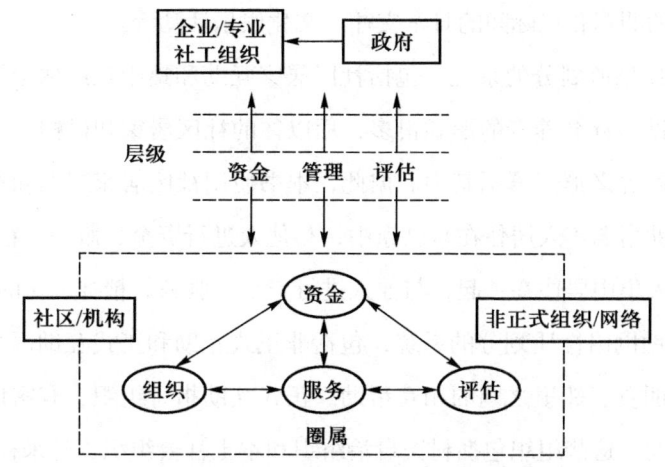

图 3-9 互助型社会养老体系的初步构建

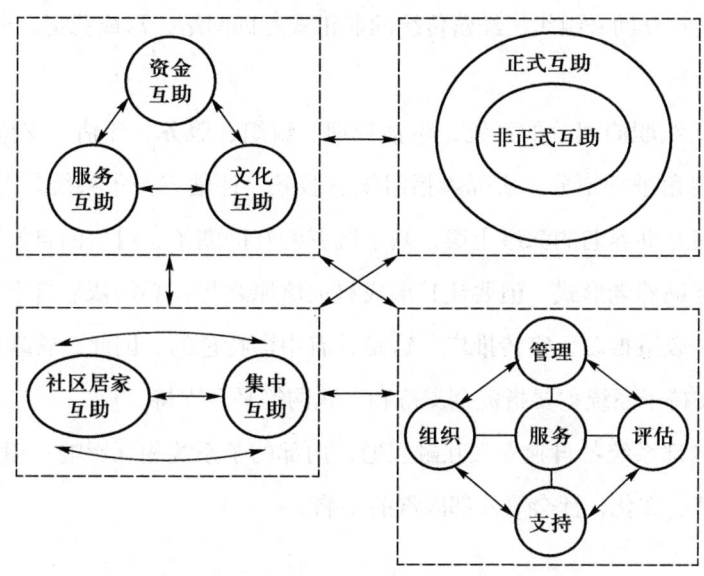

图 3-10 社会系统视角下的互助型社会养老系统

一是根据互助内容划分的系统，包括资金互助—服务互助—文化互助三个子系统。资金互助狭义上是指老年人朋辈和代际间相互帮助或共兑共用，广义上也包括互助金融、相互保险、集体经济收入、政府和村（社区）资金支持、社会捐赠、村（社区）互助资金等。如前文所言，互助型社会养老是中国传统非正式互助的延续与转型，虽然它由多种互助形式构成，但是这些互助形式是工具理性的，本质是经济互助。因此，互助养老的基础和支撑是资金互助。经济互助是本质，服务互助和文化互助是经济互助的外显，是资金互助的延展，服务互助主要指老年人非家庭的朋辈和代际间的日常生活上的互相扶助，以及健康者对短期患病和失能半失能老年人应急性、补充性生活照料等。文化互助主要指老年人非家庭的朋辈和代际间的日常交往、文化娱乐活动等。

二是根据居住场所划分的系统，包括社区居家互助和集中互助两个子系统。由于我国民间自发的互助型社会养老的形式很多，用以往的社区居家和机构一对概念较难将如互助幸福院、抱团养老形式囊括其中。据此，本书使用社区居家互助和集中互助这对概念。社区居家互助指老年人居住在自己家中，与他人进行资金、服务、精神文化的互助。集中互助指老年人集中居住在一起，与他人进行资金、服务、精神文化的互助。

三是根据互助网络性质划分的系统，包括非正式互助和正式互助两个子系统。非正式互助指亲属、朋友、邻里之间的相互帮助。正式互助指有组织、有密切和非密切的成员关系共存的互助。这些组织包括村民自治组织和本土社会组织、外来社会组织、企业、政府等。中国互助型社会养老的重要特点就在于将传统与现代、正式互助与非正式互助结合起来，以正式互助来组织、经营传统的非正式互助网络，形成稳定、可持续、有效、实用的互助机制。

四是根据组织职能划分的系统，包括管理、组织、服务、评估、支持五个子系统。如果以组织为视角进行划分，实际囊括组织、服务、评估三个子系统。需要说明的是，虽然中国有发展互助养老的深厚土壤，基于既有的互助圈子、村居的自发组织，不少地区在自发探索互助养老形式，但要让其形成星火燎原之势，必须依靠自上而下的有关部门的资金支持、政策推动、宣传推广，这是具有中国特色的。因此，管理子系统的作用亦非常重要。支持子系统主要指资金支持和互联网等平台支持。

上述四个内部系统各自独立又互融互通，内部的子系统相互影响、相互促进，同时受到政治、经济、文化、社会等外部因素的影响。

第四章　中国农村互助型社会养老典型模式

　　本章主要选择北京延庆，吉林松原，四川成都益多公益服务中心（简称益多公益）和上海"睦邻四堂间"、幸福老人村，河北威县饺子宴及山东单县农业合作社＋互助养老的典型案例进行研究。北京延庆和吉林松原都是由（准）政治型互助组织推动开展互助型社会养老，由政府拨付资金进行硬件设施建设或给予补贴，且两地的互助型社会养老由县市级统筹层面，如北京延庆由区民政局给予资金和政策支持，区慈善总会进行"1+1"爱心助老项目统筹管理，村两委（尤其是妇女组织）组织人员进行具体服务，同时在有条件的村庄建设老年驿站，由村委引进外来机构运营，拓展助餐、康复保健等服务，形成了"老年驿站+X+互助志愿队伍+互助服务"的典型模式。吉林松原由市民政局给予资金和政策支持，村两委牵头成立老年协会（村书记担任会长）进行组织和管理，从依托互助组织开展互助服务，发展到建设互助养老设施——托老所，为有需要的老年人提供托养服务，同时辐射居家养老，形成了"托老所+村集体+互助志愿队伍+互助服务"的典型模式。四川芦山和茂县由社工组织益多公益寻找项目点开展互助型社会养老，其特色在于：由益多公益这一专业社会组织为农村老年协会赋能，在活化老年协会和帮助老年协会找到生计项目的基础上，开展文化娱乐、老年照护等互助服务，其模式可以总结为"社工组织+老年协会+互助志愿队伍+互助服务"。第三节中的四个案例则各代表一种村庄模式，他们与延庆和松原的区别主要在于不是依托（准）政治型互助组织进行服务供给，而主要通过个人和企业进行组织或经营。上海奉贤"睦邻四堂间"和河北威县饺子宴源自乡村的自发组织和活动，上海松江幸福老人村和山东单县"幸福院子"

则是两个由企业组织经营和推动的典型案例，幸福老人村由养老机构辐射居家互助养老，"幸福院子"由资金互助社（农民合作社）运营，以资金互助拓展养老互助。"睦邻四堂间"以文化娱乐活动和上门探访为主，兼有助餐服务，特色在于改建民房（政府给予资金补贴），并且由堂主（一般是房主）组织发动，建在村民小组上，其模式可以总结为"睦邻点＋堂主＋互助志愿队伍＋互助服务"。上海的特别之处还在于这种互助养老的形式实际是嵌套于其完整的社会养老服务体系之中，目前"睦邻四堂间"正在上海全市推广，政府打包交给第三方专业社会组织负责统筹管理评估、策划活动、发放教材、培训堂主等。河北威县饺子宴的特色在于以饺子宴的形式凝聚村庄人力、物力，为老年人提供精神慰藉、就餐等服务，其模式可以总结为"村庄能人＋互助志愿队伍＋互助养老"，目前也已在威县全面推广。上海幸福老人村的特色在于由养老机构辐射村中散居老人，同时动员各类公益资源支持养老服务的开展，其模式可以总结为"养老机构＋互助养老"。单县禾农农产品种植专业合作联合社开展的居家互助养老服务亦独具特色，可以看作城市储蓄＋养老模式的农村版——合作型储蓄＋养老，虽然仍处于发展初期，但具有企业（合作社）发展内生动力和自我造血能力，更适合开展普惠型而非救助型的互助养老服务，其模式可以总结为"资金互助＋互助养老"。本章将从发展历程、现有模式及特点和问题总结三个方面对这些典型实践进行分析和讨论。

第一节　"老年驿站＋X＋互助志愿队伍＋互助服务"模式

北京市自 20 世纪末 21 世纪初就开始探索居家社区养老服务的供给，至今已有约 20 年时间，其农村互助型社会养老发展可以概括为两条主线、三个阶段和三类主要模式。两条主线为从救助到适度普惠服务、从居家到社区服务，三个阶段指由自发性的帮扶救助到村集体主导再到混合化运营，三类模式包括纯居家互助服务模式、互助服务＋就餐模式、互助服务＋综合模式等。笔者分别于 2014 年、2018 年和 2019 年到北京市延庆区、顺义区、通州区（以延庆区为主）调研农村互助养老，如表 4-1 所示。[①] 下面即以所调研案例为例，对北京市农村互助型社会养老的典型模式进行分析。

---

① 2015 年北京市 1% 人口抽样调查资料显示，2015 年北京市农村 60 岁及以上人口占比 18.5%，比城市高 2.37 个百分点。而山区村庄的空心化更加严重，延庆区、怀柔区、门头沟区等山区农村常住人口老龄化率超过 50%，谁来种田、谁来治理的问题日益突出。

表 4-1　北京市农村互助型社会养老调研汇总

调研机构及地点	案例名称	年份
延庆区井庄镇北地村	老年餐桌	2015、2018
延庆区井庄镇王仲营村	老年餐桌	2015、2018
延庆区八达岭镇岔道村	巾帼志愿服务队	2018
延庆区香营乡新庄堡村	幸福晚年驿站	2018
延庆区慈善协会	慈善"1+1"关爱空巢助老项目	2019
顺义区牛栏山镇龙王头村	幸福晚年驿站	2018
通州区宋庄镇徐辛庄村	幸福晚年驿站	2018

一、北京市农村互助型社会养老的发展历程

自 21 世纪以来，北京市一直在探索农村社会养老保障体系的构建，逐步从社会救助向社会福利发展，经历了从社会救助和救助型福利到建立社会保险和探索适度普惠型福利，再到救助型和适度普惠型福利服务供给的共同发展阶段。北京市的农村互助型社会养老服务供给经历了自发性的帮扶救助（包括邻里互助和村两委支持成立帮扶队伍）——村两委主导（部分农村开始建设村两委运营的老年餐桌、托老所）——混合化运营的发展过程（由专业机构、村两委等运营的养老驿站和各类互助服务并存的探索），延庆区的做法具有标杆意义，值得其他地方学习和借鉴。

（一）第一阶段（2000 年至 2007 年）：以自发的村级救助型福利为主

这一阶段以社会救助和救助型福利为主，由政府主导建立农村社会救助体系，保障低收入群体的基本生活，改善乡镇敬老院条件，不少农村自发开展了困难老人生活帮扶活动。中国已经进入老龄化社会，国家出台了《关于加快实现社会福利社会化的意见》《关于加强老龄工作的决定》等具有里程碑意义的政策文件，北京市人民政府亦批转了北京市民政局《关于加快实现社会福利社会化的意见》，提出要坚持以居家养老为基础、以社区为依托、以社会福利机构为补充的发展方向。当时这一系列文件着重强调发展机构养老，故在农村养老方面，涉及的也主要是改善收纳五保老人的乡镇敬老院的条件，完善功能，提高服务质量。[①] 而且受当时经济发展水平影响，农村社会保障体系的发展重点在于完善

---

① 2006 年，北京出台专门针对农村养老的政策文件《关于资助山区村建设老年福利服务设施的意见》，提出在农村实施"山区星光计划"，即以福利彩票公益金资助部分山区村建设老年福利服务设施。市级福利彩票公益金资助每个符合条件的山区行政村建设经费 10 万元作为引导资金，不足部分由各区县或乡镇自筹解决。根据《2009 年北京市民政事业发展统计公报》，截至 2008 年底，北京市农村兴建山区村老年福利服务设施 1 255 个。

社会救助体系。2002 年，北京正式建立并实施农村居民最低生活保障制度，在原有的农村五保老人基础上，低收入老年人的基本生活也开始得到政府的保障。这一年，北京同时开展针对城乡"空巢家庭"和特困老年人的帮扶救助工作，从 2003 年开始，农村享受低保的特困老人、孤寡老人和空巢家庭的高龄、患病、生活不能自理的老人也被纳入帮扶救助范围。[1] 而除那些入住敬老院的五保老人外，还有一些困难孤寡老人仍然住在家中。针对这些困难群体，一些农村由村委干部带头开展互助帮扶活动，如北京市延庆区妇联从 2002 年开始就鼓励各村成立巾帼服务队，自发组织村里妇女为村中的孤寡老人提供送饭、清洁等服务。总体而言，在这一时期，农村老年人以家庭养老为主，政府为五保、困难、孤寡、空巢等老年人提供兜底性的现金和服务保障，居家社区养老以自发的、救助性的互助帮扶服务为主。

（二）第二阶段（2008 年至 2014 年）：政府推动村庄探索适度普惠型福利

这一阶段北京市基本搭建起包括社会救助、社会保险、社会福利在内的农村社会养老保障体系，同时开始探索由村两委负责开展的适度普惠型农村居家社区养老服务。2008 年，北京市新型农村社会养老保险开始实施，农村老年人有了稳定的养老金收入且收入水平逐年提高。[2] 社会救助标准亦在不断提高。[3]

在开展居家社区养老服务方面，2009 年，北京市出台《关于北京市市民居家养老（助残）服务（"九养"）办法的通知》，提出要构建城乡一体化的社会化养老助残服务体系，建立居家养老（助残）券服务制度，为 60 周岁至 79 周岁的重度残疾人和 80 周岁及以上的老年人每人每月发放 100 元养老（助残）券，用于购买社区和社会各项养老（助残）服务，并大力发展城乡社区的养老（助残）餐桌和托老（残）所，[4] 以政府购买服务的方式，助推城乡社区养老服务业的发展。《2010 年北京市民政事业发展统计公报》数据显示，截至 2010 年底，北京市挂牌养老（助残）餐桌 4 584 个，发展托老（残）所 5 305 个，基本

---

[1] 《2002 年北京市民政事业发展统计公报》《2003 年北京市民政事业发展统计公报》《2004 年北京市民政事业发展统计公报》《2005 年北京市民政事业发展统计公报》数据显示，2002 年至 2005 年，农村空巢家庭和特困老年人得到了重点关注与扶持。2002 年，北京开展了针对"空巢家庭"和特困老人现状的调研和帮扶救助工作。2003 年，高龄特困老人救助面进一步扩大，救助标准提高，对 500 名享受低保的特困老人、城乡孤寡老人和空巢家庭的高龄、患病、生活不能自理的老人进行救助，救助金额由每人 500 元提高到 600 元。

[2] 2007 年，《北京市新型农村社会养老保险试行办法》印发。该办法实施之后，北京农村社会养老保险参保率由 2007 年底的 36.6% 快速提高到 2008 年底的 85%，2010 年底实现农村全覆盖。人均养老金水平从 2007 年的 100 元左右提高到 2017 年的 610 元，福利养老金每人每月 525 元。

[3] 《北京市老龄事业和养老服务发展报告（2016 年—2017 年）》数据显示，北京市农村低保老人的保障标准从 2007 年每月的 330 元提高到 2017 年的每月 900 元，农村五保老人平均供养标准由每年 5 000 元提高到了每年 16 200 元。

[4] 2008 年，《关于全面推进居家养老服务工作的意见》印发，明确了居家养老服务是我国发展社区服务、建立养老服务体系的一项重要内容。自此之后，居家养老服务开始受到关注，并快速发展。

实现了城乡社区全覆盖。

但是，根据笔者 2014 年对北京市农村居家社区养老服务的调研，当时大部分农村村两委还是以发展农村经济为导向，并没有根据"九养"政策开展农村养老服务。虽然一些农村按照上级要求建成了设施，但是，托老所有名无实，只有几张供日间休息的床位，没有专业人员进行维护管理和日常运营，闲置率极高。村办养老餐桌虽然深受老年人欢迎，但愿意付钱到老年餐桌就餐的极少，因此，只有少数村干部重视、村民团结且经济实力较强（具有组织基础、社会基础和经济基础）的村庄能正常运行养老餐桌。如笔者调研的延庆区井庄镇王仲营村和北地村，均为本村 60 周岁及以上的老年人免费提供 2 餐。北地村和王仲营村的老年餐桌分别于 2010 年 3 月和 2013 年 10 月开始运营，服务老年人数分别为 26 人和 32 人，服务人员数量分别为 3 人（2 200 元工资／人／月）和 2 人（1 400 元工资／人／月）。北地村 4 月至 11 月每日提供三餐，其他时间每日提供两餐；王仲营村则只提供午晚餐。两村每年花费在 15 万元左右。王仲营村开辟了老年人菜园，吃饭老人一起种菜自给，每年可以节省 5 万元左右的蔬菜费用。另外，北京市民政局每年以奖代补发放 2 万元补贴。

（三）第三阶段（2015 年至今）：向政府、社会、市场合作的混合型福利供给转变

这一阶段北京市农村社会养老保障的重点基本从社会救助转向社会福利，开始正式构建面向所有老年人的由政府、社会、市场合作的适度普惠＋混合型社会养老服务保障体系，并探索村—乡镇—区统筹、层次不断提高的圈层化服务供给方式。2015 年，《北京市居家养老服务条例》出台，提出要满足居家老年人的社会化服务需求，提高老年人的生活质量。2016 年，北京市老龄工作委员会发布《关于开展社区养老服务驿站建设的意见》，提出在城乡社区（村）建立具备日间照料、呼叫服务、助餐服务、健康指导、文化娱乐和心理慰藉等功能并引入社会力量来运营的养老服务驿站。2017 年，《北京市民政局、北京市老龄工作委员会办公室关于做好农村幸福晚年驿站建设工作的通知》发布，指出农村幸福晚年驿站的基本运营模式包括民建民营、村建民营和村建村营，鼓励农村村民、村集体及专业社会机构来运营农村幸福晚年驿站。同年，《关于建立居家养老巡视探访服务制度的指导意见》发布，要求依托社区养老服务驿站、农村幸福晚年驿站、街道（乡镇）养老照料中心，为本市有需求的独居、高龄及其他处于困境中的老年人开展居家养老巡视探访服务等。

经过前两个阶段救助型的互助帮扶服务和适度普惠型的老年餐桌和托老所探索的铺垫，这一阶段的北京市农村居家社区养老服务逐步形成了两条服务主线：一是救助型的互助帮扶服务，由政府主导，依托原有的村庄互助服务队伍，或由村里自主发动互助帮扶活动，或提高统筹层次，由区县统一交给社会组织进行管理和评估。在这一方面，延

庆区是做的较早也是较好的，各村互助服务队伍已经达到区级统筹的层次，目前正在探索承接政府购买服务，为村里没有子女或者子女外出的高龄、贫困、失能半失能老人提供精神慰藉、巡视探访及生活照料类（助餐、助洁、助农、理发等）服务。二是适度普惠型的农村养老服务驿站，这一阶段的养老服务驿站的运营不再完全依赖村集体，除了一部分在原来就由村集体运营较好的老年餐桌基础上进行改建，其他驿站在政府建设完成后，引入社会力量和市场力量进行社会化运营。《北京市民政局、北京市老龄工作委员会办公室关于做好农村幸福晚年驿站建设工作的通知》规定，驿站定位是为老年人提供就餐服务、健康指导服务、呼叫服务、照料服务和休闲娱乐服务，面向全体老年人。

二、北京市农村互助型社会养老服务的三种供给模式

北京市农村主要有三类服务供给模式：第一类为纯居家互助服务模式（以救助为主的居家养老服务）；第二类为互助服务＋就餐模式（救助和适度普惠相结合的居家社区养老服务）；第三类为互助服务＋综合模式（救助和适度普惠相结合、服务内容增加、政府和社会支持、企业运营的居家社区养老服务）。三类服务供给模式的比较如表4-2所示。

表4-2　北京市农村互助型社会养老服务的三类供给模式对比

		纯互助服务模式	互助服务＋就餐模式	互助服务＋综合模式
资金来源		政府、社会捐赠	村集体、政府、服务收费	企业、政府、村集体、服务收费
运营/管理		村集体	村集体为主	社会企业为主
运行载体		无	老年餐厅	养老驿站
服务	服务者	互助志愿者	雇佣人员、互助志愿者	雇佣人员、互助志愿者
	服务对象	空巢独居的高龄、贫困、失能半失能老人	以空巢独居的高龄、贫困、失能半失能老人为主，兼顾全体老年人	以空巢独居的高龄、贫困、失能半失能老人为主，兼顾全体老年人
	服务内容	生活照料、精神慰藉、巡视探访等上门服务	助餐、休闲娱乐、上门服务	休闲娱乐、助餐服务、健康指导、日间照料服务、呼叫服务、上门服务
	服务性质	政府购买服务	政府＋村集体＋老年人购买	政府＋村集体＋老年人购买
驿站造血能力		—	不足	尝试创新
评估		内部评估＋外部评估	内部评估＋外部评估	内部评估＋外部评估
适宜农村社区类型		远郊农村；经济实力较弱；人口居住相对分散	人口集中；村庄团结；村集体经济实力较为雄厚	郊区/城乡接合部农村；人口集中；老年人有一定的购买能力

（一）纯互助服务模式

根据笔者在北京市延庆区农村的调研，不少山区农村人口居住分散，不宜建设驿站，且大多数老年人收入水平较低，不具备购买社会养老服务的能力，纯互助型社会养老服务在这些农村更为实际可行。在这种模式下，村集体负责管理组织村内的互助服务队伍，给村内空巢独居的高龄、贫困、失能半失能等救助型老年人提供上门服务，服务内容包括生活照料、精神慰藉及巡视探访等，服务质量由社会组织和政府来进行评估。

如前文所述，延庆区一直非常重视农村互助志愿服务工作的开展，互助志愿服务氛围浓厚，很多农村都建立了自己的互助服务队伍。2016 年，延庆区慈善协会以各村已经存在的互助志愿者力量为依托，提高了互助服务的统筹管理层次，在全区开展慈善"1+1"关爱空巢助老项目，并且逐步覆盖到延庆区的 15 个乡镇。该项目的资金主要来源于政府购买服务和社会捐款。

这种模式的特点如下。

首先，延庆区慈善协会属于非营利性社会团体法人，可以统筹利用官方资源，并发挥社会组织的灵活性和亲民性，与民间组织开展良性互动。延庆区慈善协会于 2008 年 9 月 19 日正式成立，是由从事和支持慈善事业的单位及关心热爱慈善事业的个人自愿组成，经北京市延庆区社会团体登记管理机关依法核准登记的非营利性社会团体法人。

其次，强化层级管理。目前延庆区慈善"1+1"关爱空巢助老项目已经建立了区、乡镇、村三级管理体系。在区级层面，区民政局/老龄办负责项目指导、监管，区慈善协会负责项目整体策划、运行和管理。在乡镇层面，每个乡镇组建 1 支助老服务队，并成立慈善志愿服务工作站，由服务站站长（乡镇民政工作负责人）和助老服务队队长共同负责辖区内项目的组织实施。在村级层面，根据受助老人人数，设置互助服务队小队长若干名，主要负责组织互助志愿者上门服务、记录服务情况并向服务队队长报告。为了规范互助者服务行为，延庆区慈善协会还编制《延庆慈善"1+1"关爱空巢助老项目制度汇编》，将 22 项相关制度汇编成册，包括互助志愿者服务管理、考勤、学习、考核、宣传等制度，让互助志愿者人手一册学习了解。在评估方面，实行定期巡查回访工作机制，区慈善协会通过打电话、上门回访的方式，每月不定期了解各村服务开展情况、受助老人满意度，及时解决存在的问题。

最后，村集体具体负责管理组织村内的互助服务队伍。为村内有需要的老年人提供的上门服务，服务质量由社会组织和政府来进行评估。根据《延庆慈善"1+1 关爱空巢助老项目制度汇编"》的规定，服务对象为空巢独居的高龄、贫困、失能半失能老年人，每次参与互助服务的服务员共享 1 人次的补贴款，每次的服务记录和服务花费按月逐级上报到区慈善协会，由区慈善协会统一拨付补贴资金。

以北京市延庆区八达岭镇岔道村为例，该村最早（2004 年）由村妇女主任主持成立亲情服务队，带领村里的一些妇女逢年过节去看望孤寡、行动不便的老人。2008 年，在延庆区妇联的统一规划下，亲情服务队改名为"巾帼互助服务队"，不仅逢年过节探望老人，还为高龄、独居、经济困难的本村老年人提供上门理发、做饭等服务。2016 年，岔道村的"巾帼互助服务队"作为一支村级互助服务队，编入关爱空巢助老项目，受区慈善协会的统一组织管理和评估。该服务队目前共有 14 名互助志愿者，由村妇女主任（1 人）、村委工作人员（4 人）、乡村医生（1 人）和村里妇女（8 人）构成，为该村 6 户无人照顾的老人提供上门服务，包括生活照料服务（每月给老年人理发至少 1 次，助医、助洁、助餐至少 2 次，农忙时提供助农服务等）、医疗保健服务（量血压、测血糖、整理药品、健康指导等每月至少上门服务 2 次）、巡视探访及精神慰藉等服务。互助志愿者可以获得一定的资金补贴，例如给老年人理发，每次补贴 10 元；助医、助洁、助餐，每次补贴 20 元，助农 1 次至少 3 个小时，补贴 100 元。除服务补贴外，区慈善协会也会根据各助老服务队的实际需求，为其提供工具补贴、交通和通信补贴、宣传费等方面的资金支持，并给所有互助志愿者购买了人身意外伤害险。

（二）互助服务 + 就餐模式

就餐是老年人普遍反映的需求较强烈的养老服务。根据前文分析，从 2009 年开始，北京市就提出要发展城乡老年餐桌。在政府的推动和试点之下，一些经济相对发达且人口集中的远郊农村，如延庆区井庄镇北地村、王仲营村和香营乡新庄堡村等，都由村集体主导开办了老年餐桌，同时开展了居家互助服务。

故这一类互助服务 + 就餐模式一般出现在已经由村集体主导开办老年餐桌的村庄，村干部是主要负责人。老年餐厅向本村老年人提供助餐、休闲娱乐等服务，服务是免费或低偿的。同时，村干部一般是本村互助服务队伍的带领者与组织者，他们将互助服务队伍纳入老年餐厅管理，使互助服务人员成为提供居家上门服务、协助驿站日常活动开展的重要力量。在村干部的统一管理下，救助型的互助居家服务与适度普惠型的就餐、休闲娱乐发展合而为一，互为补充。

下面以北京市延庆区王仲营村和新庄堡村的做法为例进行说明。

王仲营村村子小、人口少，共 79 户，有 30 多位老年人，村里人大多姓王、霍、张、闻，村子有自己的历史典故和遗迹，村民团结、凝聚力强。村中草药特色种植业和肉鸡养殖业形成了一定的规模，村集体经济实力强，人均收入高，是延庆区经济发展水平较好的村子。王仲营村的做法包括：一是由村两委负责出资且运行老年食堂，老年人免费就餐，二是村子开辟了一块菜地，组织村里老年人耕种，实现一部分蔬菜自给自足。三是由村支书组织了一支志愿服务队伍，为村里的五保、空巢、独居、失能半失能老年人提供上门服务，包括探视、清洁卫生、帮忙买东西、做饭等。

新庄堡村共有 800 多人，残疾人和 65 岁及以上老年人数量约为 180，村集体有鲜食杏生产加工、艾蒿主题公园等多项产业，经济实力较强。该村的"乐嫂互助服务队"于 2002 年成立，为村里的 20 多位空巢独居的孤寡残疾老人提供上门做饭、洗衣服、理发、过节探望等无偿互助服务。"乐嫂互助服务队"目前共有 10 人，其中有 6 人被纳入区慈善协会开展慈善"1+1"关爱空巢助老项目的购买服务人员队伍，定期为空巢独居、生活困难的高龄、失能半失能老年人提供居家上门服务。自 2014 年开始，该村开办老年餐桌，后于 2017 年改建成幸福晚年驿站，所有老年人均可以来驿站休闲娱乐，65 岁及以上的本村老年人可来驿站享受低价就餐服务。驿站每天提供午餐和晚餐，每人每天 5 元。残疾失能的老年人，由驿站工作人员送餐。目前驿站工作人员有 6 个，均是本村人，除了 2 名厨师，其他 4 名都是"乐嫂互助服务队"成员。在资金方面，除了政府会给予部分就餐和流量补贴，其他运营亏空主要由村集体承担，每年在 27 万元左右。

（三）互助服务 + 综合模式

互助服务 + 综合模式主要存在于北京近郊农村及城乡接合部，这些地区人口较为集中。与互助服务 + 就餐的老年餐厅（养老驿站）模式不同，该类农村幸福晚年驿站的运营主体及主要的资金来源以社会企业为主。企业对接与整合社会资源的能力较强，除了动员农村社区内的人力、经济等资源，还能对接其他服务商及吸引社会捐赠，且连锁化的企业运营大大提升了驿站管理和服务的标准化、规范化水平，驿站的服务内容也更加多样化和专业化。除了休闲娱乐与助餐，驿站还可以提供日间照料及专业康护保健等服务。

但是，总体来看，由企业运营的农村幸福晚年驿站仍处于试点起步阶段，受收入水平及消费意识等影响，老年人购买日间照料、康护保健等服务的比例相对较低，驿站目前主要提供休闲娱乐服务或者休闲娱乐 + 就餐服务，单依靠政府的部分购买服务和补贴难以支付企业高额的运营成本，经营性收入不足，亏损问题较为普遍。当然，也有一些降低运营成本、提高收益的有效措施。①

第一类，养老驿站企业与村庄密切合作。如顺义区龙王头村幸福晚年驿站，由连锁企业北京易来福养老服务有限公司运营。该企业在进入农村社区后，积极与村两委协商，争取他们的资金支持，最终达成协议，村内老年人来驿站就餐（早、中、晚三餐），村集体会给每人每月补贴200元，老年人只需付400元/月。目前每天有20位至30位老年人来驿站用餐，还有13位身体不便需送餐上门的老人。还有一些驿站聘用农村社区工作人员及互助志愿者，以低人力成本获得高工作回报。如通州新通国际社区养老服务驿站，主要依靠10余位老年互助志愿者协助开展助餐及其他服务，驿站每个月会将等同于1名正式员工的工资补贴给他们，既推动农村老年人积极参与社会，又降低了驿站的人力成本。而通州烛光小区驿站则是直接聘用了该村的党支部书记作为驿站的站长。由于他熟悉本村情况、威信高，除了驿站的基本日常管理和服务，他还号召、动员村内老年人及其他人群支持，帮助驿站开展各项工作。

第二类，养老驿站企业拓展其他消费群体以提高收益。如通州区烛光小区养老驿站可以提供早、中、晚餐，除了对老年人开放，也对其他社会人员开放，只是老年人可以低价购买。每天早、中、晚三餐合计消费人数为140至150，其中老年人有30人至40人，包括早餐30人左右，中餐10人左右，用晚餐的老年人很少。中、晚餐是四菜一汤的标准，老年人购买12元一份，社会人员购买25元一份。驿站一天用餐服务收入为1000元左右。目前该驿站依靠就餐服务收益再加上政府的补贴，基本可以做到收支平衡。

三、特点与问题总结

根据前文所述，北京市农村互助型社会养老模式具有一定的典型意义，已经构建起党委领导、政府推动的村两委、妇联组织、专业社会组织、社会企业合作的救助型服务（互助服务）和适度普惠型服务（互助服务＋）相结合的农村互助型社会养老服务体系。其特点和启示可以总结为以下四个方面。

一是资金来源多元。救助型服务的资金主要来自政府和社会捐助，适度普惠型服务的资金主要来自政府、村集体、社会捐助、社会企业和老年人缴纳，除建设资金以外，在日常运营开支上，由村集体开办的一般以村集体补贴为主，由社会企业开办的用其他项目，如老龄用品、康护保健及连锁性养老服务企业的护理院等项目的利润进行填补。

---

① 由于互助服务＋综合模式主要在人口相对集中、居民收入较高的城乡接合部，故这里选取了顺义区的两个调研案例进行分析。

这实际也代表了互助型社会养老发展的两个重要方向和作用：一是集体组织或互助合作组织的服务保障，二是企业对消费者的黏合效应。二者都可以增强互助群体的团结力、凝聚力、归属感，增强其对互助组织方或管理方的信任度、满意度。

二是妇女组织提供了重要的组织基础。村集体妇女组织（延续延庆区妇女组织的传统优势）负责具体组织管理村内的互助服务队伍。目前以为空巢独居的高龄、贫困、失能半失能等救助型老年人提供上门服务为主。同时，在村集体经济条件允许且有意愿开办老年餐桌、老年驿站的农村拓展助餐、助洁、助农等面向全体老年人的服务。

三是互助养老服务管理规范标准。延庆区民政局采取先试点再逐步铺开的方式，在此过程中不断加强规范化管理。与此同时，在老年驿站建设方面，北京市和延庆区亦出台了诸多相关政策。

四是分阶段建设互助型社会养老体系。首先，延庆区的妇女组织为互助养老服务的开展奠定了坚实的组织基础；其次，通过开展各项文化娱乐活动寻找活跃的志愿者和受助者，成立互助志愿服务队伍，同时整合内外部资源，为空巢独居的贫困、高龄、失独、失能半失能老人提供生活照护服务；最后，在有条件的农村成立养老驿站，由村民互助组织或者引入专业社会组织开办老年食堂，满足老年人就餐、康护保健等适度普惠型的养老需求。远郊经济发达的小型村落，如北地村、王仲营村等探索互助服务＋就餐的适度普惠型福利，远郊经济不发达的小型村落如果无法组建互助服务队伍或者提供老年人就餐服务，可以依托周边相对较大村落的辐射服务。城乡接合部则可以根据当地情况，探索多种类型的日常照顾、康护保健等居家社区养老服务，让消费者按照自己的需求进行选择。

北京市农村互助型社会养老发展虽然形成诸多创新举措和可借鉴模式，但也存在一些共性问题。一是政府过度包揽责任。这导致福利政策随意性相对较大且可持续性不足，尤其是在福利服务、设施建设和配备补贴方面，重设施轻服务。二是养老服务供需不匹配。一些条件不成熟的地区支持建设养老驿站或居家社区养老服务中心，提供专业化、高成本的护理托养服务，但由于村集体经济实力不足，村庄居民消费水平不高，驿站靠政府补贴维持，亏损严重。三是服务碎片化。一些地区的养老驿站（社会组织）、村两委、村内部社会组织没有联动起来，各自行动，造成资源浪费、服务成本高。四是服务分散化。服务质量、效果较难评估。

第二节 "托老所＋村集体＋互助志愿队伍＋互助服务"模式

松原市是吉林省下辖的地级市，位于吉林省中西部，经济社会发展水平处于吉林省前列。自 2012 年开始，松原市通过不断探索，创新发展出"托老所＋老年协会＋互助志愿队伍"的农村互助型社会养老模式，取得了较好的效果。[①]首先，通过政策主导、资金补贴、平台建设等方式，松原市在各个村庄建立老年协会，由村党支部书记任老年协会会长。其次，老年协会吸纳爱心志愿者，成立志愿服务队，通过政府购买服务的方式，无偿、低偿地为高龄、失能半失能、独居老年人服务。在此基础上，政府、村两委和老年协会共同建设村级老年人集中托养照顾所，集住宿、吃饭、娱乐、生活照顾于一体，凸显了集中养老互帮、互动、互娱的特点，同时可以辐射居家互助服务。

2018 年 1 月 2 日至 1 月 4 日，笔者到松原市开展了为期三天的实地调研，先后前往松原市民政局 12349 平台所在地及松原市单家村、河西村、杨家村、于家村、井发村五个养老模式发展较为成熟的村落调研当前农村的互助养老做法。调研地点如表 4-3 所示。调研主要采用了小组座谈法、个案访谈法及参与式观察法等研究方法。

表 4-3 松原市农村互助型社会养老调研地点汇总

调研地点	调研内容	年份
兴原乡单家村	农村居家养老服务大院	2018
新民乡河西村	老年托养照顾所	2018
伯都乡杨家村	老年托养照顾所	2018
兴原乡于家村	老年托养照顾所	2018
伯都乡井发村	居家养老服务大院	2018
松原市民政局	12349 平台	2018

一、松原市农村互助型社会养老的发展历程

松原市农村互助型社会养老是在政府的主导推动下发展起来的，老年协会在政府和村两委的支持下建立，使农村互助养老有了社会组织体系，在此基础上，成立互助志愿服务队，逐步完善互助养老的社会服务体系，并建立托老所，收纳生活困难老年人，为

[①] 松原市建立了老龄工作委员会全体会议制度和专题会议制度，每年至少召开两次农村养老服务专题会议，定期研究农村养老所面临的新形势和新任务，破解农村养老服务过程中遇到的难题。《关于加快发展养老服务业的实施意见》《关于加快完善居家养老服务体系建设的实施意见》《关于健全农村老年人关爱服务体系的实施意见》等文件的相继出台，有力促进了农村居家养老服务工作的发展，逐步建立起农村老年人关爱服务体系。

居家老年人提供活动交流的场所，实现居家养老和社区养老的有机融合，从无偿、救助型的居家养老向低偿、适度普惠型的社区养老转型。

下面对松原市农村互助型社会养老各阶段的发展历程、出台政策和资金拨付情况进行详细梳理。

松原市农村互助型社会养老的发展演变过程如图4-1所示。

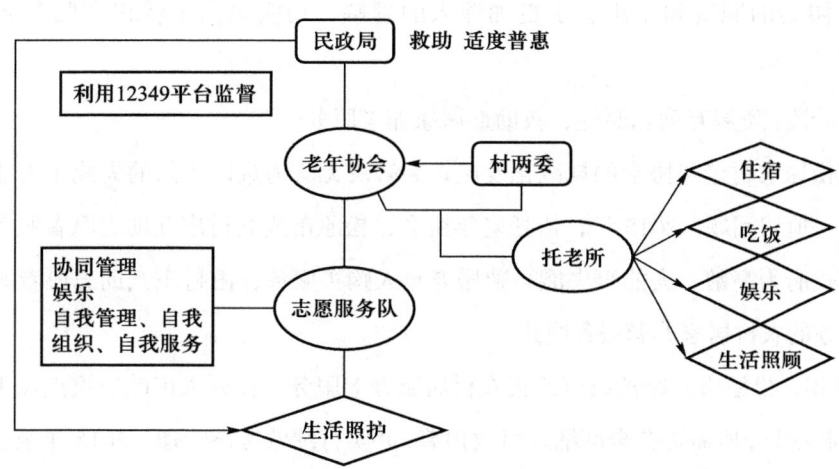

图 4-1　松原市农村互助型社会养老的发展历程

第一阶段：成立老年协会（互助组织）

在松原市民政局的主导及村两委的支持下，松原市以现有村委会干部和委员为基础，分别以村、屯、社为单位成立老年协会，并制订了统一的基层老年协会章程，由村党支部书记担任会长。在法律规定的范围内，放宽条件，简化手续，做到能登记尽量登记，暂时不具备登记条件的，在县（市、区）老龄办备案。老年协会主要承担了村庄辅助治理、文化娱乐，以及自我管理、自我组织和自我服务的功能，满足了村内老年人的部分养老需求，该阶段为松原市农村互助型社会养老模式的形成奠定了坚实的组织基础。

2015年至2017年，松原市完成了939个基层老年协会的规范化建设任务。[①] 松原市制作了统一牌匾和各项规章制度，按照每个协会投入1 000元的标准，累计投入资金93.9万元。各协会按要求建立老年人档案，全面掌握高龄、空巢、失能、贫困老年人生

---

① 2015年至2017年，松原市相继完成了939个基层老年协会的规范化建设任务。根据《在松原市开展"农村居家社区养老服务试点工作"相关要求》的规定，基层老年协会要有办公场所、档案、台账;有组织机构（上墙）;有活动;有管理制度（上墙）;有老年志愿者服务人员;有老年协会标识;等等。

活状况和服务需求，为农村养老服务的开展提供了有效载体和组织保障。

与此同时，松原市老龄办定期对基层老年协会会长进行培训。如 2017 年 4 月 12 日，松原市老龄办举办了全省第三期基层老年协会会长培训班。松原市所辖各县（市、区）老龄办主任、基层老年协会会长近 200 人参加了此次培训。通过集中授课学习、实地考察基层老年协会和典型经验交流等方式，学员对人口老龄化基本情况和发展趋势、基层老年协会的职责和作用有了更加深入的理解，切实提高了认识和服务老年人的能力。

第二阶段：发展互助志愿性、救助型居家养老服务

伴随松原农村老年协会的规范化发展，为解决无法为难以出门的失能半失能老人提供服务这一迫切问题，2015 年，依托老年协会，松原市成立村庄互助志愿者服务队，开始探索由政府为高龄、失能半失能、独居老年人购买服务，由村庄互助志愿者服务队提供具体服务的农村居家养老服务模式。

2015 年，松原市开始把政府购买农村居家养老服务工作列入市政府重点民生工程和目标责任制项目，所需资金全部纳入财政预算，并实行绩效考核管理。2015 年至 2017 年，政府购买农村居家养老服务项目连续实施三年，① 总投资 210 万元，服务老年人 6 000 余人次。2018 年，松原进一步扩大财政投入，纳入预算 100 万元，在松原市的 40 个村开展服务。依托政府购买老年协会养老服务项目，各地建立了由农村留守妇女特别是老年妇女组成的养老服务队伍。养老护理员培训班的培训，让她们熟练掌握服务技能，提高服务水平，做到统一着装、规范上岗，2017 年共培训养老护理员 18 人；通过开展村干部包保服务、上门服务，以及组织村民开展邻里守望、亲情互动等活动，增强社会各界参与为老人服务的积极性。

志愿服务小分队的成员在与同村老人的长期接触中产生了深厚情谊，虽然上门服务是通过政府购买的方式进行的，但是在血缘、亲缘、地缘基础上形成的低偿服务，渐渐演变成一种公益性和志愿性的服务。即使所提供的服务已达到收费上限，如果老人有困难和需求，小分队成员仍会继续上门为其提供生活照料服务，由此也保证了该服务模式的可持续性。

同时，为有效评价志愿服务队的服务质量及服务态度，民政局利用当地的 12349 平

---

① 根据相关政策要求，政府购买服务的对象为"五保"、低保、优抚对象和 60 岁及以上的贫困、失能半失能、空巢、独居等特定老年群体。在政府购买服务的行政村中，志愿者人数不得少于被服务老人总数的 10%，志愿服务时间不得少于政府购买服务时间的 5%。

台联系被服务老人，城市的"互联网＋社区便民服务"逐步向农村延伸。2017年，录入农村老年人信息4.5万条，为老年人建立了健康档案，老年协会通过网络信息系统，明确服务对象、服务内容、服务时间等，并将服务过程中的影像资料上传至12349为老服务信息平台，形成居家养老智能化服务及监督、管理政府购买老年协会服务的网络系统。

第三阶段：发展低偿型、适度普惠型的社区托养服务

为了进一步满足当地的养老需求，使养老服务惠及更广大老年群体，自2017年开始，在政府主导推动之下，村两委和老年协会探索建立了村级老年人集中托养照顾所（简称托老所），[①]一般由村妇女主任担任负责人，为老年人提供住宿、吃饭、娱乐及生活照顾服务。托老所有效结合了前两个阶段的服务功能，尽可能满足空巢、独居、高龄、孤寡老人的生活服务需求。

托老所资金来源包括政府拨款和村两委自筹等，以政府拨款为主。[②]2017年，松原市民政局、老龄办开始托老所建设试点工作。截至2017年3月，政府拨款达到180万元，床位共计70张，入住老人63人。2018年，吉林省政府将托老所建设纳入省政府重点民生项目加以推进，全市共建成14个托老所，并在11月中旬全部投入使用。占地面积合计40 544平方米，建筑面积4 391平方米，总床位352张，入住老人352人，入住率100%，总投资517万元。具体情况如表4-4所示。

---

① 托老所运营管理规则：托老所根据老人的实际需求，配备适宜的生活、娱乐设施，包括舒适的居住空间、宽敞的多功能活动用房、必要的康复保健和常用药品、齐全的餐厨设施、基本的清洁设施、统一的开水供应及纳凉取暖设备等。托老所要建立健全消防、食品、人身、用电等安全管理制度，各村要落实安全管理责任。村委会要保证本场所作为托老所永久使用，不得改作其他用途，如确有需要改变用途或拆迁，必须报乡镇（街道）同意，并有同样的场所进行替换，同时报民政局备案。

② 各级政府要通过项目补助、以奖代补、购买服务、贷款贴息等方式加大对养老服务业的投入，落实社会福利事业的彩票公益金50%以上用于支持发展养老服务业，并随老年人口增加逐步提高投入比例，切实发挥好财政资金的引导作用。逐步调整养老机构补贴发放方式，由"补砖头""补床头"向"补人头"转变，依据实际服务老年人数量发放补贴。充分发挥养老服务设施功能，给予城市社区居家养老服务中心、日间照料中心、农村养老服务大院适当的运营补助，提高使用效率和服务质量。进一步完善针对经济困难、失能等老年人的补贴制度，合理认定、分类施补，提高补贴政策的精准度。建立养老护理员入职奖励和职业技能等级与薪酬待遇挂钩制度，根据工作年限、职业资格等因素发放补助。养老服务补助项目和标准由各地结合实际自行确定。根据松原老龄办印发的《关于印发老年托养所建设标准的通知》的要求，在建设经费上，政府补贴资金与村自筹资金1：1配套，市区的补贴资金不超过15万元，村自筹资金不少于15万元，建筑面积每平方米不超过1 050元。托老所全体工作人员均为义务服务，不享受补贴，每个托老所核定服务员、炊事员各一名，工资报酬由托老所自行解决，不纳入政府的财政补贴范畴。

表 4-4　2018 年松原市农村老年托老所建设统计

序号	地点	占地面积/平方米	建筑面积/平方米	总床位/张	入住老人/人	总金额/万元
1	宁江区善友镇	6 000	270	20	20	31.752
2	宁江区善友镇	1 500	270	32	32	31.752
3	宁江区善友镇	1 800	300	30	30	35.28
4	宁江区毛都站镇	500	339	24	24	39.866 4
5	宁江区毛都站镇	1 000	336	32	32	39.513 6
6	宁江区毛都站镇	3 200	300	20	20	35.28
7	宁江区毛都站镇	1 500	200	10	10	23.52
8	宁江区伯都乡	3 600	300	20	20	35.28
9	宁江区伯都乡	2 000	270	20	20	31.752
10	宁江区大洼镇	4 000	300	40	40	35.28
11	哈达山生态农业旅游示范区	1 500	340	18	18	39.984
12	乾安县让字镇	2 944	416	30	30	48.921 6
13	乾安县所字镇	10 000	430	32	32	50.568
14	长岭县永久镇	1 000	320	24	24	37.632
合计		40 544	4 391	352	352	516.381 6

资料来源：松原市民政局提供。

托老所对老人实行分类收费，收费标准不高于每月 500 元，特别是对低收入或无收入的老年人，利用老年人的承包土地进行流转，收益用于老年人入住托老所的费用，不足部分由村集体或者社会力量给予一定资金支持。托老所内的工作人员和志愿服务队成员大多由农村留守妇女组成，工资控制在每人每月 1 500 元左右（全勤），一般 2 人至 3 人，如果人多的话，采取平分的方式。这样就充分利用了农村闲置人力资源，以较低的成本为老人提供具有低偿性、志愿性甚至福利性的服务，充分激发了工作人员的志愿精神和公益精神。

二、松原市农村互助型社会养老的具体运行

（一）托老所运营

松原托老所建设是自上而下的行政推动力和自下而上的村集体内生动力共同作用的结果。前期建设以政府投入为主，后期运营则在政府给予部分补贴的基础上，由各村负责。如河西村本身就有志愿服务的传统，村民利用空闲时间合作制作一些手工艺品，以

及清理村庄河道、整治环境等，出售手工艺品及劳动所取得的报酬全部捐给托老所，一年有 3 万元至 4 万元。同时，村民帮托老所的两个园子种了蔬菜，所产的蔬菜全部无偿供应托老所。杨家村则因为集体产业发展得好，托老所运营经费成为村庄给老年人的福利。该村 80% 的土地已经流转至合作社。合作社分为种植农机合作社和蔬菜合作社，以种植优质品种水果为主，销售状况很好。

大多数村庄的托老所由村书记负责，由妇女主任进行日常管理，其他服务人员均是本村村民（一般是居家互助服务的志愿者）。以单家村为例，托老所的法人为村书记，日常管理由村妇女主任负责，工作人员来自村庄的志愿服务小分队。志愿服务小分队的工作主要由村妇女主任来组织，并负责统筹安排政府购买服务及托老所的工作。在分工方面，单家村采取六人倒班制度，每人每月在托老所工作五天。值班期间负责托老所内全部事务，非当班期间，剩余五人仍以两人或三人一组的形式，上门为困难、高龄、独居、空巢老人提供服务。

托老所的服务对象为生活能够自理，无精神疾病、传染病和其他影响集体生活疾病的本村和周边村 60 周岁及以上空巢、独居和五保老人。托老所的功能包括提供生活居住、日间照料和休闲娱乐等。托老所为因子女外出务工或出嫁外迁等原因，身边无人照顾的独居、空巢、高龄老人提供生活居住服务；为就餐时有临时需求的老人提供日间照料服务；为本村全体老年人提供休闲娱乐、康复保健、精神慰藉等服务。目前入住托老所的老年人对服务评价均较高。如在单家村农村居家养老服务大院中，有两位"特殊"的入住老人，其中一位是来自哈尔滨某部队的老人，在退休之后回老家游玩，偶然了解到这个托老所，通过考察发现这里养老条件良好，贴合农村政策，村风良好，再加上托老所在老家，亲属都在该村屯，便在这里居住下来。另外一位是来自北京的老人，原来与孩子一同住在北京，由于行走不便，加上孩子上班经常独处在家，无法习惯。老人在海南也有房子，但是由于饮食习惯和南方的气候问题，最后仍选择回老家养老。老人认为这里空气质量较好，食品绿色，有同龄老人可以交流，吸引力较大。在托老所内，老人基本的生活需求都能得到满足，再加上能承担得起费用，老人普遍感到满意。井发村有这样一位老人，在该村托老所开业之前，老两口分开居住在老年公寓内，一年交费 5.5 万，费用由四个孩子来承担。入住一个多月以来，老两口对托老所的饮食、服务、卫生和费用各方面都很满意，且所内厨师和服务人员都来自本村，互相之间比较熟悉。因此这些老人对托老所整体评价良好，都比较支持该养老模式。

（二）居家互助服务

居家互助服务主要由政府出资购买村老年协会服务，每年每个村拨付3万元至4万元，服务补贴标准为：医疗服务类每小时10元，家政服务类每小时8元，生活照料类每小时5元，精神关爱类每小时3元。服务人员与托老所工作人员都是妇女志愿服务队的成员，每人每月有200元至300元工资。服务队成员实际服务时长和花费已经超过相关标准。

从服务对象和服务内容来看，服务对象涵盖了失能半失能或患有严重精神疾病、传染病的老人。服务内容包括四类：一是医疗服务类。主要包括陪护就诊，测量血压、血脂、血糖，按摩及康复指导（需持有专业的资格证件）及老人需要的其他医疗服务。二是家政服务类。主要包括清洁、洗衣、做饭、理发、维修家电及老人需要的其他家政服务。三是生活照料类。主要包括外陪助浴、陪同购物、代缴各种费用、代购各种物品、定期巡查及老人需要的其他生活服务。四是精神关爱类。主要包括心理慰藉、陪同散步、调解纠纷及其他有利于老人身心健康的服务。当然，受农村志愿服务条件的限制，目前开展的服务主要还是以清洁、探望、聊天及临时帮助为主。

如于家村和井发村老年协会志愿服务队均由十名志愿者组成，由村妇女主任带头，三四人分为一组开展服务，定期为二三十户分散居住的老人（不能自理、难以出门）提供上门服务。志愿者一般统一在一个时间上门服务，在同一时间收工，一般一天可以为三四户老人提供服务，根据老人家里的卫生情况调整清扫频率。由于村屯之间距离比较远，志愿者会选择开车或骑摩托车的方式出行。单家村爱心志愿者团队提到，她们之前专心在家务农，协助丈夫种地，2017年开始从事养老服务工作（没建成托老所之前）。团队中的七名成员负责村内四五十户老人。两三人为一组去60岁及以上的老人家里服务（子女不在身边），每月能为每位老人提供两次至三次上门服务。且她们也给老人留下了联系方式，若老人在其余时间需要服务，会联系志愿者寻求帮助。托老所建成之后，每天会有一人在托老所值班，其余人按照顺序为老人提供上门服务，志愿者在托老所工作和爱心互助工作两项中只拿一份工资。

从规范流程角度来看，政府规定的流程是：当（主要是农村分散供养的五保对象、低保对象、优抚对象和低保边缘对象，60岁及以上的失能半失能、空巢、独居老人）有服务需求时，老人向村老年协会提出申请，协会将指派工作人员拨打12349为老服务电话，12349平台人员接到电话后通知基层养老服务协会提供相应服务，服务人员服务结束后向平台提供相关的信息及影像资料以证明其服务质量。服务完成后，12349平台会及时进行电话回访，12349 工作人员及时记录服务开始时间、结束时间、服务对象情况、服务内容等信息，并征求老人意见、记录在案。一周内有老年人投诉 5 次及以上，取消协会服务资格，不予拨付资金。平台配备统一的登记册，记录不同社区和不同村庄的服务信息。由于邻居间彼此熟悉，关系较为亲近，该模式在推行过程中，逐渐演变为：家中老人有服务需求时，会直接电话联系志愿服务人员，服务人员在接到老人的需求电话后，尽快安排上门服务。

三、特点与问题总结

松原市经营的托老所具有以下特点。

一是资金来源多样。村委会连同市老龄办（民政局）、爱心企业和村集体实现共同治理。市民政局为农村托老所的建造投入了绝大部分的建设资金，为托老所的可持续运转贡献了巨大力量，且每年都会拨付一定的财政资金用于购买基层老年协会服务，并跟踪服务流程，对服务内容和服务质量进行监督反馈，使购买服务发挥最大效用。一些爱心企业（尤其是油田企业）在村组织的大力宣传下也给予了赞助。以河西村为例，企业赞助基本解决了托老所每年的冬季取暖费用不足这一难题，有些企业每逢佳节还会寄送一些生活用品。村民也为托老所的日常经营提供了部分支持。

二是管理规范化、标准化。松原市的农村互助型社会养老体系建设之所以能够取得良好的效果，与规范和制度先行密不可分。每一项工作的开展，都有详细的政策文件指导。如在建设方面，各托老所均采用统一的建造标准和建造配置，保证房屋质量。每个托老所均配备有起居室、厨房餐厅、卫生间、老年活动室和办公室等设施，起居室中均配备有两张床位、两个衣柜、一个电视机、一个茶几、两把椅子等，且采用相同品质的建设材料。在运营管理方面，市老龄办统一印发了管理制度宣传页，并在各个托老所张贴公示。宣传页包括运行管理规则、入住老人基本条件及申请程序、村委会职责、民政局职责、乡镇人民政府职责及爱心志愿者服务队职责等各项制度。

三是分阶段推进农村互助型社会养老。松原并没有大干快上建设托老所，而是先从成立老年协会和建立 12349 平台开始，随后依托协会进行互助志愿服务，并通过该平台进行监督评估，在组织和服务工作理顺之后，进行托老所试点工作。经过这三个阶段的层层推进，松原市民政局探索出了适合当地实情的互助组织＋互助服务＋互助设施的模式。浓厚的互助氛围逐渐形成，老年人对村里的互助养老工作亦十分认可，在此基础上收费的托养服务，老年人有信任感、归属感，愿意付出。

四是村两委主导，以集中养老辐射居家养老。松原互助型社会养老的责任单位还是村集体，由村书记统筹管理，这样才能调动村民参与的积极性，同时增强了整个村庄的团结力和凝聚力。与此同时，托老所也体现了以集中养老辐射居家养老的重要作用。首先，通过建立托老所，满足空巢、高龄老年人无人照顾又想就地养老的需求。其次，托老所的助餐、助洁等服务可以辐射居家养老，托老所场地也可以用来开展文化娱乐活动。

但是，松原市托老所的运行也面临以下问题。

一是对政府资金依赖性较大，自我造血能力不足。托老所绝大部分建设和日常运营资金来自政府补贴、企业赞助及村民捐助等，托老所自身收益主要来源于老年人每个月300元至500元的入住费用，难以独立支撑托老所的开支，有收不抵支、入不敷出的风险。由于托老所本身所带有的非营利特性，其可持续运行对外部依赖性较大，尤其是资金依赖，具有较大的资金风险，一旦外部资金来源因为各种原因被切断将很难维持下去。

二是托老所的服务对象具有局限性，难以覆盖失能半失能老人。由于特殊老人需要的专业照护费用较高，以及特殊老人的健康安全问题等可能会引起民事纠纷等原因，托老所的服务对象主要为生活能够自理，无精神疾病、传染病和其他影响集体生活疾病的本村和周边村的60岁及以上的空巢、独居和五保老人。对失能半失能，有严重精神疾病、传染病的老人，老年协会通过政府购买服务的方式，在老年人家中开展相关帮扶工作，托老所的服务难以覆盖此类老人。

三是机构合法性面临风险。托老所虽然属于非营利性质，是为村民服务的社会组织，是由政府出资且在民政局的主导下建立的，其存在的合理性和实用性都毋庸置疑。但是在其建设和运行过程中，会出现政策框架以外的合法性问题。因为它的建设和运行不止受到民政局的单独管理，还受其他政府部门管理，因此该机构也面临合法性的危险（如土地占用和房屋性质问题），需要政府完善政策框架，明确责任单位并解决好最初决策时未考虑到的新问题。

四是托老所建设规模小，容纳人数有限。托老所能容纳的老人数量较为有限，少至12人，多至24人，许多托老所刚一开张，床位便被预订，甚至出现老人排队等床位的现象。本村屯或者周边村屯满足入住条件并且能够支付费用的老人不在少数，但是托老所只能为其中的一小部分老人提供服务，影响了养老服务的范围和质量。

第三节 "社工组织 + 老年协会 + 互助志愿队伍 + 互助服务"模式

2010年，益多公益首创"社护"（社工 + 护理）模式，以社工服务、护理服务和志愿服务为三大支柱，探索总结了新型乡村互助型社会养老模式的三阶段：一是赋能。培育建立乡村及老年自治组织，并探索建立老年服务模块。二是解惑。建立以生计、人力、资源为三大支柱的支持体系，力争可持续发展。三是创模。完善乡村养老互助模型，发展完善文化娱乐、照护、辅具租赁、助餐等服务。

笔者于2015年到益多公益调研，当时主要调研了其在芦山县和成都的项目点，2019年再次到益多公益调研时，芦山县的项目已经完成，茂县的项目是2018年新承接的。2015年和2019年两次的调研地点如表4-5所示。这里我们主要对芦山县和茂县案例进行详细分析。

表4-5 益多公益互助型社会养老调研地点汇总

地点	年份
芦山县清仁乡大板村	2015、2019
芦山县清仁乡横溪村	2015、2019
茂县凤仪镇梨园村	2019
茂县凤仪镇宗渠村	2019
茂县凤仪镇前进村	2019
茂县老年大学	2019

一、益多公益及其农村互助型社会养老项目

益多公益以社工服务、护理服务和志愿服务为三大支柱，探索机构养老、社区养老与居家养老相结合的服务模式，陪伴老人、陪伴社区，实现"老有所乐、老有所为、老有所养"。

1. 欢乐时光项目。该项目于2011年3月由益多公益发起，并于2013年12月由四川省妇联牵头在全省范围内推广，成为巾帼助老志愿行动的组成部分。益多公益通过培育、发动志愿者团队，为社区及养老院的部分孤寡、空巢、失能、独居老人提供服务。在服务过程中，志愿者与老人的人数比例一般是2∶1。

2. 幸福乡邻项目。该项目是欢乐时光项目的延续和拓展，更加适合农村养老。该项目共分为组织培育、自我造血、专项基金、养老教育四个方面。其中，组织培育是指帮

助孵化老年人组织，通过策划各类活动，让老年人加入组织，同时逐步增强组织的规范化水平。养老教育是指通过对组织和护理人员进行全面系统的老年常识培训、实践培训、公益心培训及社区经营培训，加深其对服务老年人的认知，使他们具备独立开展各项服务的能力。自我造血是指帮助老年人组织找到市场化运营渠道，推动其可持续运转。而一旦产生收益，就可以设立失能老人照护等专项基金，用作照顾失能老人的护理费用，以保证护理团队能持续为当地失能老人提供服务。

3. "喘息100"项目。如图4-2所示，在幸福乡邻项目的基础上，为缓解老年人及照顾者的焦虑和压力，益多公益策划了"喘息100"项目，主要为有养老需求的家庭低偿提供护理技能介绍、工具介绍及家庭情感照护。[①] 该项目鼓励广大家庭通过主动学习专业的照顾技巧，减轻家庭照顾者的照顾难度。该项目以时间为周期出售，一般一年期的服务包括全套项目操作手册、项目工具、三次上门照护指导、每月至少一次的远程指导及支持一次联合筹款（含修改项目建议书、筹款文案、筹款渠道）。同时推出养老教育课程1.0版本，内容包括促进家人的互相理解、帮助子女与失能老人和谐相处、辅助照顾工具的选择和使用、传授科学的减压方式等。茂县和芦山都没有开展"喘息100"项目，主要原因是没有当地政府的购买和支持，但这种技能输出和赋能才是益多公益这类专业社会组织应该做的，而非在每个社区或村庄开展具体事务性工作，事务性工作应当交给社区、村庄或社会企业去组织或经营，这样才能达到资源的有效配置。

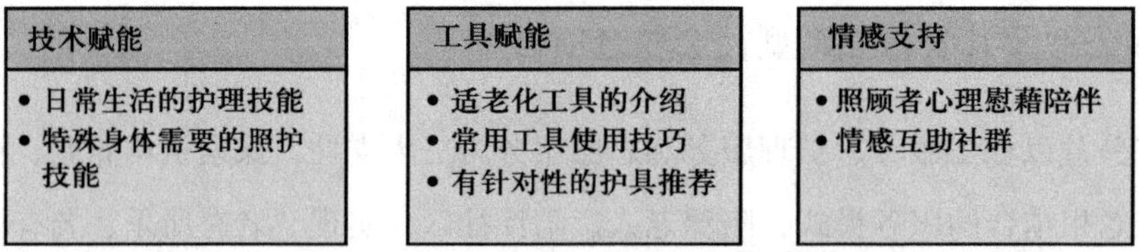

技术赋能	工具赋能	情感支持
• 日常生活的护理技能 • 特殊身体需要的照护技能	• 适老化工具的介绍 • 常用工具使用技巧 • 有针对性的护具推荐	• 照顾者心理慰藉陪伴 • 情感互助社群

图4-2 "喘息100"项目的具体服务架构

4. 辅具租售项目。与"喘息100"项目类似，辅具租赁是借助农村商店或药店建立一套辅具租售体系，目的在于解决老年人家庭照顾和自我照顾的困难，具体价格设计如表4-6所示。

---

① 技能介绍包括：日常生活的照顾事项辅导、出行安全辅导、失能老人的照护方法指导。工具介绍包括：老人移动工具使用技巧、身体指标测量工具的选择与使用、适老化产品介绍。情感照护包括：建立互助社群、提供咨询热线。

表 4-6　益多公益辅具租售价格

常用辅具	益多公益租赁价格	城市参考价格
轮椅	3 元 / 天	20 元 / 天
坐便器	1 元 / 天	10 元 / 天
手杖	1 元 / 天	10 元 / 天
专用洗头工具	5 元 / 次	30 元 / 次
专用洗澡工具	10 元 / 次	50 元 / 次

已有设想包括：售卖点工作人员承接项目时就对辅具的使用进行了学习，有利于辅具使用知识在农村传播。益多公益的各个站点会义务教授普及辅具的使用常识，对特困老人展开辅具援助工作，免费出借站点辅具；对有一定经济条件的农村老人进行辅具低廉出租、出售。同时，益多公益计划建立专门的网购页面，向全国低价出售各类辅具用品。

二、四川芦山县项目的开展与退出

芦山县是汶川地震和雅安地震的重灾县。地震后，为了更有效地协同社会组织和志愿者有效参与抗震救灾和灾后重建工作，按照省委、省政府的统一部署，雅安地震灾区成立了各级抗震救灾社会组织和志愿者服务中心。在芦山县强烈地震抢险救援阶段，先后有 700 余家志愿服务组织来到灾区开展工作，益多公益就是其中一家。

（一）总体介绍

在益多公益进驻之前，芦山县一直在探索养老服务体系的建设，其特点可以归纳为两个方面。一方面，其非常注重发挥基层老年骨干的作用，构筑基层老龄工作网络体系，鼓励企事业单位、社会组织以多种形式支持基层老年协会建设。截至 2018 年，芦山县共有各级老年人协会组织 57 个，其中县级 1 个、城市社区 7 个、乡镇 9 个、村级 40 个（覆盖率达到 100%）。另一方面，芦山县基本搭建起了覆盖城乡的居家社区养老服务体系。一是实现了居家社区养老服务站（点）的基本覆盖，二是把 60 周岁及以上失能老人、困难老人和 80 周岁及以上老人居家养老服务项目纳入民生工程，按人均 300 元 / 年的标准，通过政府购买服务等形式，为全县 2 000 余名老人提供居家养老服务。① 但是，如前所述，

---

① 另外，2018 年 4 月印发的《芦山县"十三五"老龄事业发展规划》提出要加强农村养老服务，大力支持社会互助养老。一是支持农村互助型养老服务设施建设，发挥村民自治组织作用，积极动员社会力量参与日常运营，构建资金多方筹措机制，为农村老年人就近提供就餐服务、生活照顾、日间休息、休闲娱乐等综合性日间照料服务。二是通过邻里互助、亲友相助、志愿服务等模式大力发展农村互助养老服务。发挥农村基层党组织、村（居）委会、老年人协会等作用，积极培育为老服务社会组织，依托农村社区综合服务中心（站）、综合性文化服务中心、村卫生室、农家书屋、全民健身等设施，为留守、孤寡、独居、贫困、残疾等老年人提供丰富多彩的关爱服务。农村集体经济、农村土地流转等收益分配应充分考虑老年人养老问题。

受老年人的能力、精力及农村条件限制，很多老年协会缺少收入来源，开展活动很少，尤其缺少专业化、规范化的活动，很多建成的养老服务中心处于闲置状态。

2016年，在益多公益项目期满后，由于没有后续的项目支持，益多公益退出芦山县。在益多公益退出之后，主要由芦山县当地居家养老服务企业承接政府所购买的居家养老服务项目，为符合条件的老年人提供上门服务。老年协会则继续开展相关工作，运转情况良好。只是一方面，因为"九大碗"项目利润高，很多村和私人都办起了这个项目，竞争较为激烈，导致客户减少、价格降低、利润减少。另一方面，没有益多公益的资金支持和活动设计，活动开展的次数相对减少，尤其是专业性的护理服务难以维持。

（二）活化老年协会

益多公益在芦山县的服务村是横溪村和大板村，他们在活化老年协会方面的探索非常具有启发意义。首先，帮助老年协会建立生计基金项目创收，一是让老年协会"开公司，做生意"，选择什么项目由老年协会成员自己决定。二是成立失能老人关怀"基金"和"居家养老服务队"，从经营项目的收益中，固定拿出30%作为"基金"，用来资助失能老人或为相关护理员提供补贴。其次，培养一支具备一定专业素质的居家养老服务队，根据服务队服务的质量和人数，队员每月从"基金"里领取数额不等的补贴。

具体来讲，芦山县大板村和横溪村有不同的尝试。

① 大板村九大碗服务生计项目。通过一年时间，大板村老年协会九大碗服务队探索出通过出租九大碗工具和承包九大碗服务获得收入的方式。

② 横溪村老年茶坊生计项目。通过一年时间，横溪村老年协会茶坊与文艺表演队探索出通过经营茶坊、文艺队外出演出获得收入的方式。

这两种生计项目均增加了老年协会活动费及居家养老服务中心运营费，使老年协会的工作更好开展，居家养老服务中心持续运营，村里老人得到更多关怀。

此外，有了益多公益的参与，老年协会组织活动的意愿和能力提高了，各站点之间互动频繁，如大板村每年年末的团圆饭，重阳节的文艺活动，每月探望失能老人和高龄老人，还有日常文艺活动。各站点帮助分散居住的老人、需要护理的老人打扫卫生，以及发掘老年人更多的需求，如居住环境改造、冬季取暖、血压血糖检测。同时，益多公益把一些城市活动引入农村，例如给老年人过七夕节，鼓励结婚多年的夫妇在活动现场"秀恩爱"。当地村民从未庆祝过七夕节，这种新颖的活动吸引了不少老年人参加。各种活动的开展不仅丰富了老年人的生活，而且活跃了整个村落的氛围。

（三）护理员培训

在护理员培训方面，益多公益的做法也非常具有典型意义。与浙江省安吉县、北京市延庆区等地社会组织的做法类似，益多公益主要通过到各村招募当地妇女或低龄老人的方式，对她们进行居家养老护理培训，考核评估其培训质量，并制定一套乡村居家养老服务管理制度，对服务质量进行监管。护理员考核合格后，由益多公益工作人员带领，为芦山县失能、高龄老人制定护理计划，完善服务手册，开展上门家居服务。2015年，招募130余名志愿者（培训两期，学会基本居家服务护理内容），选拔护理员16名（培训四期）。后来根据护理员居住地、参与意愿等，共为全县2 000多名老人配备10名护理员。护理员一般一个月为老人提供一次至四次服务，服务时间在半个小时至一个小时，服务内容根据老人需要确定。护理员的报酬根据项目资金来定，也会根据服务内容调整，一般每人每次费用10元至40元。专职的站点工作人员中有医学专业护理人员，由他们来教其他护理员学习清理褥疮等工作。

有些接受养老服务的老人还担负着照顾家中孙辈和监督孙辈学习的重任，有老年人提出希望志愿者能教孩子学习、做作业等，因此益多公益为老人照顾的孙子女开设了一间课外教室。孩子放学后可以到这里写作业，每人每月150元。课外教室开办后，原本压在老人身上的辅导功课的担子减轻了，养老服务的开展更加顺畅，老人更加轻松快乐。考虑到很多想来参加培训的人也都担负照顾家中小孩和辅导小孩学习的重任，课外教室同样接收护理员的子女、孙子女。因为志愿者文化程度普遍高于老年人和护理员，在辅导小孩功课上更加在行，因此，课外教室受欢迎度很高。帮老年人和护理员辅导孩子功课这一成功探索，提高了老年人接受服务的满意度。志愿者辅导孩子，护理员负担减轻，能更好地投入服务工作，老年人能更加舒心地接受服务。此外，课外教室帮助农村留守妇女照顾孩子，这些妇女有了富余的时间和精力可以到县城务工，相当于扩大了农村妇女的就业。

三、四川省茂县项目的开展

茂县，隶属于四川省阿坝藏族羌族自治州。茂县的人文地理环境相对特殊，除羌族外，还居住着汉族、藏族、回族等17个民族。2017年6月24日，茂县叠溪镇新磨村发生山体高位垮塌，益多公益接受成都市慈善总会购买服务，进驻茂县开展为期三年的救灾助老服务项目。三年工作计划为：第一年的工作重点是前期排查，寻找试点村，帮助开展活动，建立信任关系；第二年根据试点村的实际情况，帮助成立老年协会或进行老年协会的规范化建设，帮助培育文艺队、志愿服务队和护理服务队；第三年帮助老年协会设计生计项目，建立老年协会的自我造血机制。

（一）项目开展情况

1. 茂县老年协会

由于茂县是少数民族聚居县，有良好的互助传统，如农村还有帮工、换工的习俗。茂县老年协会运转较好，最初是退休老人开展活动的组织，2012 年在民政局正式注册挂牌成立。随着入会老年人越来越多，各个村的村老年协会陆续建立。为了方便管理，老年协会按就近原则让老年人加入各个村老年协会。2016 年至 2018 年，茂县民政部门共拨付老年协会各项经费 60 万元，相当于每年每位老人有 20 元固定补贴。村两委每年也会有不固定的资金支持，如宗渠村每年给老年协会拨款 5 000 元，村里水电站每年支持 3 000 元。另外，村老年协会会根据情况向老年人收取会费，如梨园村和前进村老年协会会员每年缴纳 100 元会费，宗渠村会费是每人每年 60 元。

2. 茂县老年大学

茂县老年大学建立于 2013 年，是在茂县民政局备案的民办非企业单位。老年大学成立初期运转比较艰难，没有政府编制也没有经费支持，开设的课程以讲座为主，对老年人缺乏吸引力。通过到外地参观学习，老年大学从老年人需求出发，开设了舞蹈、唱歌、绘画、书法等课程，老年人的兴趣和参与积极性大大提高。

茂县老年大学的经费主要来自政府，2016 年至 2018 年共接受拨款 51 万余元。2018年以前，老年大学实行免费教学，2018 年开始收取报名费用，每人每年 20 元，2019 年费用提高到每人每年 30 元。目前，老年大学共有 500 名学员和 8 名工作人员，8 名工作人员都是退休人员，每天有 10 元的补贴。

总体来看，茂县老年大学活跃老年人的组织和动员能力很强，各村老年协会都与老年大学存在合作关系。村老年协会会员每周会在固定时间去参加老年大学的声乐、舞蹈等课程，老年大学也会参与和指导各老年协会开展的文艺活动。

（二）益多公益的赋能

1. 老年协会的规范化管理

由于老年协会是当地自发组织起来的，虽然在老龄部门的指导之下，建立了理事会—会长—会员结构，但是大多数没有专门的职能分工，理事会和会员大会的召开时间也不固定，更多是遇事则开，就事论事。开展的活动也比较单一。益多公益进驻之后即帮助当地老年协会规范管理制度，组织舞蹈队、志愿服务队等各类互助小组，开展自我服务。如宗渠村就在益多公益的帮助下建立了老年协会的制度章程。协会内部设置维护老年人权益小组、红白理事会、维护治安小组、环境卫生小组、纠纷调解小组、道德评议小组、文体活动小组、关心下一代小组。

首先是制定工作制度章程。①鼓励老年人从事力所能及的社会公益活动。②组织会员学习党和政府的政策方针，开展民主法治教育、科学文化教育和保健知识教育。③积极协助当地政府及村两委调解邻里、家庭纠纷，督促赡养人对老年人的家庭赡养。④组织会员参与创建文明社区活动，推进老年协会和社区老龄工作规范化。⑤组织会员开展各种有益于身心健康的文化体育活动，丰富老年人的精神文化生活。

其次是明确职能分工。会长负责全面工作，副会长协助会长工作和负责各自分管工作，理事协助会长工作和负责落实各小组工作，秘书长负责协会的文件材料、简约档案的管理、会员名单的上交及文件收发。

2. 开展多种类型的互助养老服务

在益多公益的帮助下，笔者调研的三个村都成立了老年协会，文化娱乐活动开展频率也有了很大提高。

如宗渠村老年协会于2012年在民政局注册成立，协会有一名会长、一名秘书长、三名副会长和六名理事，均由会员民主选举产生。2014年，文艺队和志愿服务队成立，文艺队员主要是爱好唱歌跳舞的老年人，每天晚饭后在村委一起唱歌跳舞，由老年协会提供音响设备。文艺队员每个星期去县老年大学学习舞蹈声乐课程，由村老年协会报销往来交通费用。2015年，志愿服务队成立，每个月开展一两次志愿服务，主要是上门陪本村空巢老年人聊天、收拾卫生、为老年做个人卫生清洁等。同时，老年协会给80岁以上的会员每年补助50元，如有会员去世，家属会收到花圈和慰问金100元。

梨园村老年协会成立于2018年，是益多公益进驻之后帮助孵化的。协会目前有一名会长、一名副会长和四名理事，共有108名会员。在益多公益的帮助下，协会2019年开展了2次大型节日活动，邀请老年人一起聚餐，组织老年人一起唱歌跳舞，还策划了多项趣味活动。另外，2019年村里有一个人患了白血病，老年协会组织村民发起捐款，每家都捐赠了几百元，最后共募捐了4万余元，为这家人解了燃眉之急。

（三）未来计划

在与茂县老年大学对接，并且选择宗渠村、梨园村和前进村作为试点之后，益多公益制定了未来计划：一是从老年大学的学员中招募居家养老服务志愿者和护理员，进行培训，并尝试承接当地的居家养老服务项目；二是孵化村级志愿服务队，为本村的高龄、孤寡、独居、困难老人提供探望、打扫卫生、个人清洁等服务；三是开发农村的生计项目，帮助老年协会找到营利方式，实现自我造血，可持续发展。

四、特点与问题总结

益多公益在农村养老服务组织中非常具有代表性（见图4-3），其特色体现为以下三方面。

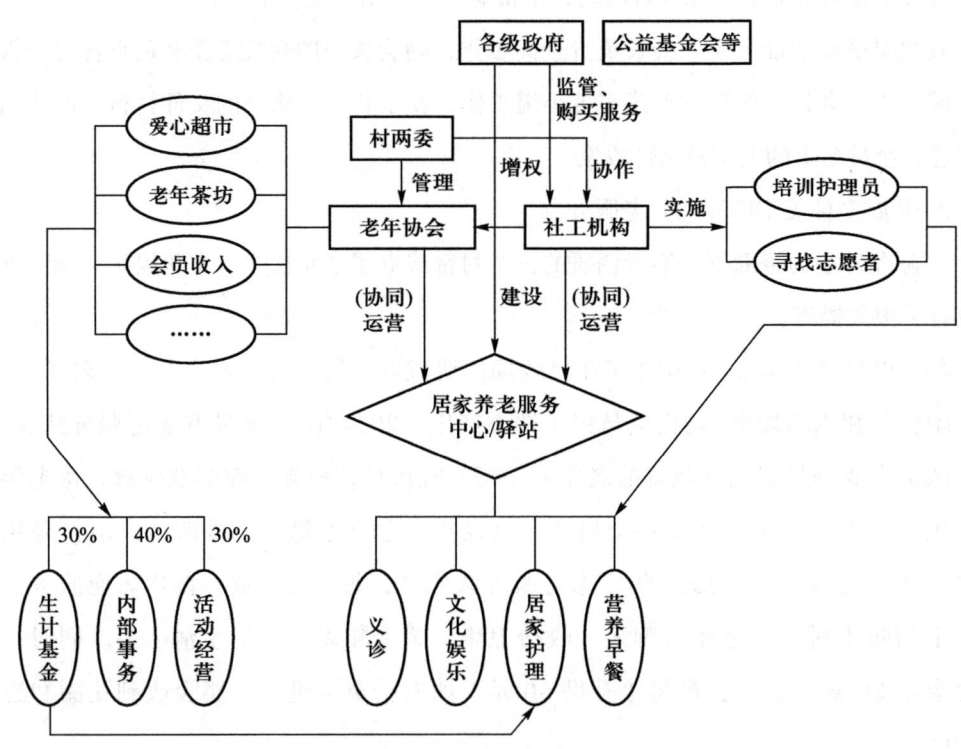

图4-3　益多公益农村互助型社会养老示意图

一是帮助老年协会建立自我造血机制。目前农村老年协会面临的共性难题就是资金短缺，益多公益帮助老年协会建立自我造血机制恰是为解决这一难题。益多公益的自我造血项目主要针对四川农村特色而设计。

二是帮助老年协会进行规范化管理。益多公益在农村开展提高农村老年人生活质量的项目，抓手就是老年协会，核心是活化老年协会。通过帮助农村老年协会建章立制及明确分工，对老年协会主要负责人进行相关政策、技能培训，强化老年协会主要负责人的责任意识和服务能力，保障老年协会在益多公益离开后仍具有可持续发展能力。

三是培训居家互助服务队伍。在培训居家互助服务队伍方面，益多公益主要有两个途径：首先，在全县范围承接培训养老护理员项目或老年人居家养老服务项目，寻找招募互助志愿者，在对其进行培训的基础上，就近开展居家服务。其次，在试点村层面，招募培训互助服务志愿者队伍，在营收基金中拿出 30% 作为失能老人关怀基金，用来资助失能老人或为相关护理员提供补贴。

受资金来源单一且不稳定的影响，目前益多公益的社工板块工作人员已经从 20 余人下降到不足 5 人。存在的问题主要包括以下几方面：

一是基层互助组织能力不足，社工机构定位不清。社工组织只是赋能机构，农村互助养老想要真正发展需要依靠的还是当地的互助组织，如老年协会等。但目前多数地区的农村基层老年协会缺乏人力、物力，对当地居民的组织和动员能力不足，益多公益（社工机构）无法让政府给予更多资金和政策支持，只能自己孵化基层老年协会，效率低，成本高。

二是外来社会组织的当地融入与退出。由于益多公益主要承接成都市慈善总会等的公益或众筹项目，在一个县市的工作一般不超过三年，外来社会组织融入当地是一大难题。事实上，每一个地区都有不同的地情、民情，融入当地并非易事，同时养老服务是一项长期工作，互助氛围的培育、互助组织的建立、互助服务的开展及其他的衍生服务的推进都需要时间，而外来社会组织在已经跟当地建立较好联系，可以深入开展服务时，可能已到了退出时间，这并非好的选择。

第四节　其他农村互助型社会养老典型模式

本节综合介绍四类较具代表性的农村互助型社会养老模式，分别是村民自发建在村民小组上的上海"睦邻四堂间"模式，村民自发组织参与的河北威县饺子宴模式，由养老机构辐射居家互助养老的上海幸福老人村模式，由农民合作社（资金互助社）经营推动的山东单县禾农幸福小院模式。这四类模式虽然有的已经由政府主导在多地推动，但其均是由村民自治组织、村庄能人、社会企业自发探索并组织进行的。延伸来讲，在经济合作收益低、农民参与意愿不强的农村地区，互助文化、互助组织、互助网络的建立非常重要，互助型社会养老——以全村的社会互助共同解决老年人养老问题是很好的切入点。对以老年人为主的村民而言，推动他们加入互助合作组织的动力不仅是经济动力，更是互助共同体的归属感，一种安全稳定、不虞匮乏的心理状态和生活状态。

一、上海"睦邻四堂间"："睦邻点 + 堂主 + 互助志愿队伍 + 互助服务"

（一）整体发展情况

2014 年，"睦邻四堂间"在上海市奉贤区开始试点。[①] 所谓"四堂间"，即吃饭的饭堂、聊天的客堂、学习的学堂、议事的厅堂。试点的目的在于鼓励低龄、中龄、高龄农村老年人都能走出家门，参与到村庄的活动、议事和建设中来，促进老年人积极老龄化、健康老龄化和建设睦邻友好社区。2017 年之后，"睦邻四堂间"采取政府出资建设、村两委负责、专业社会组织提供技术指导的方式，由区政府招标的专业社会组织对"睦邻四堂间"提供技术支持和赋能、管理、评价。如上海市奉贤区通过区民政局招标的上海新途社区健康促进社（简称促进社）对堂主课程、开展活动、社工技巧等进行规划，发放睦邻点上课资料。促进社利用民政局划拨的项目资金给予堂主每月 500 元的补贴。区民政局委托第三方机构对"睦邻四堂间"进行评估，区、镇两级政府对优秀的"睦邻四堂间"进行奖励。根据 2018 年奉贤区人民政府工作报告，截至 2018 年底，奉贤全区 177 个行政村已创建农村宅基"睦邻四堂间"321 家。

"睦邻四堂间"一般由村组织运行，村委出资租用闲置的农村宅基用房，配备必要的厨房设备、休息场所、娱乐设施等。由村委发动村中能人担任"堂主"，负责具体事务。以村民小组为单位构建"睦邻四堂间"，能够有效覆盖村里所有老年人，具有一定的感情基础。"堂主"一般是低龄老人，在村中具有一定威望，且具有一定的文化水平和良好的道德品质，乐于助人。"堂主"在接受专业社会组织的培训后对"睦邻四堂间"进行管理。在老年餐桌的食品监管上，镇市场监督所事前参与、事中监督、事后跟踪服务。村干部对本村各小组的"睦邻四堂间"进行日常监督。"堂主"根据社会组织的要求对睦邻点的活动及人员进行记录。

笔者于 2016 年 5 月和 2019 年 8 月两次到上海市奉贤区青村镇李窑村调研。调研方

[①] 2014 年上海市政府发布的《关于加快发展养老服务业推进社会养老服务体系建设的实施意见》指出：推广社区"睦邻点"建设，倡导邻里相助、结对帮扶。老龄办、民政局下发的《关于推进老年宜居社区建设试点的指导意见》提出，进一步推动邻里互助服务。2015 年上海市民政局等发布的《关于加强本市农村养老服务工作的实施意见》明确要求：每个建制村至少建设 1 个"示范睦邻点"，有条件的可按村组增加布点。2016 年，《上海市老龄事业发展"十三五"规划》进一步提出要发展非正式照料体系，并以睦邻点为依托构建"邻里互助圈"。上海市政府发布的《2017 年上海社会福利和老龄工作要点分解表》要求新增范睦邻点 400 家。上海市民政局等印发的《关于培育发展本市社区老年人示范睦邻点的指导意见》，明确示范睦邻点建设以郊区为重点，兼顾中心城区。单个"睦邻四堂间"建设的资金支持情况：上海市民政局拨付 1 万、奉贤区财政拨付 1 万、奉贤区老年基金会拨付 1 万。此外每年有大约 1 万元的保底运营经费，奉贤区拨付 5 000 元，镇民政部门拨付 5 000 元。

法主要包括个案访谈法和小组座谈法，调研对象为村两委负责人、"堂主"及参加"睦邻四堂间"活动的老年人。

（二）奉贤区青村镇李窑村"睦邻四堂间"的运营情况

青村镇李窑村"睦邻四堂间"的"堂主"70多岁，年轻时曾经在村中当过幼儿园老师和妇女主任，还获得过"三八红旗手"称号。2015年，她担任"堂主"，每周在由自己闲置宅基地改造成的睦邻点组织一次活动。后来她发现老人每天都盼望能参加活动，于是活动频率增加到每周六次。在她的组织下，该睦邻点发展良好。

在服务方面，该"睦邻四堂间"已经发展为一个集就餐、老年活动、宅基课堂、民情收集、老年人志愿服务、调解等各种功能于一体的村民活动点。该"睦邻四堂间"提倡以老年人自愿、互助的形式，自我管理、自我发展、自我约束，为所在地的农村老人提供助餐、文化娱乐、精神慰藉、上门服务等养老服务。服务提供者主要包括村委派驻和雇佣人员、互助老年人、志愿者三类。目前奉贤区对老年人的助餐服务方式大致有三类：一是村委会购买服务，引入社会组织运营；二是镇政府向餐饮企业统一订餐，配送至全镇所有睦邻点；三是本村低龄老人服务高龄老人，自主运营助餐项目。除了第二种方式，其他两种方式的成本均相对较高，可持续性不足。如李窑村在探索开办老年餐桌时，由村里出资聘请本村妇女，负责做饭、清洁等事项，主要为本村民小组的老年人提供中餐。老年餐桌有固定的场所，配有煤气、电视、空调等，因此平常也会在这个场所组织活动，水电房租都由村里负担。场所内的所有钥匙均交给做饭的人保管，因此实际上这位做饭的人还担负场地管理的责任。老年人将钱交到村里，村里开具收据给老年人，并将上交的钱转交给做饭的人，用于购买食材等。李窑村老年餐桌的收费较低，老年人花五元钱左右就能吃一顿午饭，有一荤两素一汤。老年餐桌为腿脚不方便、孤寡、子女不在身边的老年人就餐提供了便利。但这个老年餐桌现在已经停业。原因有以下两点：一是做饭的人胳膊摔伤，不能继续做饭，新招的厨师做饭口味不符合老年人的需求，老年人意见比较多，吃饭的老年人逐渐减少；二是村里承担厨师工资（1 800元/月），只服务不足十名老人用餐，成本和风险都相对较高。

从文化娱乐活动的开展来看，青村镇李窑村"睦邻四堂间"的"堂主"在接受了促进社的培训和资料之后，每周组织一次活动，活动内容包括唱歌、跳舞、新闻解读等，有的"堂主"还会根据实际情况主动增加活动。除每周的活动外，老年人平常还可以在睦邻点聊天、打牌、看电视。从健康服务的开展来看，村委帮助联系了体检义诊等医疗服务，包括眼科、B超、验血、口腔、血压等多方面检查，还有养生和健康知识讲座这样的医学知识普及服务。"睦邻四堂间"与镇社区卫生服务中心对接，每月开展健康检查服务，邀请家庭医生、志愿者为老年人授课。

此外，村委和社工组织也会组织志愿者上门为老人提供理发、磨剪刀、补鞋子、修雨伞、配钥匙、洗衣服等免费服务。老年人还自发检查和维护乡村河道，为本村的建设贡献力量。

（三）特点与问题总结

上海市奉贤区"睦邻四堂间"模式是对上海市睦邻点的创新发展，有效发动了村中能人力量，在村民小组中开展互助型社会养老，缓解了农村居家养老服务中心覆盖率低的问题。但是上海"睦邻四堂间"模式也具有一定的特殊性：在上海社会养老服务体系中，互助养老只局限于支持家庭单位，起到农村部分老年人的自我教育、文化娱乐及巡访探望功能，与生活照顾和长期照护各成体系，分属不同社会组织和企业负责。虽然体系清晰完整，但成本相对较高，灵活性相对较低。

故总结而言，上海"睦邻四堂间"的突出特点体现为以下两点。

一是将项目运营工作打包交给专业社工组织，推动本地互助组织与专业社工组织的合作。睦邻点的"堂主"是当地村民，与村两委关系融洽，可以借助村两委协调村内外资源，同时由专业社工组织负责策划文化娱乐、教育及巡访探望等活动，并培训"堂主"，给予其专业化指导，对活动进行监督与评估。

二是睦邻点精细化到村民小组一级，提倡让高龄老年人走出家庭。协助老年人就近参与睦邻点的活动，睦邻点逐步向村民小组的协商议事功能发展，而不仅提供低龄志愿者的上门探望。

存在的问题包括以下几点。

一是基层创新能力不足。上海社会养老服务体系建设早且思路清晰，家庭支持体系、生活照顾体系、长期护理体系已经基本建立并在不断完善。但这一模式不易复制，政府在福利服务供给上投入高导致体系相对固化，基层在一定程度上创新动力不足，基层在资金、组织等方面都过度依赖政府。

二是建立及运营依赖"堂主"力量及村两委的支持。虽然"堂主"每月有 500 元补贴，并且接受相应的培训，但是具体运营情况与"堂主"的能力及热情密切相关。以李窑村为例，同一个村中的几个"睦邻四堂间"因"堂主"不同，发展状况存在较大差异。同时，并不是在每一个村民小组当中都能够找到合适的"堂主"，选"堂主"需要考虑的因素较多，需要更加切实有力的宣传和支持，让更多合适的人选愿意参与到集体生活中来，互助服务，共议组事，共建家园。

三是老年餐桌效率低且不确定性大。这是农村老年餐桌面临的普遍问题。"睦邻四堂间"提供的老年餐桌服务，只收取老人的"材料费"，其余由村集体补贴，而伴随村集体近年收入减少，支持老年餐桌的经费可能随时被停掉。而且由于老年餐桌和场所的管理集做饭的人于一身，因此服务质量在较大程度上取决于做饭的人，不确定性因素较多。

二、河北威县饺子宴："村庄能人 + 互助志愿队伍 + 互助养老"

河北威县孙家寨村因青壮年外出务工较多，成为典型的"空心村"。全村共有 320 户、1 238 人，有接近 1/3 的人口在本地或外地务工，65 岁及以上老人 133 人，其中包括 7 位孤寡老人及 80 多位不与子女同住的空巢老人。饺子宴发起人付宏伟是本村的一名在外工作后返乡的"80 后"。2010 年，付宏伟在陪父亲住院期间，体会到老人的孤独，考虑到村里的一些空巢老人的现实情况，他萌生了回村开展养老工作的想法。开始的时候，付宏伟是每个月的初一和初十五在村委会的大院里请全村 65 岁及以上的老人聚餐，后来发现，老人更乐于参与包饺子，这样更有节日的气氛。每次饺子宴，大家会给在这段时间过生日的老人祝寿，附近的民间剧团、秧歌队都来演出，还有理发师给老人义务理发。老人围坐在一起，边吃饺子边聊天，享受相聚的快乐，享受被关怀的温暖。由此，"孝心饺子宴"的模式初步形成。如今，"孝心饺子宴"坚持 10 多年，孙家寨村已经成为远近闻名的"孝心村"，来就餐的老人数量已经从最初的十几人增加到一千多人，很多来自周边村甚至外县。

在开办饺子宴的同时，利用农闲时间和孩子的假期，付宏伟还在村委会举办"孝道讲习班"，让大家都知道"百善孝为先"的道理。他通过招募义工，成立义工组织，动员村内外的义工和志愿者群体长期在村里尽孝道、行义举，除了饺子宴那天有 50 名至 100 名来自各地的义工过来帮忙，其他时候常住在村里的义工也有 20 名左右。[1]

总结来看，河北威县孙家寨村形成的互助养老服务体系主要具有以下特点。

一是重构互助网络与对接外部资源。作为孙家寨村党支部书记、村委会主任，一方面，付宏伟通过成立义工组织，充分发动村内外的义工和志愿者为村中的空巢、孤寡和贫困老人服务。另一方面，他通过对接外部资源，获取政府项目支持及社会物品资助，实现

---

[1] 这些义工没有工资，村里负责一日三餐和住宿，每次过节会发 1 000 元至 2 000 元过节费。日常工作包括每天为空巢老人做饭、送饭，每周为全村老年人蒸爱心馒头，农忙时候为全村人做饭，开展老年人文化娱乐活动和上门洗脚、理发、收拾卫生等服务，种植有机农作物等。虽然收入微薄，但是他们都愿意付出，并且在其中得到了精神上的满足。

互助养老的可持续发展。

二是宣传"孝"文化，以孝治村。村委会举办"孝道讲习班"，讲授中华孝道文化。学员在课上学《弟子规》《中华德育故事》，使人明白家和万事兴的道理，课余开展义务送饭、扫街等实践活动，将传统文化教育贯穿到学习和生活的各个环节。为激励更多村民成为孝子，营造孝子光荣的浓厚氛围，村委会每年重阳节举办孙家寨慈母孝子评选活动，由县文明办及乡领导颁发液晶电视等奖品，让道德模范成为农民身边的榜样、楷模。通过这样的方式，全村有了浓厚的孝老爱亲氛围，孙家寨村成了一个"没有围墙的敬老院"。

三是培育村集体产业，提高本村老年人的养老福祉。威县孙家寨村基本形成粮油米面在满足自用的同时外销、接受物品捐助的良性循环体系。他们承包流转 130 亩村民土地，带领村民种植了 30 亩有机莲藕、100 亩有机小麦，借助饺子宴形成的效应，有机莲藕、"孝道面粉"等都成为孙家寨的品牌。另外，他们有由村民捐出、义工管理的 7 亩菜园，满足菜品自给自足。在此基础上，村里也接受社会物品捐助（不接受资金捐助）。据介绍，自营收入基本就可以满足互助养老的支出。

四是构建乡村互助共同体。孙家寨村通过举办饺子宴和"孝道讲习班"，推动村中互助养老活动的开展，通过重塑乡村互助文化、互助经济和互助社会，激发了乡村振兴的内生动力。

当然，饺子宴模式受负责人的影响较大，复制推广较难，需要政府宣传推动、寻找合适组织人选、激发农村内生动力并且对接各类资源。

三、上海松江区幸福老人村："养老机构＋互助养老"

上海市松江区叶榭镇堰泾村是一个大村，下辖 26 个村民小组，共 966 户，户籍人口 3 213 人，外来流动人员约 1 476 人，常住人口超过 4 000 人。现有耕地面积 4 777 亩（其中，水稻 1 928 亩、涵养林 1 051 亩、蔬菜 354 亩、苗木 1 444 亩）。辖区内有上海幸久包装材料有限公司等九家实体企业。目前老年人口约 1 051 人，在户籍人口中所占比例达到 32.7%。为解决农村留守老人就近养老问题，三位公益人士（其中一位为该村人）建成上海叶榭社区堰泾长者照护之家（简称幸福老人村）。幸福老人村创新养老服务机构建设，打破了传统的养老服务模式：一是以机构为服务基地，辐射周边；二是以互联网为宣传阵地，寻求公益爱心捐赠；三是充分利用各类资源，实现政府、社会、企业、个人的多元协同；四是开放志愿者服务平台，丰富机构内外老年人的生产生活。这种模式已经得到上海市政府、松江区政府的重视。2015 年，幸福老人村获批为上海市为民办实事项目。

（一）幸福老人村的发展历程

幸福老人村是上海市首家公益性农村养老机构，由三位公益人士投入 450 万元，租用本村 9 户人家的 10 栋房子建成，占地面积 8 000 平方米，建筑面积 1 600 平方米，共有 49 张床位，致力于为村庄及周边老人提供全托及居家服务。

建立幸福老人村的想法于 2014 年产生，幸福老人村于 2015 年 6 月开始筹建，2016 年 2 月 15 日试营业，2 月 10 月正式营业。在试营业期间，有老年活动室、助餐点、日间照料、助浴中心四个项目，5 位老人入住。2016 年底，入住人数增至十几位，同时政府补贴了 213 万元帮助幸福老人村发展。在此期间，幸福老人村持续开展微孝早餐、幸福庆生会等项目，同时积极宣传，扩大自身影响力，积累了良好口碑。2017 年下半年，各级政府逐渐重视并大力支持幸福老人村的发展，积极帮助幸福老人村解决困难，鼓励幸福老人村开展新项目，并在幸福老人村开办储备干部培训班。2018 年 10 月起，叶榭镇一些党支部与幸福老人村结对，在幸福老人村开展多种活动。截至笔者调研时，幸福老人村开展项目种类繁多，有 45 位老人入住，居家服务的老人也由 2017 年初的六七十位增至 100 多位，发展状况良好。

（二）幸福老人村的具体运营

幸福老人村的具体运营主要由聘请的园长负责，运营内容包括机构养老和居家养老两部分。

1. 机构养老

机构养老指本村及周边村落的老人居住在幸福老人村中，接受幸福老人村的全托服务，参与幸福老人村的各项活动的养老方式。

机构养老的服务提供者主要包括护理员、厨师、医生、健康老年人、志愿者。幸福老人村的陪护类岗位，优先聘用本村或当地的适龄劳动力。目前的护理员共有 10 人，年龄在 55 岁至 60 岁。护理员工作一天休一天，24 小时不间断值班，负责入住老人的照护工作和早餐。厨师负责午餐和晚餐。志愿者多以团队形式服务老年人，也有三四个人自发组织过来帮忙的情况。

（1）组织方面。入住老年人成立了老年工作委员会，进行自我管理，效果很好。老年工作委员会每个月开一次例会，对近期出现的问题进行总结。委员是由全部入住老年人投票选出的，当选后有各自的胸牌及负责管理的工作范围，例如环境卫生、娱乐等。

一般他们只负责查看，并将情况报告工作人员或者志愿者。当入住老年人之间出现矛盾时，老年工作委员会负责调解或劝告。老年工作委员会还会敦促入住老人改正不好的习惯，例如提倡戒烟。与此同时，入住老人在日常生活中也会开展自助服务，如自己打扫卫生、收拾餐具等。

（2）资金方面。幸福老人村进行市场化经营，收入主要来自老人入住所缴费用，包括床位费、护理费、膳食费等，收费标准根据老人身体情况而定。[1] 同时，幸福老人村获得政府的床位补贴、项目补贴等。[2] 爱心企业、爱心人士也会给予捐赠。

（3）服务方面。幸福老人村为入住老年人提供照顾、护理服务，还开展了诸多仅针对入住老年人的项目，如微孝"1+1"项目和孝文化试验基地项目。

一是基础照顾护理服务。依据相关标准，幸福老人村以"老人的需求，就是我们的追求"为服务宗旨，以"我们尽心，老人舒心，家属放心"为服务理念，坚持机制创新、服务创优、管理创严，不断提升服务质量。老人进入机构前，相关人员会对其进行护理等级评定，护理员严格按照评定等级进行服务。各场所卫生状况、老人个人卫生状况需保持良好；居室清洁，无异味，居室内物品分类放置整齐有序。专职医务人员每天三次询问老人身体状况，每周测量血压，如有异常及时采取措施。

幸福老人村的房间，分为通铺、两人间和八人间，男女老年人分住。目前已入住老人的平均年龄在86岁左右，大部分为本镇老人，其中50%的老人能自理。对不能自理的老人，幸福老人村经过失能评估后采用相应的照护措施。入住老人可接受护理员的全天照护服务，如洗澡、洗脚、康复训练、捶背、聊天等，同时可以进行种花、种菜、跳舞等活动。

二是微孝"1+1"项目。即爱心人士结对助老，每月为困难老人资助600元，捐助不少于两年。共有十位爱心人士与十名老年人结对帮扶，目前有3位老人去世，只剩下七人。爱心人士不仅帮助老年人顺利入住幸福老人村，还长期关心其身心健康，时常前来探望关爱。

三是孝文化试验基地。该项目与学校开展合作，20多个学生，每周6上午到幸福老人村上课，共5节课，包括开班仪式、微孝讲堂、微孝农场、微孝工坊、结业典礼，上课期间需与老人结对。在"微孝农场"项目中，学生在老人的指导下干农活，农作物供老人食用。在"微孝工坊"项目中，学生和老年人一起开展手工制作活动，如制作孝亲瓶、

---

① 最高每人每月3200元，身体较好的每人每月2000元左右，均是一月一交，要退款时退押金和代办费，方便管理。

② 每个床位可以获得来自市级和区级民政局一次性建设补贴各1万元，老年餐桌、养老服务照料中心每年根据服务人数，也可以获得相应补贴。

叶榭软糕、香叶粽、月饼、青团、南瓜饼，让老年人在制作过程中享受乐趣、陶冶情操，并有效地传承了传统文化。在此活动中，许多学生与老人建立了深厚的情谊，如有一个学生，自 2017 年参与活动后，坚持每月至少一次和妈妈前来看望老人。

（4）特殊案例。因为有空余床位，而老人其实很愿意跟年轻人在一起，跟年轻人"讲古"。看到这种情况，园长便把床位以每月 300 元的低价租给有需要的年轻人，只需要年轻人一周拿出七个小时来陪伴老人。幸福老人村曾经有一位特殊的住户，他是华东政法大学的学生陈玉生，陈玉生在这里经常陪一位 88 岁的陈爷爷下象棋，帮助坐轮椅的老人到餐厅就餐，在院子里的柿子树下陪老人聊天。老人最盼望的就是有人来陪陪他们。三年来，在幸福老人村住过五六个像陈玉生这样的志愿者。

2. 居家养老

居家养老指本村及周边村落的老人居住在家中，白天在幸福老人村参与各项活动的养老方式。老人一般早晨前来，下午两三点离开，全天花费仅为 10 元一次的午餐。居家养老的服务提供者多为志愿者，少数为护理员、厨师。

（1）组织方面。村庄周边老人由志愿队队长组织，负责通知老人活动时间、内容等。此外，出于安全考虑，幸福老人村会为每位老人购买保险。

（2）资金方面。居家养老的费用主要来自公益捐赠，捐赠资金交由相关基金会管理，每半年结算一次。

（3）服务方面。幸福老人村辐射本村及周边村落老年人，提供文化娱乐、助餐助浴等服务，现已覆盖 100 多位老人。2019 年，幸福老人村开展各类活动 180 余次，参加活动人员 5 000 余人次，志愿服务人数达 2 000 余人次。

一是相关基金会提供的"微微助老"项目，内含三个子项目。

微孝早餐：为周边 100 多位老人提供免费早餐。由于食堂餐位有限，老人采取分批就餐的方式，第一批 7 点，第二批 7 点半，第三批 8 点。

微孝家宴：即组织周边 70 岁及以上的老人吃年夜饭，2017 年组织了 45 桌，400 多位老人参与；

乡村老人大学：幸福老人村落实市、区老年教育工作要求，适应人口老龄化现状，努力营造健康的养老环境，发挥幸福老人村教育资源优势，拓展老年学校教育阵地，全面提高入住老人和周边居家老人的精神文化生活质量。让老年人"老有所学，老有所乐，老有所为"。在叶榭相关机构的支持下，幸福老人村秉承"文化养老、精神养老"的理念，建立了"养教结合"的"老年教育社会学习点"，以满足老年人的学习需求。幸福老人村通过"老年教育社会学习点"，使入住老人和周边居家老人拓展了思路，更新了观念，陶冶了情操，增强了知识和技能，同时提高了入住老人和周边居家老人的生活质量。

二是"幸福庆生会"项目。幸福老人村为老年人、工作人员、志愿者开展的每月一次的集体庆生活动，该项目由爱心人士发起并资助。一般在月中举行，入住老人及周边100多位老人在当月过生日的都可参加。

三是"微孝百分百"项目。该项目主要由上海市松江区益行企业家促进会等公益团队发起，为老年人提供修脚、按摩、推拿、康复、心理咨询、精神关怀等每月一次的志愿服务。

四是"孝亲日"项目。该项目由上海猫之旅体育策划有限公司捐助，每月初一，为幸福老人村入住老年人，以及周边70岁及以上老年人免费发放爱心面点。

五是"慢时光蜗牛乡村文化营"项目。在推行养老公益、传统文化与孝文化教育的基础上，幸福老人村探索开创了"代际学习空间"，让老年人和青少年在一起"学习"，一起开展形式多样的各类活动。实践证明，这样的"学习"方式，对老年人的心理与精神有潜移默化的影响。

六是"爷爷奶奶一堂课"项目。项目是基于"慢时光蜗牛乡村文化营"设计推出的田园实景文教项目。秉承"慢时光蜗牛乡村文化营"的设计宗旨，让老人与孩子在一起，在感知和传播乡村文化与孝文化的基础上，以形式多样的活动打造一个温暖、有爱、亲近自然的"代际学习空间"。在课程设计开发中，幸福老人村挖掘和选取松江乡村文化元素，内容涉及民俗、饮食、时令等，暗含乡愁与记忆；课堂邀请对松江乡村及乡村文化有充分认知，有丰富乡村生活经验的"爷爷奶奶"，在充分尊重主讲人兴趣与意愿的基础上，共同完成课程开发。在自然田园的学习氛围和寓教于乐的互动中，开发孩子乐于听、乐于看、乐于参与和体验的乡村文化课，让老人与孩子在相互陪伴的氛围中教学相长，推动松江乡村文化的传播与传承。

七是"老年人助浴"项目。即在12月1日至3月31日，老人可以免费洗澡，并有护理员提供帮助。

（三）特点与问题总结

幸福老人村的特点总结如下。

一是服务项目多样。为增强社会对老人的关注和提高公众的敬老奉献意识，幸福老人村围绕孝文化，现已形成"微孝1+1""微孝早餐""微孝工坊""幸福庆生会""微孝百分百"孝亲日""慢时光蜗牛乡村文化营"等多项常规活动,活动种类多样、内容丰富。

二是充分发动内外部资源。幸福老人村建立了机构内部老年人互助机制,同时争取各类政府项目支持和社会公益资源,充分发掘内外部多方资源。如"微孝早餐"活动就是通过公益众筹的形式,由爱心人士自愿资助,后来政府给予了部分资助,为村里70岁及以上的100多位老人提供爱心早餐。在这一过程中,村里老党员自发组织了8支志愿者队伍每天过来帮忙,包括准备和发放早餐、清扫院内卫生等。

三是机构运行可持续。幸福老人村获得了政府补贴、社会各界的捐款,并设有住宿、护理、膳食等有偿服务,拥有自我造血能力,可实现收支平衡,形成了一套完善的可持续运行机制。

四是捐赠公开透明。幸福老人村每半年会对收到的捐赠进行公示,公示信息尽可能细化,包括捐赠时间、捐赠人、捐赠物资种类及捐赠数量,便于各方监督。

虽然幸福老人村发展状况较好,具有典型意义,但仍存在一些问题。

一是交通不便。因幸福老人村位于农村地区,与叶榭镇之间相连的乡村道路数量少且路面窄,不便于会车,无法开通公交车,村内外人员的交往、联系不便。

二是人才缺乏。由于薪资待遇较低,幸福老人村缺乏社工、营养师、康复师等专业人员。根据负责人介绍,虽然他们试图招聘行政主管、项目主管等工作人员,但因各种原因未能如愿。目前幸福老人村给护工的工资为一个月3 300元,护工多为退休人员,幸福老人村不需负担社保等,但是这份工资在上海属于低薪,较难招聘到优秀护工。

三是机构建设前期投入大,靠社会企业力量较难复制。除政府补贴外,幸福老人村前期建设资金投入接近200万元。虽然这种创新模式值得推广,但因为前期投入过大,仅靠社会企业力量较难复制。

四、山东单县"幸福院子":"资金互助 + 互助养老"

单县,隶属于山东省菏泽市,位于山东省西南部,苏鲁豫皖四省八县交界处,外出务工人员多,大部分村镇空心化、老龄化比较严重。笔者于2020年1月到单县禾农农产品种植专业合作联合社(简称联合社)进行调研。

(一)联合社发展历程

联合社成立于2014年,共有七家分社(如表4-7所示)。其中,两家是山东农村资金互助社，五家是农民合作社资金互助部的试点单位（2016年，《山东省农民专业合作社信用互助业务试点方案》《山东省农民专业合作社信用互助业务试点管理暂行办法》出台）。成立联合社的主要目的是解决农民社员生产生活中小额、分散的资金需求。联合社坚持社员制、封闭性原则，不以营利为目的，坚持民主决策，公开透明，独立核算，规范运营，遵纪守法，诚实守信。在七家分社中，两家由农业局主管，是民政局批准设立的民办非企业单位，其余五个分社都在工商部门注册成立，取得相应的营业执照及信用互助业务资格认定书。截至2020年，联合社累计发放

表4-7 联合社所属七家分社汇总

地点	名称	取得执照	社员人数	工作人员
郭村镇	单县民康芦笋专业合作社	2010年取得单县市场监督管理局农民专业合作经济组织营业执照；2011年取得单县民政局"关于单县利民资金互助合作社"成立登记的批复；2019年取得由单县地方金融监督管理局认定的信用互助业务资格认定书	500	1名经理（兼资金使用评议组组长）；3名业务人员；4名资金评议成员
高老家乡	单县兰敏粮食种植专业合作社	2019年取得由单县地方金融监督管理局认定的信用互助业务资格认定书	300	1名经理（兼资金使用评议组组长）；2名业务人员；4名资金评议成员
曹叵集	单县隆昌玉米专业合作社	2013年取得单县市场监督管理局农民专业合作经济组织营业执照	500	1名经理（兼资金使用评议组组长）；1名业务人员；4名资金评议成员
浮岗镇	单县富鸿玉米专业合作社	2019年取得单县市场监督管理局农民专业合作经济组织营业执照；2019年取得由单县地方金融监督管理局认定的信用互助业务资格认定书	480	1名经理；2名柜员；5名外勤
曹庄乡	单县华发小麦专业合作社	2019年取得由单县地方金融监督管理局认定的信用互助业务资格认定书	500	1名经理（兼资金使用评议组组长）；3名业务人员；4名资金评议成员
高韦庄	单县高韦庄利民资金互助合作社	2016年取得民办非企业单位登记证书	500	4人
南城	单县南城利民资金互助社	2017年取得民办非企业单位登记证书	500	3人

互助金近 4 亿元，并且没有一笔死账，在当地农民中有较高的信誉，及时解决了农民社员用钱难的问题。

1. 内部运营

根据社员的需求，互助金借出期限分为三个月、半年、一年，两万元及以下利率为 12‰（月利率），两万元以上利率为 13‰（月利率）。七家分社在郭村镇（总社）有统一的管理层，包括一名经理，四名至五名工作人员，负责把关、考察、授权、后台维护、月度结算等工作。对信用互助业务来讲，防范风险是重中之重，为了规避互助金出借的风险，联合社制定了一系列制度，并不断进行完善。

（1）互助资金三查四岗制度。该制度具体为出借前调查→出借时审查→出借后检查，调查岗→审查岗→审批岗→检查岗，责任人包放包收、逾期处罚等，相关人员在工作中严格按照制度执行，以制度来管理人员，杜绝吃拿卡要和在审批过程中卖人情。

（2）互助资金用途控制制度。明确信用互助资金借款的基本条件，有不良记录、不良嗜好，不孝敬父母的人，一律不出借。成立资金使用评议组，对互助金的使用进行考察商议。经资金使用评议组否决的，任何个人不得擅自批准出借该笔资金。

（3）互助金发放制度。制定互助金发放合同，使用互助金的借款人必须签完借款合同后，才可以使用互助资金。签署合同时至少要有两名联合社的工作人员在场，确保签字的借款人及担保人是本人，不能代签。

（4）会计核算制度。坚持独立核算。每月对互助金的出借进行会计核算，每年的社员大会向社员公示资金的存贷情况。

案例：单县富鸿玉米专业合作社

单县富鸿玉米专业合作社（简称富鸿）在 2019 年取得相关证书，存款规模近 2 000 万，贷款规模在 2019 年突破 1 000 万，单笔贷款金额大多在三万元至五万元，贷款都有担保人，基本无坏账。富鸿有七名工作人员，两名内勤，负责柜台工作，五名外勤负责存款、贷款、收款等工作。外勤设立值日表，每个月在合作社值班六天。外勤中有一名镇民政局退休人员、两名退休电工、两名村委人员。外勤人员实行考核制，工资为 2 600 元至 5 000 元不等。

2. 社会服务

联合社在开展资金互助合作的同时，致力于开展各类社会化服务，以发展社员、服务社员，提高社员凝聚力。从 2014 年开始，联合社即开展了广场舞活动、乡村环境整治及农村居家养老服务等工作。

（1）广场舞活动。联合社为社员购买音响，并聘请老师教村民跳广场舞。在老师的带动下，村民跳舞的热情越来越高，无论老人还是妇女儿童都积极参与。后来每个村都有自己的乡村大舞台，联合社即不再组织这一活动。

（2）乡村环境整治。联合社以郭村镇刘楼村为试点开展乡村环境整治工作。广大社员自觉把各家垃圾归放到统一地点，每星期一把各家垃圾运走，社员和村民逐渐形成了良好的卫生习惯，刘楼村越来越美丽、漂亮。

（3）居家养老服务。联合社首次尝试开展居家养老服务是在曹庄乡谢庄村租了一个农家小院，给老人配备娱乐设施（电视、骨牌、麻将等），老人可以在这里聊天、打牌、做一些合适的运动，并有厨师专门为老人做饭。老人在这吃一日三餐，晚上回家住宿，这样不仅可以解决农村老人吃不好的问题，还解决了老人精神孤独问题。

（二）禾农互助养老服务的经营模式

从2014年开始，利民资金互助社就在单县服务当地老人，2019年，在单县民政局的建议和支持下，利民资金互助社正式注册了养老服务有限公司，在适龄老人多及条件成熟的村庄和社区成立了禾农社区居家养老"幸福小院"，动员村里老年人到小院里吃饭、娱乐，除伙食费共同承担外，其他服务均免费。服务人员和厨师均是本村人。在服务对象上，重点保障有自理能力的高龄老人和特殊老人，逐步惠及全体老年人。同时，该公司下一步准备利用社员资金，将社区居家养老与机构养老结合起来，投资改建政府办养老院、敬老院（目前已经签约改建1家），公建民营。一方面，帮助社员资金保值增值，另一方面，为更多的老人提供服务。据公司负责人介绍，根据初步测算，老人只要每年在合作社存款两万元，就可以享受"幸福小院"互助服务，每年存款五万元，就可以享受机构养老服务。目前，"幸福小院"在高老家乡有三个点在正常运转，由一名本地40多岁的热心中年女性负责管理。

"幸福小院"的服务宗旨是公开、透明。老人每年的第一个月交300元作为启动资金，每天在幸福小院里吃三顿饭，如果到月底资金有结余，可以转到下个月，其他月份老人吃多少交多少。为了保证让老人交的钱真正用在吃饭上，"幸福小院"制定了资金管理和公开制度，资金由老人管理，买菜和记账人员由大家推选，做到账目公开透明，一月公开一次。

1. 助餐服务

餐食的原则是：饭菜香一些、质量优一些、数量少一些、蔬菜多一些、食物杂一些、菜肴淡一些、饭菜烂一些、水果吃一些。食谱根据季节定期更换，每星期的食谱都会张贴在"幸福小院"的制度栏里，每天三顿饭，顿顿不重样。

2. 生活服务

生活服务主要包括日间托老、购物、陪护等照料服务和洗衣、打扫卫生、家电维修等家政服务。每个"幸福小院"都配备了实木床及纯棉被，老人白天可以在这里放松休息。义工每个月定期为老人免费理发，帮助老人整理小院及个人卫生，帮助老人克服生活上的困难。

3. 健身娱乐服务

"幸福小院"配备了麻将、骨牌、扑克牌、象棋、纸墨笔砚，以及电视机和音响，老人可以每天跳跳舞，唱唱歌。同时，"幸福小院"里有菜园，老人一起养花、种菜，可以吃到自己种的放心菜。

案例：高家庄幸福小院试点

高家庄"幸福小院"的负责人就是本村妇女，院子一年租金 1 500 元。"幸福小院"提供了两张床位、铺盖、电视机、麻将桌等，通水通电，配备了卧室、客厅、厨房，总共花费几千元。厨师每月工资 1 000 元，负责一日三餐。

（三）特点与问题总结

联合社创办了资金互助社和农民合作社资金互助部，并拓展养老服务板块，一是属于农村合作型的储蓄＋养老模式雏形，二是探索了社区居家＋机构养老的连锁化形式，非常值得推广。禾农居家养老服务特色如下。

一是以资金互助带动和反哺养老互助。农村居家养老追求的是低成本、可持续，农村老人目前最大的需求是一日三餐，但是政府财政、社会捐助是不稳定的。资金互助社可以提供可靠、稳定的利润来源，同时借助居家养老的社会化服务，可以更好地团结社员，获得社员认可。

二是充分利用农村熟人社会中的能人资源。在资金互助社的工作人员中，有的是退休干部，有的是退休电工，有的是村委成员，这些人都有效地发挥了社会力量。高家庄和仵袁庄两处"幸福小院"的负责人虽然文化程度不高，但是特别热情耐心，与当地老人都认识，可以很好地开展工作、组织协调。

三是以助餐服务为抓手。联合社通过努力，积极在乡村动员、宣传，将老人组织在一起，提供资金为老人改造厨房、聘请厨师，由老人推举信任的人记账，老人在饭足茶饱之余自发留在"幸福小院"看电视、组织活动。这些工作是解决农村老年人无人照顾、无处吃饭、无法娱乐问题的重要探索。

联合社的经营也存在以下问题。

一是与村两委的关系没有理顺。联合社的一些社会服务工作属于村两委的职责，村两委在一些问题上的认知与联合社不同，对联合社的一些工作的接受度不同，少数比较认可，大多数或听之任之，或想从中渔利，或担心发生问题承担责任。

二是对居家养老服务的定位还需进一步厘清。接受服务的老人是社员、资金互助社客户还是非社员、非客户也可以（把他们看作潜在客户）？合作社的社员（家庭）、客户（家庭）享受合作社提供的额外福利服务，属于储蓄＋养老模式，就像城市里存一定额度的存款可以享受养老服务一样。这种方式一是体现合作社的互助合作意义，二是具有对社员和客户的黏合性，三是可以吸引更多客户加入。但是，目前"幸福小院"面向全体老年人，大多数老年人非社员、非客户，老年人享受资金互助社的养老福利服务，属于社会企业的公益服务。这种方式实际属于纯养老服务板块：一是需要寻求政府、村两委的政策、场地等支持；二是需要专门团队运行设计；三是如果不寻找盈利点，仅靠资金互助社投入，可持续运行和扩大覆盖范围相对困难。

三是村庄接受度低，服务难以拓展。合作社在组织农村老年人购买社会养老服务方面遇到一定的困难。有的子女不愿意出钱，有的子女认为自家老人还需外面人帮忙养老丢面子，有的子女担心老人安全问题等，导致一定程度上的经营困难。

第五章　农村老年协会开展互助型社会养老的典型模式

老年协会是老年人自我管理、自我教育、自我服务的基层组织，也是开展农村互助型社会养老的重要依托。不少地区在探索依托老年协会组织体系，供给文化娱乐、助餐、生活照顾等互助型社会养老服务。本章着重介绍农村老年协会组织互助型社会养老的典型案例，在这种模式中，政府不仅负责硬件设施和互助服务体系建设，同时进行老年协会（老年人互助组织体系）的规范化、组织化建设。本章选择广西宜州、浙江安吉、吉林延边等地的典型案例进行分析。广西宜州经济不是很发达，虽然其农村互助养老设施并不豪华，但农村老年协会非常发达，并通过政府奖励、村庄支持、老年人互助共兑、自我造血等方式筹集资金，开展文化娱乐、生活照料、不定期聚餐等互助服务，形成了"老年协会＋互助养老"的典型模式。

2017年宜州老龄工作委员会办公室探索试点购买老年协会的互助养老服务，由低龄老年人为高龄、独居、孤寡老年人提供上门探望、做家务等互助服务，并给予一定的劳务补贴，取得很好的效果。与广西宜州相比，浙江安吉的经济发展水平相对更高，故在农村老年协会组织化、规范化建设方面，一是政府对农村互助养老设施建设补贴和购买互助养老服务补贴的力度更大；二是村两委的支持力度更大，比如为本村老人提供养老助餐服务；三是组织体系建设从一元"单兵作战"转变为多元"协同合作"，依托的组织力量从一元的老年协会发展为多元的社工组织、社会企业、老年协会等合作发挥各自的优势和特色，以改善老年协会专业能力不足的突出问题。吉林延边的特色在于：延边州老年协会是准互助社团形式，拥有自己的医院、报纸、农业基地等产业实体。在州老年协会、各级政府和村两委的指导扶持下，农村老年协会的老年人基于共同需求，围绕互助场域自发开展了多样的互助服务。发达国家互助社团非常发达，拥有保险公司、医院、养老机构、驿站和社会组织实体，并且为会员提供各类产品和服务，延边的模式虽然还不成熟，但已经相当于准互助社团，非常具有借鉴和推广意义。

第一节 "老年协会 + 互助养老"模式

宜州隶属于广西壮族自治区，居住有汉、壮、瑶等 29 个民族。与很多欠发达地区境况相同，伴随外出务工人员的增加，宜州农村的人口老龄化形势严峻。由于少数民族地区有互助传统，互助氛围浓厚，当地对老年协会工作亦非常重视，故农村老年协会开展服务和活动的内生动力很强。尤其是 2017 年，宜州探索政府购买基层老年协会养老互助服务试点，取得了较好的效果。笔者于 2018 年 11 月调研了政府购买基层老年协会养老互助服务的 5 个试点村，分别是安马乡白屯村老年协会、木寨村老年协会、庆远镇畔塘村畔塘屯老年协会、庆远镇围村老年协会、石别镇清潭村老年协会。

一、宜州农村互助型社会养老的发展历程

宜州农村互助型社会养老主要依托基层老年协会开展，在基层老年协会进行规范化管理并开展各类文化娱乐活动的基础上，拓展了由政府购买基层老年协会养老互助服务并进行监督考核的居家养老互助服务项目，具有一定的示范和借鉴意义。

（一）宜州基层老年协会的规范化管理

宜州原先存在少量民间自发形成的老年协会，但规模较小，没有建立起规范化的规章制度。2012 年，《关于印发宜州市创新农村养老服务体系建设工作方案的通知》提出：在 2012—2015 年，建设示范性村级老年人协会 40 个，争取拨付每个示范性村级老年人协会扶持经费 3 万元，共计投入 120 万元，实现平均每个示范性村级老年协会服务周边 500 位农村老人，受益总人数达 20 000 以上。同年，《关于印发广西基层老年协会规范化建设实施办法的通知》要求进一步规范各老年协会的规章制度，参照围村老年协会和思榄屯老年协会建设模式，按照创建示范性基层老年协会需要达到的标准，高质量建设老年协会。每年底，广西对当年确定的示范性基层老年协会进行检查验收，达到规范化建设标准要求的基层老年协会，将由相关单位授予"自治区示范性基层老年协会"称号，

并给予一定的经费扶持。为建立长效激励机制，对获得"自治区示范性基层老年协会"称号的基层老年协会，每三年进行一次检查，不符合规范化要求的将撤销"自治区示范性基层老年协会"称号。同时，根据《关于全面开展基层老年协会登记备案工作的通知》，对列入 2012 年村级老年协会示范点的基层老年协会严格执行登记注册手续，加强规范管理；暂时达不到登记条件的基层老年协会要全部进行备案。

2018 年，《河池市宜州区老龄工作委员会关于对全区示范性基层老年协会进行检查的通知》印发，决定对全区 59 个示范性基层老年协会 2018 年开展工作的情况进行检查。根据《广西基层老年协会规范化建设实施办法》和实际情况，检查的主要内容有：登记年检、组织机构建设、章程制度建设、基础设施建设、活动开展、经费来源、作用发挥、监督管理等。检查分为两个阶段，第一阶段是自查，时间为 2018 年 8 月 20 日至 9 月 10 日。各示范性基层老年协会开展自查自纠，并进行自评；第二阶段是抽查，时间为 2018 年 9 月 11 日至 9 月 20 日。相关单位采取召开座谈会、查阅相关档案资料、实地走访等方式，对 59 个示范性基层老年协会按一定比例进行抽查，重点检查"七簿一册"记录、活动开展及经费使用和管理等情况。截至 2017 年，宜州共建有基层老年协会 338 个（村级老年协会 210 个，屯级老年协会 127 个，厂矿企业老年协会 1 个），其中，在民政局登记注册的有 61 个，在乡镇民政办登记备案的有 277 个。

（二）政府购买基层老年协会养老互助服务项目

宜州市政府购买基层老年协会养老互助服务项目发展历程如图5-1所示。2014年，《广

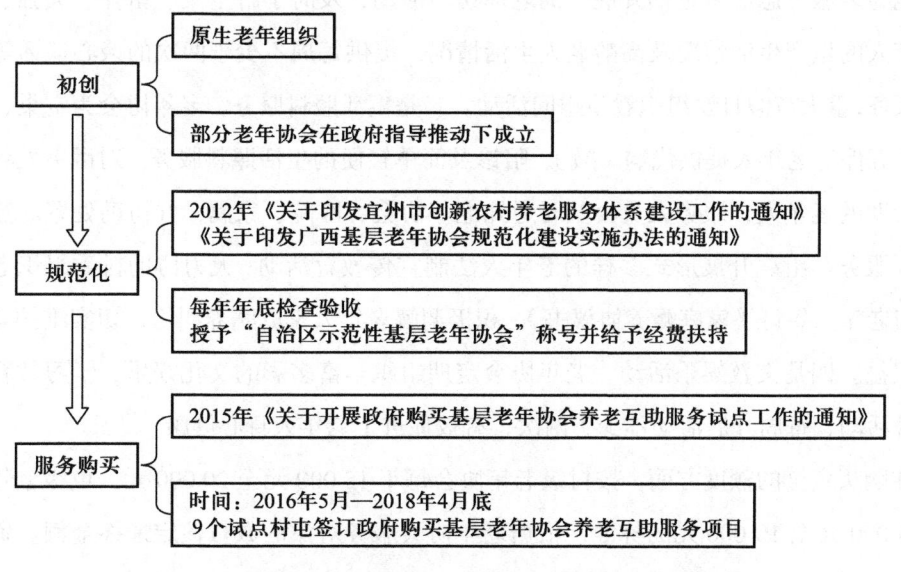

图 5-1　宜州市政府购买老年协会养老互助服务发展历程

西壮族自治区人民政府办公厅关于政府购买服务的实施意见》印发，将购买基层老年协会养老互助服务纳入指导项目，宜州是政府购买基层老年协会养老互助服务的试点之一。2015年,《关于开展政府购买基层老年协会养老互助服务试点工作的通知》（简称《通知》）印发,政府购买服务工作正式启动。该文件对可以承接养老互助服务的基层老年协会资格、服务人员和服务工作要求、购买资金额度和用途，以及考核评估办法均有详细规定。

《通知》指出,基层老年协会养老互助服务指基层老年协会充分发挥老年人自我管理、自我服务的独特优势，组织健康、低龄老年人及其他为老服务志愿者就近结对帮扶有困难的老年人，为帮扶对象提供精神慰藉和简单的生活照料等服务。在承接主体的规模和服务对象方面,《通知》要求承接养老互助服务的村级老年协会会员人数不低于150人，屯级老年协会会员人数不低于70人。村级老年协会所在村（社区）空巢、留守、失独、五保等老年人不低于30人，屯级老年协会所在屯空巢、留守、失独、五保等老年人不低于5人。村级老年协会所在村（社区）80周岁以上高龄老人不低于30人，屯级协会所在屯80周岁以上高龄老人不低于五人。在服务人员和服务内容要求方面,《通知》要求服务人员年龄在65岁以下，村级老年协会聘请服务人员不超过5人，屯级老年协会聘请服务人员不超过两人。服务人员每周进行两次以上巡访，负责活动室开门两天以上，负责室内卫生，填写《老年协会活动记录簿》《工作手册》，每周至少记录4次，每个月至少记录16次。

互助服务主要内容包括以下几点。一是精神服务。老年协会组织健康、低龄老年人及其他为老服务志愿者定期开展"助老巡访"活动，及时了解空巢、留守、失独、五保等老年人的生产生活情况及高龄老人生活情况，提供每周不少于两次的谈心谈话等精神慰藉服务;重大节假日要组织看望慰问活动。二是生活照料服务。老年协会为空巢、留守、失独、五保等老年人提供代购（缴）、陪诊及简单轻便的生活照料服务。对因突发状况而需要帮助的老年人，服务人员会及时通知老年协会、医院、家属，并协助处置。三是老年维权服务。组织开展形式多样的老年人法制宣传教育活动；大力协助村委组织老年人子女与老年人签订《家庭赡养协议书》，积极调解老年人家庭赡养纠纷，切实维护老年人合法权益。四是文教娱乐活动。老年协会定期组织丰富多彩的文化娱乐、学习教育、体育健身活动，每周开展活动不少于两次，有效促进了老年人身心健康。

在购买资金的额度方面，按村级老年协会每年15 000元至20 000元，屯级老年协会每年6 000元至10 000元的标准，依据老年协会服务对象的数量核定最终金额。资金可以用来支付服务人员劳务费、为服务人员购买意外伤害险、维护基层老年协会文化娱乐设施及开展养老互助服务所必要的工作等。

考核评估主要包括服务队伍建设、服务平台搭建、章程制度建设、资料档案管理、财务管理、养老互助服务成效六个方面。同时，每年12月初，由市老龄工作委员会办公室组织考核评估小组，通过查看台账资料、听取情况介绍、实地查看等多种方式对承接主体进行考核评估。考核评估结束后，应向承接主体通报结果，并接受承接主体的咨询和申诉。

2016年1月26日，宜州举行了开展政府购买基层老年协会养老互助服务工作培训会暨签约仪式，相关单位现场与九个承接主体签订了《政府购买基层老年协会养老互助服务项目协议书》，明确购买服务的内容、要求、服务期限、资金额度、拨付方式、违约责任等内容。政府购买基层老年协会养老互助服务项目期限为两年。

二、宜州市政府购买基层老年协会养老互助服务的具体情况

笔者共调研了宜州市政府购买基层老年协会养老互助服务项目的五个试点村屯，各个村屯的管理和活动既有规范一致性，也有自己的特色和亮点。在养老互助服务方面，有的村做得比较扎实，开展了家务类服务，但大部分村屯还是以上门探望聊天为主。

（一）政府资金拨付情况

养老服务购买试点自2017年开始启动，根据《通知》规定，政府购买基层老年协会提供的养老互助服务资金按年度支付。购买主体与承接主体签订项目协议后30日内支付第一年度资金到所在乡镇人民政府，承接主体到乡镇人民政府领取。每年12月项目评估通过后，次年1月份支付下一年度资金。

（二）老年协会的运转情况

宜州老年协会的最高权力机构是会员代表大会，负责研究和决定重大事项、制定和修改协会章程、选举和罢免协会负责人。协会成立了理事会，每届任期三年，理事会设名誉会长一名、会长一名、副会长两名至三名、秘书长一名、理事会成员若干名，村两委成员在理事会中任职。协会负责人的任命须经会员大会2/3以上的会员同意通过。一些村在每个屯都成立了党支部，一些理事会中还有一些在当地具有威望的人任职，办事相对公平公正。老年协会一般下设办公室、文体活动组、财务组、老年维权组、移风易俗办理组、公益事业建设组六个部门，由理事负责，处理日常事务。其中文体活动组负责组织老年人的文体娱乐活动，财务组负责财务的收支统计，老年维权组负责为老人提供咨询服务和保护老年人的权益，移风易俗办理组负责传统事务，公益事业建设组负

责组织老年人参与社会建设活动和公益慈善活动。

在会员服务方面，老年协会主要通过走访慰问、组织文体活动、举办知识讲座等形式为老年人提供服务。一是文化娱乐活动。基于广西民族传统，各协会分会都会举办山歌会，以歌会友，在重阳节、春节等节日举办晚会。协会还设立了老年活动室，为老人提供唱歌、读书、看报、打牌、跳舞的场所。二是居家养老互助服务。通过政府购买互助服务的形式，协会组织老年志愿者队伍，上门为高龄、独居、空巢、孤寡及失能半失能老年人提供打扫卫生、陪同聊天、个人清洁等服务。三是组织老年人参与乡村治理。老年协会负责协助村委会做好新型农村养老保险、五保供养、困难老年人救助、养老优待等工作；组织老年人学习法律法规，宣传国家政策，协助签订《家庭赡养协议书》等；发动低龄老人担当乡村志愿者，参与乡村治理，为美丽乡村建设作出贡献。

（三）所调研村屯老年协会互助养老的情况介绍

案例1：庆远镇围村

围村是广西传统村的代表，村民保留着互助劳动的习俗，农忙时自发结成互助队伍，共同抢收粮食、剥蚕茧等。村民团结一致、向心力强。据介绍，没有村民愿意到外面居住，即使在外面买了楼房，也会居住在村里。围村的老年协会成立于1988年，现有理事会成员九人，村支部书记任名誉会长，村里60岁及以上老年人全部加入协会。老年协会规章制度完善，从2016年开始就明确记录了活动、会议、财务等状况，承担的村庄事务包括环境卫生整治、维持村内治安、协调邻里关系，调和家庭矛盾、组织老年人文化娱乐活动以及互助养老等。据介绍，老年协会负责村里环境卫生，每月清扫1—3次，同时负责河道清理、修路等工作。重阳节是老年人的盛会，老年人白天唱山歌、打扑克、下象棋、抛绣球等，下午大聚餐，晚上举办文艺晚会。

在资金方面，围村老年协会的做法是老年人和子女共兑支出，同时通过经营红白喜事租赁业务获得收入。从共兑支出方面来看，一是老年人每年交纳会费，一般每人10元至20元，每年大约收入5 000元。二是老年协会发动子女共兑老年人活动支出，虽然每个子女每次可能也就出几十块钱，但是加起来已经可以解决老年人活动经费的问题。2017年的老人节，老年协会收到了33 000元左右的捐赠款。在经营性收入方面，老年协会筹资20 000元购买了红白事用的锅碗瓢盆用于租赁，每年会有10 000元至20 000元的收入。

围村开展的互助照顾项目，一方面由政府每年拨款10 000元支持，另一方面，老年协会组织了八名互助养老服务人员（志愿者）。服务对象有30余人，包括村里孤寡老人、留守老人、贫困老人和残疾老人，双方签订互助服务协议，一般一名志愿者服务五名至六名老人。由于大部分志愿者是男性，故主要以买东西慰问、探望和聊天为主，有急需的事情也可以代办。

案例 2：石别镇清潭村

石别镇清潭村老年协会成立于 1982 年。2012 年在民政局正式注册成立。协会共有十名班子成员，每年重阳节召开一次面向全村老年人的大会，总结全年工作和安排下一阶段工作。协会每年举办两次大型活动，一是在重阳节举办晚会和全部会员的流水席会餐，二是在春节举办文艺晚会。老年协会平时以开展文化娱乐活动为主。在老年协会的经费来源中，政府补贴是主要部分，占比 80% 左右。镇政府每年补贴 1 000 元至 1 500 元，村委每年提供 1 000 元的固定资金。在老年文艺队有外出演出活动时，村委会补贴相应的车费。每个会员每年缴纳会费 6 元至 10 元，具体金额视人数多少而定，缴纳率在 3/4 左右。

在养老互助服务方面，村里共有留守、空巢、五保、失能等老人 50 多人，80 周岁以上老人 100 多人，经过协会审核筛选，确定了 61 名服务对象。老年协会聘请了十位有耐心、责任心强的志愿者，以屯为单位，根据居住距离远近、服务老人数量分配工作任务，最多负责五个自然屯，最少负责两个自然屯。老年协会付给服务人员每人每月劳务费 50 元，年底进行工作评比，实行奖励制度。老年协会规定，服务人员每个星期要走访一次帮扶对象，到困难老年人家中做家务、聊天等。同时，老年协会每年给帮扶对象赠送两次礼品，如毛巾、食用油。

案例 3：庆远镇畔塘屯

畔塘屯幸福院隶属于宜州老年协会，成立于 2004 年，经过整治于 2012 年重新开办。协会理事会由会员大会自主选举产生，由办公室、文体活动组、财务组、老年维权组、移风易俗办理组、公益事业建设组六个部门组成。老年协会现有 130 多位会员，会员以女性为主，绝大多数在 80 岁以上。老年协会的会长是位女性老人，性格开朗，业务能力强。协会建立了完善的协会章程、规章制度（会议制度、学习制度、活动制度、工作制度、走访制度、财务制度），实行一事一议，每一项活动都要经会议讨论决定并进行会议记录，每一次活动的资金账目都被公示，做到公开透明。

老年协会开展活动的资金主要由四部分组成：第一部分来自会员缴纳的会费；第二部分是民间捐款，协会在成立之初向全社会发起募捐，第一年募得 4 198 元，第二年募得 3 462 元；第三部分是政府拨款，民政局每年拨款 1 000 元；第四部分是政府购买的养老服务转移支付，每年 6 000 元左右。

协会每周二和周五下午两点到五点组织老人开展唱歌、读书、看报、打牌、跳舞等文娱活动，在春节、妇女节、重阳节举办晚会。老年协会的养老互助服务以年龄较大、身患重病的老人为重点服务对象。协会有两名服务人员，服务人员的主要工作是上门了解老人生活情况、收集老人的信息、提供养老服务。老年协会每季度组织老年人开展一两次帮残助困活动。

案例 4：安马乡木寨村

安马乡老年协会成立于 2014 年，现有 400 多名会员，老年人入会率接近 100%。协会的最高权力机构是会员大会，理事会任期三年，设名誉会长一名、会长一名、副会长两人、秘书长一名、理事会成员十名，协会负责人的任命须经会员大会 2/3 以上的会员同意通过。老年协会每三年召开一次换届大会，每年召开一次会员大会，每季度召开一次理事会，每个月组织一次参观学习活动。协会于 2016 年 7 月 1 日成立了党支部，拥有 26 名党员，选举了党支部书记，副书记，组织委员，纪律监察委员等，班子成员都是党员。协会还建立了完善的档案记录机制，成立了老年人维权小组，坚持值班制度和台账制度，制订了相关的工作计划；在财务方面，由会计负责，领导把关，坚持收有凭、支有据，坚持资金情况全部公开。

木寨村老年协会的活动资金主要来源于三个方面：募捐、政府扶持和会费。其中，募捐是木寨村老年协会资金的主要来源。木寨村有村微信群，一般每年重阳节、春节或者村里要开展老年人活动时，有关人员会在微信群号召老人子女捐钱。虽然每个人捐的并不多，一般几十元，但是凑起来就是不小的金额。2018 年，老年协会采取党员干部带头、鼓励子女捐款的形式募捐，得到 40 000 元左右的收入，其中老年人子女捐款约 20 000 元。另外，村委会 2017 年也拨款 2 000 元支持老年协会的工作。

在活动开展方面，每年的"三月三"歌节、建党节、建军节、国庆节，老年协会都会组织开展各类文娱活动，组织老人读书、看报、打牌、聚餐等，鼓励他们参加各种文体活动。除此之外，协会还成立了两支文艺队，排练节目，丰富老人的文化生活。对 90 岁以上的老人，协会会组织集体祝寿；对患重病的老人，协会会与村委一起到患病老人家里或者医院看望。

在养老互助服务方面，笔者调研时，该村的项目已经开展两年，协会的六位服务人员分别负责对应的屯，每名服务人员服务十余位老人，每月 50 元报酬。服务人员每月至少两次入户与老人聊天，了解老人的生活或身体状况，帮助老人解决实际困难。

案例 5：安马乡白屯村

安马乡白屯村户籍人口总数约 2 500 人，其中老年人 400 多人，在户籍人口中所占比例大约为 16.8%。考虑青壮年劳动力外出打工的因素，实际上，白屯村老龄化的程度更高。白屯村老年协会成立于 2014 年，虽然成立时间相对较晚，但工作颇具特色，主要体现在以下几点。

一是文化娱乐活动方面。白屯村的对山歌活动不仅吸引了老年协会内部人员参加，很多外村的老年人也会慕名而来。每月农历初一和初十五唱山歌，每月农历初八和初二十二学山歌，每月这四天的老年协会活动室总是挤满了人，大家你一句、我一句相互对唱，有的还会自编自唱。除每月的唱山歌活动外，老年协会也组织老人外出旅游，截至 2018 年，白屯村老年协会已经组织四批老人前往井冈山和韶山等地旅游。另外，在重阳节、春节等重大节日，老年协会会组织老年人唱歌、打牌、聚餐。

二是养老互助服务方面。通过老年协会筛选审核，共确定了 30 名需要重点帮扶的老人，由五位 65 岁以下的低龄老人（协会理事）进行照顾，每位服务人员每月有 200 元的补贴。老年协会明确要求：服务人员每周去服务对象家两三次，提供一些日常服务，如帮忙搬东西、劈柴、挑水等。如一名服务对象没有结婚，也没有子女，一直自己居住，性格孤僻，虽然符合五保户的条件，但因为没有身份证，故没有申请到五保户的资格。他自己也不去办理。服务人员了解到这一情况之后，主动做他的思想工作，最后成功帮这位老人申请到五保户资格。

三、特点与问题总结

宜州农村互助型社会养老之所以发展良好，主要因为当地互助氛围深厚，老年人对老年协会信任、认可，以及有关部门对老年协会的重视和规范化管理。其特色主要体现在以下几点。

一是以民族习俗为载体的互助传统保留相对完好。宜州地处相对封闭的地区，壮族和瑶族的传统习俗渗透在居民的日常生活中，民风淳朴，互助氛围浓厚。

二是孝亲敬老的传统。宜州孝亲敬老传统保留较好，不孝顺老人的行为会受到全村人的鄙视和非议。也正因此，老年协会能快速组织人力物力来开展活动。

三是规范化管理。首先，在资金方面，从 2013 年开始，宜州的基层老年协会专项活动经费就纳入市财政预算。如 2018 年，财政预算基层老年协会专项经费为 101 000 元。其次，在奖励和带动方面，为激励更多的基层老年协会积极发展，更好地为农村老年人服务，从 2012 年开始，宜州每年开展基层老年协会先进集体和先进个人评选表彰活动，并为基层老年协会先进集体颁发奖牌及奖金，为先进个人颁发荣誉证书。另外，自 2013 年以来，宜州每年召开一次示范性基层老年协会培训会，就基层老年协会规范化建设进行培训。再次，在考核检查方面，各乡镇民政部门每年会对辖区内所有示范性基层老年协会进行检查，检查得分为 90 分以上的老年协会将获得年度工作经费，得分为 95 分以上的老年协会可参加年度先进基层老年协会评选，得分在 70 分以下的示范性基层老年协会取消年度工作经费。

虽然宜州互助型社会养老独具特色，具有推广价值。但作为政府主导下的完全依赖各级老年协会的社会养老体系，仍存在以下问题。

一是基层老年协会的发展受内生动力影响，且存在马太效应。宜州老年协会资金主要依靠政府拨款，只有示范性老年协会有专项拨款。换言之，做得越好的越有经费，越可以做到更好，做得不好的则没有经费，影响发展。

二是老年协会开展互助型社会养老专业性不足。作为主要由老年人组成的基层互助组织，虽然老年协会对当地村民的约束和动员能力较强，但缺乏专业化技能和市场经营经验，没有办法提供或对接各类专业化、市场化服务，需要专业社工组织或企业给予支持。

第二节 "老年协会 +N+ 互助养老" 模式

浙江安吉的农村互助型社会养老体系建设较为完善。其农村老年协会非常发达，几乎覆盖了全部农村，安吉一方面依靠老年协会运营老年餐桌、居家养老照料中心；另一方面利用老年大学、社工组织等专业力量，开展专业服务，同时为老年协会赋能，动员老年人周边的非正式互助网络开展包括文化娱乐、照护、助餐、教育等互助服务。由此基本构建起党委领导，政府推动、资金支持，互助组织管理，专业社会组织赋能，老年人互助共享的救助型与适度普惠型相结合的圈层化互助型社会养老服务体系。

笔者曾于 2014 年、2018 年、2019 年到安吉调研。具体调研年份和地点如表 5-1 所示。三次调研均采取了个案访谈法、问卷调查法和小组座谈法等方法。

表 5-1　安吉农村互助型社会养老调研年份和地点汇总

调研地点	案例名称	年份
上墅乡	上墅村老年协会	2018
	罗村老年协会	2018
昌硕街道	双一村老年协会	2014、2018
	天目社区老年协会	2014、2018
杭垓镇	磻溪村老年协会	2018、2019
报福镇	洪家村老年协会	2014、2018
	中张村老年协会	2018、2019
	统里村老年协会	2018
	报福村老年协会	2014、2018、2019
孝丰镇	三眼井社区老年协会	2018、2019
养老机构	安吉万康托养院	2014、2019
社会组织	安吉乐享人生社会工作服务中心	2019

一、安吉农村互助型社会养老的发展历程

2006 年，为解决农村老人无人照顾的难题，安吉一些农村老年协会自发成立了银龄互助服务队，组织低龄老人与高龄、空巢、特困、失能老人开展一对一、多对一的结对帮扶活动，同时在传统节日开展走访慰问送温暖活动，解决这些老年人日常生活中的不便和困难。2009年，安吉老龄工作委员会办公室在全省建立了首个"农村银龄互助服务社"试点，先后在报福镇统里村、上墅乡上墅村等六个村创办了首批银龄互助组织——"农村银龄互助服务社"。

2008 年，安吉开始探索全县居家养老服务体系建设，建设县、乡镇、村（社区）三级居家养老服务网络。一方面，进行硬件设施建设、提升改造，另一方面，逐步建立政府购买居家养老服务制度。[①] 农村的居家养老照料中心 / 银龄互助服务社交给已存在多年

[①]《安吉县老龄事业发展"十二五"规划》显示，到 2010 年，安吉县基本建立了县、乡镇、村（社区）三级居家养老服务网络。建成县居家养老服务指导中心 1 个、乡镇（街道）居家养老服务中心 8 个、城市社区居家养老服务站 18 个、省农村星光老年之家 68 个。建立困难老人政府购买居家养老服务制度和居家养老服务标准自然增长机制。2010 年，全县各级财政投入 60 万元，有 583 名低保、孤寡、高龄等困难老人享受到政府提供购买的每月 40 元至 70 元不等的居家养老服务。2012 年发布的《关于深化完善社会养老服务体系建设的实施意见》提出，城乡社区已建的居家养老服务站、星光老年之家要通过设施改造、功能提升，转型升级为社区居家养老服务照料中心或小型养老服务机构。同时，建立养老服务补贴制度。对城乡最低生活保障家庭中的失能、失智老人，政府给予养老服务补贴。根据老年人或其家庭意愿，到养老服务机构接受服务的，其养老服务补贴由当地民政部门支付给相应的养老服务机构；居家接受服务的，其养老服务补贴由当地民政部门支付给提供服务的居家养老服务企业或从事居家养老服务的机构。从 2012 年起，养老服务补贴标准参照当年度重度残疾人托（安）养费用补贴标准执行。有条件的地方，可将政府养老补贴范围扩大到中低收入家庭中的失能、失智老人及高龄老人等。完成全县 150 名左右特困老人（城乡低保家庭中失能、失智老人享受政府养老服务补贴）的调查摸底和确定工作；完成全县 1 000 名左右困难老人（城乡低收入家庭中失能、失智、高龄老人享受政府居家养老政府购买服务）的调查摸底和确定工作。

的老年协会运营，主要服务内容包括文化娱乐、老年餐桌和银龄互助服务（利用政府购买服务资金）等。[①]

但是，在政府购买村级老年协会互助服务的过程中，一些村庄老年协会的运营能力不足，甚至存在徇私舞弊或者不作为现象，服务效果不好。从 2017 年开始，安吉转向培育社会组织，由社会组织到各村寻找护理员，为农村居家养老服务购买对象提供居家养老服务。到 2018 年时，居家照料服务基本由安吉乐享人生社会工作服务中心提供。与此同时，从 2015 年开始，安吉老年大学认真践行"两山"理念，积极推进全国老年远程教育示范区品牌建设。老年大学通过送课下乡、视频教导等方式，进一步提高了老年人的文化娱乐活动的层次。安吉乐享人生社会工作服务中心承接政府购买服务，如活化老年协会和养老照料中心等，亦会帮助一些运行状况相对较差的老年协会和养老照料中心组织各类文化娱乐活动等（2014 年和 2018 年安吉社区居家养老服务供给变化如图 5-2 和图 5-3 所示）。

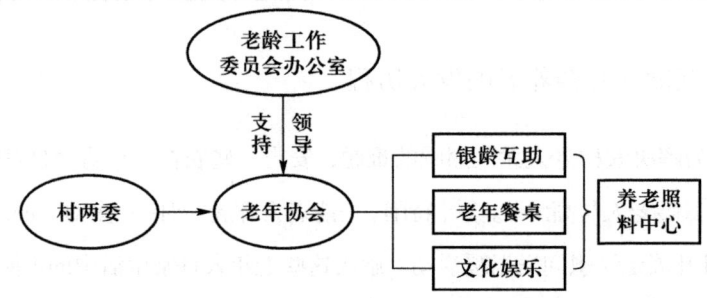

图 5-2　2014 年安吉居家养老服务供给示意图

[①] 根据 2014 年发布的《安吉县加快推进城乡社区居家养老服务照料中心建设的实施方案》，在建设经费补助方面，基础型居家养老服务照料中心建成后，经验收合格，由县级以上财政一次性补助 10 万元；标准型居家养老服务照料中心建成后，经验收合格，由县级以上财政一次性补助 15 万元；全托型居家养老服务照料中心建成后，经验收合格并依法登记的，由县级以上财政一次性补助 20 万元。在运行经费补助方面，建立百分制考核。对考核分在 70 分以上的，由县财政每家每年给予运行补助 2 万元；对考核分在 80 分以上的，由县财政每家每年给予运行补助 3 万元；对考核分在 90 分以上的，并评为县级以上优秀居家养老服务照料中心的，运行补助每家再增加 3 万元。根据 2015 年发布的《安吉县养老（居家养老）服务补贴实施细则》，居家养老服务补贴对象包括本县户籍，年龄在 60 周岁及以上经济困难的失能、失智等生活不能自理老人；享受城乡基础养老金的低收入高龄、独居、空巢等自我照护能力弱的老人；70 周岁以上重点优抚对象和县级以上劳动模范等特殊贡献老人。具体分为四类：第一类：年龄 60 周岁及以上，低保家庭，完全失能、失智老人。第二类：年龄 60 周岁及以上，低保家庭，重度失能、失智老人。第三类：（1）60 周岁及以上，散居的城镇"三无"和农村"五保"老人。（2）60 周岁及以上，低保或低保边缘家庭，半失能、半失智老人。（3）60 周岁及以上，独居、空巢的失能、失智老人。（4）70 周岁以上，失独老人。第四类：（1）100 周岁及以上的高龄老人；或 85 周岁以上的独居老人。（2）低收入的，80 周岁及以上独居、空巢老人；或低收入 70 周岁及以上，独居、空巢的半失能、半失智老人。（3）60 周岁及以上，失独老人、重点优抚对象、地市级以上劳动模范和为社会主义革命和建设事业作出过特殊贡献的老人。在补贴标准方面，第一类：入住机构为 15 000 元 / 年；居家养老服务为 6 000 元 / 年。第二类：入住机构为 12 000 元 / 年；居家养老服务为 4 800 元 / 年。第三类：居家养老服务为 1 200 元 / 年。第四类：居家养老服务为 840 元 / 年。对接受居家养老服务的补贴对象，在城市社区的，由乡镇政府、街道办事处按补贴标准和人数向相关合法从事居家养老服务的社会组织购买服务，并与其签订购买服务协议。在农村（含村改居社区）的，由乡镇政府、街道办事处按补贴标准向各村居家养老服务照料中心和村老年协会银龄互助服务社购买服务，并与其签订购买服务协议。

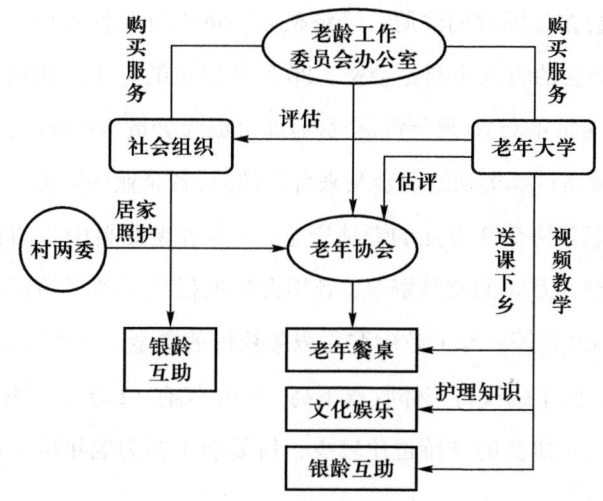

图 5-3 2018 年安吉居家养老服务供给示意图

二、安吉农村互助型社会养老的三类主体

（一）老年协会

1. 资金

1989 年，安吉就成立了第一家基层老年协会——山川乡高家堂村老年协会，自发成立了老年人理事会、老年领导组、老人会、老年读报组等。目前安吉已经实现全县基层老年协会建设全覆盖，老年人的平均入会率达到 80% 以上。2006 年以来，安吉老龄工作委员会办公室依托农村老年协会，积极推广建立"银龄互助服务社"，为农村老年人提供娱乐活动、老年餐桌和志愿互助服务，"银龄互助服务社"后来发展成为居家养老服务站。老年协会每年向会员收取几十元会费，作为日常运转和活动经费，居家养老服务站的日常组织和管理工作由老年协会负责。

目前，安吉老年协会主要负责居家养老照料中心、老年食堂的运营及文化娱乐、助餐、困难老人慰问帮助等工作。政府补贴是居家养老服务站的主要资金来源，这方面资金又分为基础建设资金和运行资金两部分。基础建设资金是一次性建设补贴费用，机构满足基本要求——活动空间大于 300 平方米，即可获得一次性建设补贴费用 15 万元。运行补贴在每年 1—3 万元不等，年底还会有相应的评比，配比 1—3 万元奖励，即单个机构每年运营费用补贴最高可达 6 万元。各级政府也会有一定的补贴费用。除政府给予的资金支持以外，安吉老年协会探索出了多种方式来筹集资金，例如通过收取一定的会费、做项目等途径来筹集资金，相关企业、社会组织也会给予一定的捐助支持。

磻溪村老年协会在县民政局注册，经济独立，每年所有收入和支出全都由相关事务所进行审计。老年协会的收入主要是会费，80岁及以上的老年人和残疾人免交会费，60岁至79岁的老人每人每年交20元会费，交费后即可成为会员，约300人交会费。除此之外，老年协会还有通过做项目筹集到的资金及来自各部门、各企业的资助。如县政府通过"爱满空巢"项目拨给老年协会3万元的专项资金；居家养老照料中心的食堂若能获得四星级称号，每年可得到6万元的奖励资金；老年大学远程教育项目的资金有3万元，同时还有四星级补贴8 000元等。算上政府购买服务获得的资金，老年协会每年能获得20万元左右的资金补助。由于磻溪村集体收入不高，一年仅有12万元，因此村里在资金支持方面比较困难，给老年协会的支持也比较少，村委会主要为老年协会提供场地、房屋和水电费等方面的支持。

2. 运营

在运营老年餐桌、组织文化娱乐活动及开展互助服务方面，笔者调研的几个村的老年协会都依据本村情况进行了创新发展，尤其是磻溪村自主申请了安吉县民政局的爱满空巢服务项目，组织村中低龄老人服务高龄老人，取得很好的效果。下面即详细介绍几个典型案例。

案例1：昌硕街道双一村

双一村2014年开办老年餐桌，由老年协会负责运行，每日供应老人中晚两餐，双休日照常运行。每年腊月23日停歇。菜谱会提前一天公布，每餐标准为三菜一汤。在就餐人数上，多则50多人，少则30多人。老年餐桌的餐费标准是70岁以上的老人每餐5元，80岁以上的老人每餐4元，90岁以上老人本来不用交费，但老人坚持要给，故90岁以上的老人每餐3元。老年餐桌一个月收一次费，交到老年协会财务室，由老年协会管理。老年餐桌共有七名服务人员、一名厨师、四名送餐员，两名卫生保洁。厨师工资每月1 800元；送饭人员工资每月1 500元至1 800元不等，服务人员等人的工资每月750元。2017年，双一村老年食堂还与种植绿色蔬菜的公司合作，村里为公司免费提供优质水源，公司把一部分优质蔬菜配送给食堂。每年村里补贴老年食堂7万元至8万元。

案例2：报福镇统里村

统里村老年协会目前共有会员670多人，其中低龄老人有400多位，占会员比例较高，许多60岁至70岁的老人仍在厂里工作。老年协会利用这一优势，通过组织老人开展互帮互助、以老助老的志愿服务活动，鼓励健康、低龄老年人帮扶空巢、高龄、病残、失能老年人。老年协会将健康、低龄、不怕吃苦的老年人分成6个小组，每组30余人，并设一位理事，各组负责帮扶约20位高龄老人，免费为老人提供服务，由理事每月十号汇报工作。服务的主要内容为打扫卫生、做饭等居家照料及聊天谈心、讲解形势与政策等精神交流。2017年，老年协会还给服务对象送去了生活用品，而志愿者没有任何资金及物质补贴。统里村的这项互助活动开始较早，至今已经开展10多年，服务人员流动性不大。老年协会有一块土地的经营性收入及来自村里的少量补贴。此外，老年协会发动老人志愿清理垃圾。老人志愿者被分成若干组，每组负责固定区域。但是由于2017年以后政府补贴的老年协会提供照护服务的社会照护项目统一由专业社会组织负责，故该村的银龄互助服务在资金支持从有到无的情况下，互助服务队的积极性有所降低，面临可持续发展难题。

案例3：报福镇报福村

报福村老年协会由安吉县组织成立，现有会员约700人，大多数为六旬以上老人，90岁以上的有18个，80岁以上的有112个。老年协会共有八名理事，六名男性、两名女性，包括一名会长，一名副会长，理事会成员有工资。平常老年协会组织老人开展各类文化娱乐活动，如爬山、开运动会等。此外，老年协会会对老人进行节日慰问，病丧探望。每逢重阳节，协会会给80岁以上的老人包饺子，若有老人生病，协会接到村民小组组长通知后，由会员携带礼品登门探望，并为有需求的老人提供上门照料；若有老人去世，老年协会赠送花圈表示哀悼，协会的老年乐队为逝者提供免费吹号服务。

案例4：杭垓镇磻溪村爱满空巢项目

爱满空巢是磻溪村申请的县民政局招标的社会服务项目。2018年3月，相关机构在对164名空巢老人进行全面排查后发现，这些空巢老人普遍面临的问题是：经济条件相对较差、身体健康状况令人担忧、生活孤独、个人安全问题存在严重隐患。这些空巢老人被分为重点服务对象和普通服务对象，以80岁以上的孤寡老人为主，他们的生活基本可以自理但精神生活空虚。

2018年4月1日，老年协会召开动员大会，组织志愿者42人，服务对象数量与志愿者数量的比例大约为4∶1。志愿者大多是年轻、健康、能干的空巢老人，按照就近服务的原则，以村民小组/生产队为单位改编成空巢老人互助组，又以自然村为单位组成三个大组。每个生产队都有1名理事，理事都是比较有威望且了解本生产队情况的人，理事首先是志愿者，以此来发动本村更多的老人成为志愿者。老年协会会为志愿者举办服务技能、健康知识和维权知识等方面的讲座。志愿者每月上门服务四次，每次费用30元。

服务内容主要是陪伴、送医、联系子女、日常生活照料等。另外，老年协会会组织节假日慰问、趣味活动，如包粽子比赛、红歌晚会、健身排舞展示、重阳节茶话会、秋季趣味运动会。

（二）安吉县老年电视大学

安吉县老年电视大学（简称安吉电大）成立于 2000 年 3 月，2015 年 12 月开始实体化办学。安吉电大立足老人实际学习需求，积极优化教育内容、形式和载体，满足老人精神文化生活需求。一是针对老人在养生保健、科学文化等方面的需求，积极引进优质师资，提升办学水平。安吉电大每年举办时事政治、健康养生等专题讲座，邀请县委、县政府领导和浙江大学、杭州市疾病预防控制中心等机构的专家学者到基层教学点开展辅导讲座。二是每年开展征文、拳剑等比赛，组织书画展、摄影展、文艺汇演等第二课堂，设置老年心理学、中老年歌咏、中老年舞蹈、中老年摄影、中医养生、智能手机使用、太极拳（剑）等十多门课程，每个学员在每学期可以选择 4 门课程学习，师资由学校负责。安吉电大定期出墙报、专栏，编印学员文集等，调动和激发学员的积极性，先后组建了艺术团、舞蹈队、合唱团、书画研究会等老年社团，每年在重阳节前后举办老年艺术周活动。学员自编自演各类节目，到基层乡镇农村开展文化走亲活动，拓展老年教育在基层的影响力。此外，根据就近就便、因地制宜的原则，安吉电大设置了全国老年远程教育实验区精品收视点，提高实体化办学水平。

案例：孝丰镇三眼井社区

孝丰镇三眼井社区成立于 2002 年 5 月，占地面积约 0.75 平方公里，现有住户约 1 901 户，常住人口约 4 695 人。三眼井社区老年大学在安吉电大和社区两委的支持和指导下，以"增长知识、陶冶情操、丰富生活、促进健康、服务社会"为办学宗旨，坚持"学、乐、为"紧密结合的办学方针，努力成为让老年人老有所学的课堂、老有所为的阵地和老有所乐的舞台。截至 2019 年 1 月，三眼井社区老年大学的学员规模已经达到250 人。

作为全国老年远程教育精品收视点和老年电视大学社区实验班，三眼井社区老年大学坚持第一课堂、第二课堂与第三课堂同步推进，扎实做好老年人的素质教育工作。第一课堂主要指依据教材及教学大纲，在规定的教学时间内进行的课堂教学活动。三眼井社区老年大学每周会组织学员线上收看一次第一课堂，学习如何使用智能手机等，并邀请老师进行线下指导。第二课堂以"健康 24 小时，愉快学习"为宗旨，除安吉电大规定的课程外，三眼井老年大学还开设了健康管理、医疗保健、养生保健操等课程，内容丰富，深受老年人喜爱。学校每个月都会请老师进行面对面辅导，学员会认真地做笔记。学校的授课效果良好，学员的整体素质提升较快。第三课堂以"走出校门，融入社会"为宗旨，三眼井社区老年大学每个学期都会组织一次外出考察学习，"走出去"与兄弟单位交流，带领老年人积极参与公益事业，广泛开展捐款、庆典等慈善活动。学员学以致用，以微薄之力尽社会责任，不仅提高了老年人的生活和生命质量，而且提高了老年大学的社会影响力。

在软硬件设施方面，三眼井老年大学拥有独特的运行机制及完善的基础设施：第一，有完善的领导机构，老年协会的正副会长担任班长，成立班委会，班委会成员各司其职，从组织上保证了老年大学的有序运转；第二，学校配备有比较先进的教室和完善的教学设备，如电教室、活动室、书画室等，从硬件上保证了教学活动的正常开展。第三，统一和规范化的管理机制，老年大学给每一位学员都配发了带有本人照片的学生证，学员凭证上课，学员参加第三课堂时须佩戴学员专用的帽子。

（三）安吉乐享人生社会工作服务中心

安吉乐享人生社会工作服务中心（简称乐享人生）计划构建一个以居家养老为主、以社区养老为依托、以机构养老为支撑的社会养老服务体系，打造智能化综合养老服务产业链，为老年人提供 24 小时应急救援、居家服务。2016 年，乐享人生与另外两家社会组织合作建立互联网监测系统，对整个区域老人身体情况、分布情况，以及每日服务对象的服务时长、服务内容等进行记录、分析、汇总。由于监管人数庞大，平台只能划区域进行管理，每一个乡镇都会有账号，分级管理本辖区内的服务对象。志愿者坚持"全面服务、优质高效、助人自助"的理念，以老年人需求为根本，以老人生活得更健康、更满足、更美好，让家人更放心为使命，为老年人提供"随叫随到""身、心、社、灵"俱全，无偿与低偿、有偿相结合的"一站式"养老服务。截至目前，乐享人生已承接县政府购买居家养老服务项目、居家养老服务照料中心运营管理项目，并积极开展社会化居家养老公益活动，拥有丰富的运作经验。乐享人生成立至今，累计服务超 18 000 人次，服务时间长达 7 698 小时，服务满意度达 99%，投诉处理满意度达 100%。

乐享人生有规范的服务流程。首先，服务对象被分为护理类和非护理类，为护理类对象（一般是失能、失智的老人）服务的时长为每月 20 小时，为非护理对象（一般是空巢老人）服务的时长为每月四小时。其次，在志愿者的组织方面，主要依靠乐享人生的工作人员就近发动家政服务散户、小型服务组织及热心和懂方言的当地人，努力将他们吸收入组织。乐享人生每个季度对志愿者进行一次应急知识和职业道德培训，培训合格的志愿者需在系统上注册，申请服务智能调度后才可以接受服务派单。乐享人生按照就近原则匹配志愿者与服务对象，力求缩减往返途中的时间。目前乐享人生已发展约256名有固定服务对象的志愿者。每位上门护理的志愿者都至少对接了附近的15位服务对象，志愿者可获得每小时20元的报酬，每位志愿者每月可获得一两千元的报酬。志愿者在开始服务和完成服务时需要扫码，以此确定服务时长。在服务过程中，志愿者需认真履行约定的服务内容。此外，乐享人生会在服务结束后对服务对象进行回访，根据老人的反馈，对服务进行评分并汇入大数据平台进行记录存档。其中志愿者在路上花费的时间和超时陪伴的时间会记为公益服务时间，这些时间将作为志愿者评优评先的依据。

乐享人生还对接村和社区运营了照料中心，每周组织两三次活动，提高老年人的生活质量。从老年人的爱好出发，乐享人生举办趣味运动会，绘画、书法、插花比赛等，为照料中心聚集人气。同时，乐享人生对接太极协会、艺术协会等社会资源，教老人唱歌、打太极拳。组织这类活动的志愿者通常没有报酬，但乐享人生年底会为其颁发荣誉证书。除此之外，乐享人生还有记录志愿者服务时长的配套 APP、红外监测老人动向的 APP 及"一键呼叫"产品，且都已申请专利。目前，乐享人生已为 20 多家照料中心安装了其研制的红外监测设备。"一键呼叫"设备的定价为 200 元左右，它可以通过云平台实现对讲，实时掌握老年人的状况。目前，安吉县政府已经为 200 多位高龄独居老人购买了"一键呼叫"设备。乐享人生通过政府和个人对产品和服务的购买获得项目运行资金。

三、特点与问题总结

安吉县通过互助养老的方式进行居家养老服务的供给，政府对硬件设施建设和购买服务给予补贴，负责监督管理等，村两委给予资金、组织、管理、监督等多方面的协助，依托老年协会、社会组织开展文化娱乐、老年餐桌、居家照护等互助服务。老年协会依托居家养老服务站开展文化娱乐、老年食堂和银龄互助等服务，同时为老年大学提供教学场所，支持老年大学和乐享人生开展活动。政府通过购买服务的方式将银龄互助、送课下乡等交由社会组织和老年大学运营，拓宽了服务主体，实现了官方社会组织、半官方社会组织、民间社会组织的相互合作和监督，使得居家养老服务更加专业化、智慧化。在监管方面，老年大学对老年协会、各社会组织等进行评估。相较于 2014 年，2018 年安吉县建立了更加完善的养老服务模式，拓宽了服务主体，由单一的政府主导模式转变成多元合作模式。

浙江省安吉县形成的多元化养老服务体系主要具以下特点。

第一，资金来源多元且有资金互助雏形。资金来源包括会员会费、政府补贴、村两委补贴、经营性收入及其他捐助性收入等。首先，安吉县老年协会每年向会员收取会费。如报福村老年协会会费为每人每年 30 元，中张村老年协会会费为每人每年 20 元。其次，在老年食堂用餐需要一定费用，如洪家村 2018 年老年食堂就餐标准为每人 5 元；报福村 80 岁以上老人每人 3 元，80 岁以下老人每人 5 元；孝丰镇三眼井社区 60 岁以下的人订餐费 10 元；昌硕街道每顿中饭收取七八元。最后，政府及村两委每年给予运营补贴。同时，一些老年协会有自己的创收项目。如罗村有 12 间房由老年协会负责管理，每年出租收入约 24 000 元。同时老年协会自己创建项目赚取收入。老年协会参与残疾人庇护中心的管理，可以得到 6 000 元 / 年的管理费。双一村 2017 年与种植绿色蔬菜的公司合作，向公司出租房子和土地，一年可得到租金 50 余万元。其他收入包括企业支持与捐赠，如 2017 年洪家村被赞助 10 000 元用于开展元宵节活动等。

第二，具有深厚的组织基础——老年协会。安吉县从 1989 年建立第一个老年协会以来，民间一直有自发成立老年协会的传统。进入二十一世纪，政府开始主导推动老年人组织的建设。[1] 安吉县亦进行老年协会的规范化建设，包括经费有保障、管理有制度、活动有场所、服务有标准等。同时，采用以奖代补的形式发放补贴，鼓励老年协会自我造血、自我创收。截至 2017 年底，全县有村、社区、矿区老年协会 210 个（其中城市社区 20 个、村改居社区 20 个、行政村 169 个、矿区 1 个），其中办理社团法人登记的有 10 个、备案管理的 200 个；全县老年人平均入会率达到 80% 以上。洪家村、罗村、双一村的老年协会入会率均达到 100%，上墅村、统里村一些没到 60 岁的老年人亦选择入会。

第三，建立政府、社会合作的圈层化的组织服务体系。安吉县高度重视居家养老服务体系的建设，并且思路较为清晰，提出建设县、乡镇、村（社区）三级居家养老服务网络，建立了圈层化的管理评估和服务供给机制，包括规范老年协会、培育社会组织、以以奖代补的形式发放养老照料服务中心建设和运营补贴、为四类特殊老人购买社会养老服务

---

[1] 2002 年 11 月，全国老龄工作委员会办公室召开加强社区老龄工作座谈会。会议指出，加强和规范老年群众组织建设是推动城乡社区老龄工作开展的重要内容，并决定在北京、天津、辽宁、黑龙江、上海、江苏、福建、山东、湖北、云南 10 个省（直辖市），各选择 1 个区和 1 个县（市），利用 1 年到 2 年时间，开展加强城乡社区老龄工作试点，规定试点单位的村（居）委会要成立老年协会。2012 年，全国老龄工作委员会办公室针对加强基层老年协会建设，下发《关于加强基层老年协会建设的意见》，明确规定老年协会是老年人自发组织、自我管理、自我服务的老年群众组织。

等。具体而言，在层级上，政府负责管理老年协会及其他社会组织，建立规范、标准的管理评估制度，借助第三方组织开展评估。社会组织亦有自我评估机制。在组织管理方面，一方面，安吉重点依托组织抓手——老年协会；另一方面，积极培育社会组织，如乐享人生、老年大学等，为老年协会增权赋能，服务供给依托圈内的老年协会和社会组织等发动的服务队伍。在老年协会组织能力不足的农村，安吉推动社会组织进行服务的替代／补充性供给。老年协会在相关机构的领导、指导下开展工作。与老年协会相比，社会组织的社会资源动员能力强，一方面，如送课下乡等活动都是公益性质的，老师低偿或无偿上课。另一方面，服务人员不局限于老年人，这样就进一步联络了村居内外的匹配资源，弥补了老年协会在资源动员能力方面的不足，充分调动了村居内部的非正式互助网络资源和村居内外的志愿服务资源。

第四，救助型和适度普惠型养老服务供给同步进行。安吉县的养老服务供给经历了从民间自发互助到政府指导建设的过程，积极开展助餐、文化娱乐活动，同时政府为特殊老年人购买服务，达到了救助型和适度普惠型养老服务供给同步进行的目的。其中，救助型是普遍推进的，适度普惠型是试点推进的。救助型养老服务主要提供上门探视等居家养老服务，采取政府购买服务的方式。适度普惠型针对全体老年人，目前主要包括助餐、文化娱乐活动，老年人需要付费。在助餐方面，老年人要根据年龄层次交费，在文化娱乐方面，上老年大学需要交纳学费。

第五，充分利用互联网＋养老网络提高互助服务效率。如乐享人生建立了空巢老人和志愿者服务大数据平台。这在一定程度上克服了互助养老因志愿、公益性而难以衡量服务质量这一困难。

然而，安吉县在提供养老服务的同时面临一些问题。

一是老年餐桌效率较低。老年餐桌除了每月支出厨师固定工资，还需要采购食材，而会员缴纳的餐费与老年餐桌的支出差距较大。每年政府和村两委补贴老年餐桌，开支不菲。根据调研，绝大多数老年餐桌都入不敷出，但运营方想的不是如何开源，如提高价格、广泛宣传、增加配送功能、向社会开放，而是节流，即让尽量少的老年人来就餐。这种观念需要更新。

二是缺少照料护理功能。由于担心老人受伤甚至死亡要承担责任，老年协会目前缺少让老人常住的项目，床位也不是老年协会开办的必要设施。例如磻溪村在老年协会开设了男、女两个休息室，各摆放了两张床位供暂时休息。床位相对于会员人数远远不够，也难以为身体不适的老人提供全时段的护理。

三是运营管理能力不足。作为行政型社会组织，老年协会的运营管理能力有待进一步提高。一方面，该能力受到各老年协会会员知识水平的限制。根据笔者 2014 年和 2018 年的调研，老年协会会长基本没有变化，会员老龄化问题相对严重。但笔者在 2019 年春节进行调研时，安吉县老年协会正在进行换届选举，新上任的老年协会会长要求年龄不超过 75 岁。总体来看，受对新事物的接受能力影响，只有少部分老年协会愿意接受创新，比如逐步尝试与专业的社会组织、企业合作或者争取赞助，大多数对合作项目往往被动等待甚至排斥。另一方面，该能力受到村庄内部动力的限制。老年协会以志愿服务为主，缺乏利润驱动，虽然有一些村做得很好，但也有不少村的老年协会只为应付考核，没有实际开展工作。

四是老年协会、专业社会组织之间的关系需要进一步理顺。专业社工组织虽然在规范化、专业化等方面比本地互助组织有优势，但专业社工组织不如当地互助组织了解当地情况，故虽然需要引进专业社工组织为本土组织赋能，但要理顺二者之间的合作关系，不能一刀切式地把社会照护服务项目打包交给社会组织或本土组织。

第三节 "互助社团 + 互助养老"模式

吉林省延边朝鲜族自治州（简称延边）面积 4.33 万平方公里，下辖延吉、图们、敦化、珲春、龙井、龙六五市和汪清、安图两县，是中国最大的朝鲜族聚集地。龙井市的 60 周岁以上老年人口在总人口中所占比例已经达到 27.1%，老龄化程度最高。

朝鲜族拥有尊老敬老的传统，民族间互相影响、相互融合、共同进步、共同发展，造就了延边特有的尊老文化，延边的老年人享受着崇高的社会地位，推动了老年协会作用的发挥。[1] 延边老年协会不仅发挥政治、行政和社会功能，其还有很强的经济功能。延边老年协会拥有自己的医院、报纸、农业基地等产业实体，已经属于（准）互助社团。与此同时，在各级政府和村两委的指导扶持下，尤其是标准规范的各级老年协会的有力

---

[1] 1982 年，全国第一个老年人协会在延吉县东盛涌乡（现龙井市东盛涌镇）正式成立，并倡议 8 月 15 日为老人节。1984 年，时任延边朝鲜族自治州委书记的李德洙召开了州委常委会议，决定成立延边老年人协会，并把 8 月 15 日作为延边的"老年节"。截至 2017 年底，全州共建有基层老年协会 1 247 个，其中达到规范化标准的 1 228 个，规范化率达到 98.5%，基本实现村、社区都有老年协会，已建成的基层老年协会，98% 以上达到吉林省老龄工作委员会办公室《关于加强基层老年协会建设的意见》规定的"设施完善、制度健全、班子得力、经费落实、作用明显"规范化建设标准。老年协会在老龄工作委员会办公室登记备案率达到 100%。

组织之下，在各个村居，农村老年人基于共同需求，围绕互助场域自发开展了多样的互助服务。2017 年 6 月，课题组到龙井和延吉调研了老年协会组织运行的农村居家养老服务大院和私立养老院，调研地点如表 5-2 所示。

表 5-2　延边农村互助型社会养老调研地点汇总

调研地点	调研内容	年份
龙井市智新镇光新村	农村居家养老服务大院	2017
龙井市东盛涌镇东盛涌村	农村居家养老服务大院	2017
龙井市东盛涌镇龙山村	农村居家养老服务大院	2017
延吉市社会福利院	公立养老机构	2017
延吉市八道康乐长寿园	私立养老机构	2017

一、延边农村互助型社会养老的发展历程

农村互助型社会养老体系建设离不开社会组织体系和社会服务体系，延边老年协会的历史比较长，也受到了政府的支持和帮助，州、县（市）、乡镇（街道）、村（社区）四级全部建立了老年协会。具体到村居，州老龄工作委员会办公室、各级老年协会与村两委协同管理农村老年协会，拨付农村老年协会运行经费，帮助处理农村老年协会面临的各项问题，提高老年协会内部治理能力和标准化建设水平，以保障老年协会顺利运行。[①]老年协会发挥了老年人自我管理、自我教育、自我服务的功能。从 2012 年开始，老年协会开始负责运行农村居家养老服务大院，故本节按照老年协会自发成立运行，以及规范化建设和运营居家养老大院两个阶段分析延边农村互助型社会养老的发展。

第一阶段：老年协会自发成立运行（1982 年至 21 世纪初）

改革开放以后，朝鲜族老年群众纷纷成立读报组、扫盲组，以提高自身素质。1982 年 8 月 15 日，延吉县东盛涌乡（现龙井市东盛涌镇）各村老年读报组经过协商，在老年人读报组的基础上成立了老年人协会。1984 年 5 月，延边州委常委会研究决定成立延边老年人协会。1984 年 8 月 7 日，延边州老年人协会成立大会隆重召开，并建议设立"老

---

① 延边老年人协会制定了《基层老年人协会工作条例》，对会员代表大会制度、工作制度、日常活动等方面做了明确规定。各基层协会都成立三名至五名成员组成的领导小组，并且主要由原来的老村长、老支书等担任会长。按照统一要求，各级基层老年人协会基本上做到规章制度上墙，工作有计划，活动有安排，年末有总结。各基层老年人协会每月至少组织三次全体会员集体活动：一次学习活动、一次文体活动、一次公益活动；每次活动都有记录，包括活动内容、活动地点、活动人数、活动效果等。延边州委、州政府下发《关于进一步加强老龄工作的意见》，要求在乡镇配备老年组织专（兼）职干部，并每月发放岗位补贴。延边先后制定《延边朝鲜族自治州老年人权益保障条例》及《延边朝鲜族自治州老年人权益保障条例实施细则》，明确规定"对老年人组织的专职负责人，应当给予适当的劳工补助"。

年节"。经州人大常委会批准，确定每年 8 月 15 日为延边老年节。每到老年节，各级老年人协会、老龄工作委员会办公室都会组织开展各种形式的庆祝活动，如老年人运动会、文艺汇演活动。在经历多年的发展之后，延边老年人协会日益发展壮大。延边老年人协会从 2006 年开始，建立老年人医院，[①] 创办周报《老友报》(朝汉文版)、月刊《老年世界(朝文版)》，年发行量分别达到 1.2 万份、1.6 万份。同时，老年人协会还有自己的老年大学、文艺演出队伍等。[②]

第二阶段：规范化建设和运营居家养老大院（21 世纪初至今）

1. 高度重视老年人权益和老年人优待

2010 年，延边就制定出台了地方性的老年人法规《延边朝鲜族自治州老年人权益保障条例》(简称《条例》)，全面保护老年人的合法权益。2018 年延边结合实际对《条例》进行了修订，并于 2018 年 4 月 10 日正式公布施行。新修订的《条例》不但实现了与上位法的对接，而且新增了老年人优待内容，如给 85 周岁以上老年人发放高龄敬老金，鼓励和提倡为老年人购买意外伤害保险等，为老年人提供了更好的优待服务和优待政策。目前，各县（市）全部按照 100 周岁每月 400 元以上、90 周岁每月 200 元以上标准落实了高龄敬老金，延吉分别达到 1 000 元和 300 元的标准。此外，延边空巢、留守老年人多，一旦出现意外，对老人自身、对其家庭财产都可能有较大影响。为此，从 2010 年开始，延边与中国人寿保险股份有限公司延边分公司合作开展了老年人意外伤害保险业务，为全州贫困低保老年人购买意外伤害保险。[③]

---

① 医院建院以来，先后在全州内实行了凭老人身份证即可享受"一免五惠"六项优惠措施，"一免"是免挂号费：2007 年至今已免挂号费 43 万余元；解决老年人看病贵的实际问题，"五惠"：60 岁以上老人凭身份证（1）可享受中药 10% 的药费减免；（2）可享受西药 5% 的药费减免；（3）疾病检查可享受 30% 的费用减免；（4）健康体检可享受 50% 的费用减免；（5）军烈属凭证可减免所有检查费，有基层老年协会证明的特困户患者予以费用全免。2014 年医院又实施了 70 岁以上老年人免费体检的优惠政策。医院经过反复研究，确定了减少药品采购环节，直接向医药制造厂现金购买，大大降低医药采购价格。为了更多让利于老年人，医院还将"国企大医院"招标价格定为零售价。优惠政策从建院第一天起公示并实施至今，几年来先后优惠药费累计 110 多万元，优惠各项检查费用累计 60 多万元，大大缓解了患者的负担及医院资金周转困难问题。目前医院已被正式批准为州直医保定点单位和市直医保定点单位。2007 年，经中国老龄事业发展基金会审查、验收，医院被批准为全国第 36 家全国爱心护理工程试点单位，并于 2009 年 10 月 20 日被正式授予全国爱心护理工程建设基地。2013 年医院被评为全州"敬老模范"集体，并被吉林省政府授予"全省敬老文明号"的荣誉称号。

② 延边阿里郎艺术团是延边老年人协会主管的由延边歌舞团等专业艺术表演退休人员和社会各界文艺爱好者组成的老年艺术表演团体，自 2002 年建团以来，自主创业、开拓市场，先后在北京、天津、广东、香港等地演出 300 多百场。经典节目有：群舞《阿里郎》《长白松》《幸福乐园》《长鼓舞》《丰收的喜悦》《顶水舞》《我的故乡》《鼓舞》《扇子舞》《延边人民热爱毛主席》《长白颂歌》，及女声四重唱、男女独唱等。

③ 2015 年 5 月，根据《关于进一步加强老年人优待工作的意见》有关精神，延边老龄工作委员会办公室与中国人民人寿保险股份有限公司延边朝鲜族自治州分公司在和龙市联合召开了全州推进老年人意外伤害保险工作座谈会，共同就促进老年人意外伤害保险工作、深化与保险公司的合作交流了经验和看法，推进全州老年人意外伤害险工作，截至 2017 年底，全州各县市累计投入 82.5 万元为 1.88 万名贫困低保老年人购买意外伤害保险。

2. 老年人协会规范化建设

自 2013 年以来，利用村级换届选举调整，延边老龄工作委员会办公室、老年人协会以健全工作制度、抓好组织建设、加强队伍建设、推动场所建设为重点，开展基层老年人协会规范化建设活动，累计建设老年活动室 1 558 个、门球场 850 个、文艺组织 2 000 多个、健身组织 1 600 多个。规范了 940 多个村级老年人协会，新建近 100 个农村老年人协会组织，做到全州村级老年人协会基本覆盖，农村老年人入会率达到 90% 以上。州、县（市）、乡镇（街道）、村（社区）四级老年人协会组织网络初步建立。同时，从 2013 年开始，老年人协会协助州有关部门总结推广种植老年田、大棚生产等九大创收典型经验，鼓励农村老年人协会建立创收基地、经济实体等。延边老年协会以社团运营的形式，开展包括综合性养老院、老年活动中心、老年创收基地建设项目等"延边老龄事业和产业发展项目"。

3. 运营居家养老服务大院

2015 年出台的《延边州人民政府关于加快养老服务业发展的实施意见》，确定了全力推进居家养老服务的发展目标：到 2020 年，实现社区居家照料服务覆盖所有城市社区和乡镇村。文件提到要完善农村养老服务大院功能。结合城镇化和新农村建设，将农村养老服务大院（幸福院）纳入农村公共服务设施统一规划，优先建设。按照村级主办、互助服务、群众参与、政府支持的原则，整合现有资源和政策，进一步加强农村养老服务大院建设，完善服务功能，组织开展文体娱乐、日间照料、精神慰藉等养老服务。注重做好农村留守、独居、失能等困难老人的养老服务工作。文件提出要充分发挥村民自治功能和老年协会作用，督促家庭成员承担赡养责任，组织开展邻里互助、志愿服务。

延边居家养老服务大院大部分建立在原有老年活动室的基础上，因此在各级老龄工作委员会办公室、老年人协会及村两委的指导下，村级老年人协会承担了运营居家养老服务大院和日间照料服务的组织工作。各级老龄工作委员会办公室和老年人协会则帮助克服运营中面临的各项困难。如为解决农村居家养老服务大院冬季取暖问题，州老年人协会探索推广"地炕烧秸秆和节能灶取暖"技术。2013 年全州共落实了 102 个试点村，并提出三年内基本解决冬季取暖问题。从 2014 年开始，州老年人协会协助老龄工作委员会办公室重点开展以"厨房、文化、药品服务设施配套，卫生、商业、求助服务网络齐全，为老志愿者服务队伍建设健全"为内容的日间照料室达标活动，力争在三年内达到规范标准。2014 年，全州农村居家养老服务大院日间照料室达标率为 70.1%。另外，积极组织志愿者力量，目前共有为老志愿者组织 1 877 个，志愿者人数占老年人总数的 13.6%。

二、延边农村互助型社会养老的具体运行

延边的农村互助型社会养老主要由老年人协会围绕居家养老服务大院展开。

（一）老年人协会情况

老年人协会的发展思路主要包括以下三点。

首先，所有农村老年人协会都有办公场所和活动室，为服务开展提供场地条件。老龄工作委员会办公室、老年人协会通过政府投入、社会赞助和整合社会资源等方法，结合各县（市）在改造和新建村（社区）办公室时统筹规划建设或利用村里闲置房屋，为所有老年人协会都配备了办公场所和活动室。另外，（县）市级老年人协会采取总会或联合会的形式，并延伸到村（居）一级老年人协会，最大程度整合老年人力资源，为服务开展提供组织条件。如龙井通过建立市老年人总会的形式实现了老年人协会、老年体育协会、老年科技协会"三会合一"，村（居）一级老年人协会据此也实现了老年人协会、老年体育协会等"多会合一"，老年人总会下设各类兴趣活动小组，从纵向管理、横向联合两个方面强化了老年人协会的组织能力。

其次，建立了会议制度和学习制度，协商老年人协会大事并对主要负责人进行培训。换届大会每三年召开一次，选举负责人，研究确定工作目标；会员（代表）大会每年召开一次，总结、通报年度工作；理事会每季度召开一次，总结、安排工作；协会负责人会议每个月召开一次，研究工作，传达学习老龄工作有关文件精神。

最后，开展各类老年人活动。科学与健康知识讲座每季度举办一次，号召老年人崇尚科学；法律法规知识学习教育每半年组织一次，增强老年人法制观念；参观活动每年开展一次，学习先进经验做法。协助村（居）委会做好老年人来信来访，调解老年人家庭纠纷，维护社会稳定；协助村（居）委会做好家庭养老有关工作，推广家庭赡养协议，督促子女履行赡养义务，实现"老有所养"；协助村（居）委会做好社会综合治理等相关工作，为和谐社会建设作贡献，实现老有所为；组织老年人参与老年公益慈善等活动。此外，老年人协会专门设立了走访制度，开展走访慰问活动，关心慰问老年人。另外，每年老年节、重阳节、春节期间，老年人协会协助村（居）委会开展孤寡、特困老年人走访慰问活动，关心老年人疾苦。对患重病的老年人，老年人协会经常关心过问，协同村（居）委会上门或到医院看望慰问，为老年人排忧解难。对有困难或发生意外的老年人，老年人协会给予支持和帮助，为其解决困难。开展祝寿活动，90岁以上老年人过生日，协会可组织集体祝寿。

（二）互助型社会养老的特色

延边农村互助型社会养老的服务人员主要是老年人和志愿者。虽然需要大量资金支持的老年餐桌等项目没有开展，但在老年人协会的组织之下，包括文化娱乐、结对帮扶、搭伙共食、健康服务等内容的活动同样满足了当地老年人需要。政府鼓励和支持生活无法自理且无家人照顾的老年人到民办养老机构接受照护服务。①

在文化娱乐方面，朝鲜族老年人本就多才多艺，文化娱乐活动的开展形式丰富多彩。延边各级部门和老年人自发组织的文化活动逐年增多，已经组建各种各样的秧歌队、演唱团等老年人文艺团体，文艺团队成员大部分在50岁至70岁。除文艺活动外，延边老年人参与体育活动的热情也很高，门球是延边的特色体育活动。延边的门球场很多，东盛涌镇在20世纪90年代就有门球场了，以前全镇八九十个屯，总共有约40个门球场，后来因屯里人外出，人口减少，一些场地荒废了，现在农村进行现代化建设后，几乎每个村都有一个门球场，有些村还有带看台的门球场，门球设施由体育局免费配备。老年人参加或观看门球运动的热情很高。

对老年人的结对帮扶有两种形式：一种是志愿者自发的帮扶，多是低龄身体较健康的老年人与高龄失能半失能老年人结对，平时自发提供上门照顾服务；另一种是包保形式，以龙井市光新村为例，由两个人照顾一个不能自理的老人，上门提供理发、打扫卫生服务。

同时，延边建立了居家养老服务大院考核评比制度，监督评价居家养老服务大院的运行情况。②

---

① 延边依法鼓励民办养老机构的发展，给予其优惠政策。截至2015年，全州各类养老机构每千名老年人拥有养老床位39张，入住老年人数占老年人总数的3%，其中民办养老机构床位数量和入住老年人数量均达到60%以上。

② 考核标准包括：一是领导重视。（1）村委会（社区）主要领导亲自挂帅，把居家养老服务工作纳入日程，认真贯彻《延边州居家养老服务大院（中心）实施办法》，经常检查指导居家养老服务工作，发现问题及时协调解决。（2）村委会（社区）大力支持居家养老服务工作，并在人、财、物方面给予大力支持。二是机构健全。（1）村委会（社区）主要领导亲自负责居家养老服务工作领导小组的工作，明确分工、职责。（2）健全组织机构，经常开展活动，聘用一名以上专职工作人员和由不少于15人组成的志愿者队伍。（3）工作人员和志愿者队伍，要建立花名册工作任务和职责。三是设施配套齐全。（1）村（社区）要有80平方米以上的居家养老服务场所，有"居家养老服务大院（中心）"标牌，配备体育、娱乐、学习的器材，图书，报刊和电话等办公设施。（2）居家养老服务大院（中心）要有活动制度，每次开展活动要有记录。（3）居家养老服务大院（中心）要有20平方米以上的"日间照料室"，并配有相应的生活用品和医疗卫生药品及器械。（4）居家养老服务大院（中心）要有各种乐器15件以上、娱乐用具四种以上、报刊三种以上，有室外标准门球场，有健身活动场地和健身器材。四是档案健全。（1）基础档案：本村（社区）总人口、老年人口、老年人协会组织及成员的分类档案。（2）特殊档案：本村（社区）孤寡、空巢老年人档案。（3）健康档案：本村（社区）老年人身体状况档案，特别是不能自理或半自理老年人的身体状况档案。（4）服务档案：本村（社区）需要服务老年人数、所需服务项目档案。五是制度健全。居家养老服务大院（中心），要有服务工作制度，明确服务对象、服务项目、服务方式、服务队伍的职责及任务，并认真做好服务记录。六是管理规范。建立健全监督管理制度，服务项目、服务承诺要公示并且每月要有被服务对象的反馈意见、回访考评和监督记录。

三、问题总结

延边农村互助型社会养老的发展面临以下问题。

一是州老年人协会的经济功能与行政定位不清。延边老年人协会和老龄工作委员会办公室属于一套人马、两块牌子，老龄工作委员会办公室是行政部门，老年人协会则属于准互助社团，拥有经济实体。在行政定位与经济功能交叉的情况下，如何定位和监督老年人协会，让其通过产业经营更好地服务于老年人，是需要进行制度设计和探索的。

二是村级老年人协会运行经费以村级自筹为主，可持续性不强。虽然在州老龄工作委员会办公室和老年人协会的指导和支持之下，大部分村都建立了养老服务大院，由村委会和村老年人协会结合本村老年人的实际情况组织开展居家养老服务。但在运行经费保障上，因为没有县以上财政保障机制，由村自筹经费，受农村集体经济发展较弱的制约，一些服务难以有效开展；而老年人协会自身创收能力有限，且会长补贴没有明确的制度保障，直接影响其组织带动老年人开展活动和服务的积极性。

三是服务队伍以老年人自发互助为主，缺乏专业性、规范性。受农村经济和老人承受能力等因素的影响，延边农村居家养老服务主要是依靠老年人协会义务性开展，受资金和老年人协会认识、内生动力等因素的影响，真正开展互助服务的村子相对较少。尤其是人口密度大、空巢老人比例高、失能老人较多的村，老年人协会力量有限，困难老年人的实际服务需求得不到保障。因此资金和人才缺乏是农村养老大院在运行中面临的主要问题。

第六章　中国城市互助型社会养老典型模式

　　与农村相比，城市互助型社会养老的不同之处在于：一是缺乏血缘、亲缘的天然社会基础，社会互助与信任不足；二是没有村集体这一天然经济互助单位，经济自主性较差；三是经济发展水平和人均收入水平相对较高，市场活跃度高、趋利性强。故城市互助型社会养老与市场型社会养老密切相连。从城市互助型社会养老的发展来看，与政府和市场服务相比，其仍是辅助形式，由社区、基层组织、专业社工组织或义工组织在小范围内开展。政府为扶持养老类社会企业，高价格购买社会养老服务，但一些组织缺乏经营经验，个别组织甚至以获取政府补贴为目的。前文提出互助型社会养老是构建社会养老体系的基础，从养老服务角度而言，互助型社会养老是市场化服务的前提；从社会治理角度而言，互助型社会养老是社会治理的重要组成。无论居家、社区还是机构养老，老年人都需要集体化生活和低成本服务，在建立信任的基础上体验各类增值服务。故本章选取的上海、北京、大连、成都、深圳等地的典型城市互助型社会养老模式，除了上海"老伙伴计划"由政府出资主导、多方运营，已经成为上海老年人家庭支持体系的主要部分之外，其余均是互助组织、专业社会组织、企业的自主探索。其中，大连义工组织没有政府补贴，完全依靠义工的爱心与志愿服务精神，为老年人提供互助志愿服务；爱众慈孝家园（简称爱众）帮助社区建立老年人互助组织，引导老年人自助互助；成都馨挽秋养老服务中心（简称馨挽秋）打造的"窝窝计划"和北京市通州区瀚丰居家养老服务中心（简称瀚丰）的"互助养老+"商业模式，都是社会企业开展互助型社会养老的典型案例。

第一节 上海市"老伙伴计划"

为有效应对人口老龄化、高龄化，上海市从 21 世纪初即开始探索构建社会养老服务体系——社区居家养老服务，目前基本形成了以家庭养老支持体系、社区居家养老服务体系、社区居家健康服务体系为主的社区居家养老服务体系。家庭养老支持体系以低龄老人服务高龄老人的方式，将高龄独居、失能、失智老人重新带回社区，并建立与社区其他人之间的强纽带，达到强化社区关系的目的，从而建立起正规长效服务机制，避免传统互助服务的随意性。上海市现主要推行"老伙伴计划"、睦邻点及"老吾老计划"。养老服务体系是指政府和社会力量依托社区，为居家的老年人提供生活照料、家政和康复护理等服务。服务对象主要是低保、低收入老人。同长期护理保险相比，这种服务专业化程度较低。该服务属于政府委托或者购买的板块，本身带有扶持意图及爱心慈善托底意图。该服务同"万人就业项目"相结合，在政府补贴的基础上，满足老年人居家养老服务需求，同时解决"4050"人员的工作问题。长照护理服务是从社区居家养老服务中剥离出来的专业服务，它不完全是基于慈善领域的关爱，也不完全是基于爱心扶助的精神慰问，而是通过引进企业和社会组织提供专业化服务。

笔者于 2019 年 8 月 7 日至 8 月 9 日到上海市浦东新区、松江区及静安区调研上海市社区居家养老服务体系，其中重点调研了"老伙伴计划"，具体调研安排如表 6-1 所示。下文将在整体介绍上海市居家社区养老服务体系的基础上，重点分析"老伙伴计划"的运行情况。

表 6-1 上海市"老伙伴计划"调研地点汇总

调研地点	案例名称	年份
浦东新区	上海市浦东新区社会工作协会	2019
	上海市浦东新区乐耆社工服务社	2019
	金杨新村街道"老伙伴计划"	2019
松江区	岳阳街道"老伙伴计划"	2019
静安区	上海市静安区老年协会	2019

一、上海市社区居家养老服务体系的发展历程

进入 21 世纪以后，上海市社区居家养老服务体系处于不断发展与完善之中，发展历程如图 6-1 所示。

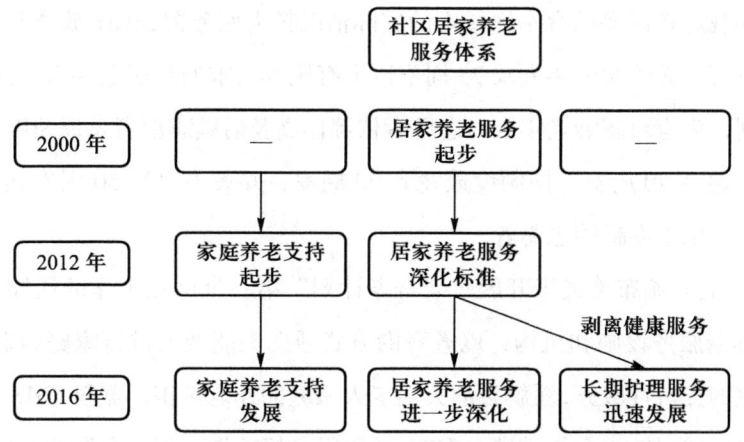

图6-1 21世纪以来上海市社区居家养老服务体系发展示意图

（一）家庭养老（非正式社会体系）支持

1. 家庭养老支持发展历程

2012年，上海市发布《关于开展2012年市政府实事项目"为10万高龄老人提供家庭互助服务"的通知》，提出"为10万高龄老人提供家庭互助服务"，简称"老伙伴计划"。该计划是以结对互助的方式，由低龄老年志愿者为高龄老人提供家庭互助服务，其内容主要以"健康生活方式"为主题，开展预防失能、健康科普、精神慰藉等家庭关爱和生活辅助服务，降低风险发生的可能性，提高高龄老年人的生活质量并促进其社会交往。该计划希望以社区成员之间的关系为纽带，开展与家庭生活密切相关的互助服务，同时增进老人的社区关系。同年，上海市发布《关于开展2012年市政府实事项目"为1 000个低保困难老年人家庭提供居室适老改造服务"的通知》，提出帮助上海市低保困难老年人家庭改善居住条件和提高生活质量，改善老年人生活环境并建立社区关怀体系，引领困难老人回归社会。

2014年，上海市民政局推出《关于做好2014年"为15万名高龄独居老人提供家庭互助服务"项目的通知》，该通知与"老伙伴计划"有机结合，强调将为老服务做实做细，同时开展各式各样的社区老龄活动，进一步发挥社会组织的作用，充分调动广大社会力量参与，全力营造养老、助老的社会氛围。以上文件精神正在进一步完善，2017年，上海市颁发了《关于继续开展"为15万名高龄老年人提供家庭互助服务"的通知》《关于开展2017年"为20万高龄老年人提供家庭互助服务"和"为1 000个低保等困难老年人家庭提供居室适老改造服务"的通知》《关于做好2017年社区老年人示范睦邻点申报有关事项的通知》等文件，其中"老伙伴计划"将服务对象扩大至20万人，在辐射范围方面，上海市民政局规定各区要结合本区域内的实际情况扩大服务覆盖面；放宽服务对象限制，开始兼顾老劳模、无子女老年人及 75 周岁以上有服务需求的独居老年人。同时，完善志愿者招募规划，为应对高龄老年人对志愿者依赖性高及后续志愿者发展速度缓慢的状况，将原先要求志愿者 70 周岁下岗制度放宽到 75 周岁，并大力发展 50 周岁到 75 周岁年龄段中身体健康、乐于奉献的志愿者。

2018 年，上海颁布《关于开展"老吾老计划"第一批试点工作的通知》。该计划主要依托社区养老服务设施和机构，以教育的方式帮助失能老人进行家庭养老，通过社区养老机构提供的支持性服务，缓解目前失能老人家庭的养老负担。截至 2018 年 12 月，"老吾老计划"已在上海的 11 个街道试点实施，并取得良好效果。于是上海颁布《关于开展"老吾老计划"第二批试点工作的通知》。该通知指出将在市中心 20 个街道进行第二批试点，以照护为核心服务内容，为失能老人及失能老人家属提供护理教育课程和心理疏导服务。上海市社会福利彩票公益金针对该计划投入 198 万元，用以支持项目正常开展，同时上海在 68 家社区试点"养老顾问"制度，该制度旨在充分调动上海市现有的社会、社工等资源，为老年人提供养老服务的技术支持，让老年人更加明确地知道自己需要什么样的养老服务，最终达到以"养老顾问"给基层老年人赋能、优化养老资源配置的目的。

2. 睦邻点发展历程

睦邻点是指社区内邻近居住的老年人，依托相对固定的活动场所，自觉发起、自愿参加、自主活动、自我服务的社区非正式组织形态。培育发展睦邻点是建设老年宜居社区、构建养老服务非正式照料体系的重要方式，睦邻点目前主要经历了三个发展阶段。

第一阶段是自发组织。2004 年，在开展纯家庭结对关爱行动等老年互助项目的过程中，一些自发组织老年活动的典型案例出现了。社区及村里的老年人在睦邻点活动时加深了感情，丰富了精神生活。

第二阶段是政府扶持。2014 年，上海市老龄工作委员会办公室、上海市民政局下发的《关于推进老年宜居社区建设试点的指导意见》提出，进一步推动邻里互助服务，推广社区"睦邻点"建设；2015 年，上海市民政局等八部门下发的《关于加强本市农村养老服务工作的实施意见》明确要求推广农村地区睦邻点建设。2016 年，《上海市老龄事业发展"十三五"规划》进一步提出要发展非正式照料体系，并以睦邻点为依托构建"邻里互助圈"。到 2016 年底，全市各类睦邻点已达 3 000 多个。2017 年，《上海市社区养老服务管理办法》将睦邻点作为"社区支持类服务设施"，并提出建设要求。

第三阶段是扩大发展。为推进睦邻点建设发挥示范引领作用，2017 年，《关于培育发展本市社区老年人示范睦邻点的指导意见》印发，明确要求示范睦邻点建设以郊区为重点，兼顾中心城区。

（二）居家养老服务

根据上海市民政局 2003 年发布的《关于进一步深化居家养老服务试点工作的通知》，居家养老服务体系是指社区组建一支具有一定规模的居家养老服务队伍，为老年人开展多样化服务，同时，以政府购买服务的形式，为一部分需要居家养老服务的困难老人和有特殊贡献老人等对象进行补贴的养老服务体系。"4050"人员为该项目的主要服务人员，他们在接受一定的培训之后，获得相应资格证书，进入居家养老服务岗位工作，同时获得一定的岗位补贴。目前，"4050"人员逐渐退出，年轻的人员正在加入，居家养老服务社逐步走向专业化。

上海市居家养老服务发展经历了三个阶段。

第一阶段，居家养老服务启动阶段。为了有效应对人口老龄化带来的挑战，上海从 2000 年开始探索社区居家养老模式。起初上海市在黄埔、静安、卢湾、长宁、杨浦和嘉定六个区试点开展居家养老服务，重点为独居老人、高龄老人、失能老人等五类对象服务，在试点期间所产生的费用由市、区、街道公摊，并且上海市给 6 个区拨款，还为每个扶助对象提供每个月 200 元的补贴，区试点单位还开展了服务员培训、服务需求调查等工作。

2001 年，上海市民政局出台《关于全面开展居家养老服务的意见》，全面推进居家养老服务。到 2003 年，上海市已经组建了一支具有一定规模的居家养老服务队伍，在社区初步构建了居家养老服务体系。服务对象明确为三类，以方便以后扩大居家养老服务辐射范围。第一类是生活水平低于生活保障标准的 60 岁以上的老年人；第二类是生活确有困难的老年劳模、老年归侨、老年优抚对象等对社会有特殊贡献的老人；第三类是生活确有困难的 80 岁以上高龄老人、独居老人及其他有特殊情况的老人。有关部门按照标准给予这三类老人每月 200 元补贴，该资金由市和区均摊，街道在除老人补贴以外的居家养老服务支出资金上不得少于市区补贴资金的 50%。

第二阶段，居家养老服务社推广阶段。2003 年，居家养老服务开始同"万人就业项目"相结合，"4050"人员逐渐成为居家养老志愿者队伍的主力。"4050"工程是上海市为解决高龄老年人养老问题及中高龄人群失业问题，弥补由于产业调整造成的 40 岁以上的女性和 50 岁以下的男性失业人群损失而搭建的平台。上海市吸引社会力量积极开发岗位，为"4050"人群开设职业培训机构，投资建设公益性岗位，同时给予其一定的社会保险补贴和适当的岗位补贴。根据上海市民政局发布的《关于印发上海市老龄事业发展"十一五"规划的通知》，到2005年底，全市区（县）、乡镇（街道）成立了233个助老服务社，建立了83家老年人日托服务机构，服务老人达五万多名，政府以养老服务券的形式为其中经济和生活自理困难的老人提供服务补贴。

第三阶段，硬件设施建设与服务规范化、标准化阶段。2008年，上海市民政局出台《关于全面落实2008年市政府养老服务实事项目进一步推进本市养老服务工作的意见》，指出要扩大社区居家养老服务队伍，相应增加服务人员岗位约5 000个。同时，做实社区居家养老指导（服务）中心，区县层面应成立居家养老服务指导中心，街镇层面应成立居家养老服务中心。人员按区县层面不少于5人，街镇层面不少于3人配置。各级居家养老服务组织的日常管理、需求评估、统计结算，以及工作人员的收入待遇和日常运作经费等，由各级政府予以保障。同年，《关于鼓励社区设立老年人助餐服务点的通知》颁布，设立200个助餐服务点被列入市政府实事项目。鼓励社区设立老年人助餐服务点，重点解决本市高龄、独居、纯老家庭及生活需要照料的老年群体的日常用餐难问题，提高老年人生活质量。2008年8月，《关于实施老年人日间服务中心、老年人助餐服务点统一挂牌的通知》颁布，决定对列入市政府实事项目或"星光计划"的老年人日间服务中心与老年人助餐服务点实施统一挂牌。

2009年，《关于进一步规范本市社区居家养老服务工作的通知》指出，养老服务需求评估是通过界定老年人的生活照料等级，为服务安排和服务补贴提供客观、公正的依据。评估结果分为"正常"或"轻度"，"中度"，"重度"三个照料等级，在补贴范围内的老人根据评估等级给予补贴。2010年，上海市民政局发布的《关于贯彻实施上海市地方标准〈社区居家养老服务规范〉的通知》公布了居家养老服务规范。

2012年，《上海市老龄事业发展"十二五"规划》指出，"十二五"时期末，社区居家养老服务人数达30万人，占户籍老年人口总数的7%。新建老年人日间服务机构100家以上，老年人社区助餐点200家以上。社区老年人日间服务机构按照每3—4万老年人拥有一家的标准配置，同时配置一定数量的老年人助餐点。进一步完善各级社区居家养老服务中心功能，扩大养老服务补贴受益面，加大对高龄、贫困、独生子女伤残或死亡的老年父母等特殊困难老年人的养老服务补贴力度，推进"助餐、助浴、助洁、助行、助医、助急"等社区居家养老服务项目化发展。2013年，上海市民政局出台《关于出具"社区居家养老服务来沪从业人员灵活就业证明"操作办法的通知》规定，在本市社区助老服务社从事社区居家养老服务的来沪从业人员，可按规定提出办理灵活就业登记申请。

2014年，上海市民政局发布《关于印发〈关于调整本市社区居家养老服务相关政策实施意见〉的通知》，对服务补贴标准进行调整。2015年，上海市民政局等颁布《关于印发〈社区居家养老服务规范实施细则（试行）〉的通知》，对居家养老服务规范进行细化。

从上海市民政局发布的上海市社区居家养老历年数据也可以看出，如表6-2所示，2006年至2018年，上海市的社区老年人日间服务中心从108家增加到641家，日托老年人数量从0.2万增加到2.5万，虽然社区助老服务社数量变化不大，但是社区居家养老服务月服务人数从2006年的10.5万增加到2014年的29.5万（这与上海市老年人口数量增加亦有较大关联）。

表6-2 上海市社区居家养老服务的发展状况

社区居家养老服务	2006年	2010年	2013年	2014年	2018年
社区老年人日间服务中心（家）	108	303	340	381	641
日托老年人（万人）	0.2	0.9	1.2	1.4	2.5
社区助老服务社（个）	233	233	230	224	226
社区居家养老服务月服务人数（万人）	10.5	25.2	28.2	29.5	—
获得政府补贴的老年人（万人）	6	13	13	13	8.2

数据来源：上海市民政局

（三）长期护理服务

作为家庭照料的补充，长期护理服务旨在提高老人自身自理能力。长期护理的对象是高龄失能、身体情况比较差、独居的老人群体。

1. 长期护理服务发展

2016年6月，人力资源和社会保障部明确将上海作为全国第一批开展长期护理保险制度推广试点的15个城市之一。2016年12月，《上海市长期护理保险需求评估实施办法（试行）》发布，对与评估相关的内容作了详细规定，将长期护理保险制度界定为以社会互助共济方式筹取征集资金，对经过科学评估标准评估后达到一定护理需求等级的长期失能老年群体，提供基本生活照料及与基本生活息息相关的医疗护理，并且提供相应的照护服务或者费用资金保障的社会保险制度。

经过一年试行，《关于在社区事务受理服务中心新增"长期护理保险相关事务申请"事项的通知》发布，进一步深化落实长期护理保险。2017年12月，《关于印发〈上海市长期护理保险试点办法实施细则（试行）〉的通知》发布，将上海实施的长期护理确定为三种模式，分别是社区居家照护、养老机构照护和住院医疗照护。

2. 长期护理服务现状

2018 年，《关于进一步规范本市长期护理保险定点养老机构收费和结算模式有关事项的通知》发布，长期护理保险定点养老机构将根据每月实际服务情况，于每月底或月初向老人收取当月护理费用。其中，属于长期护理保险基金支付范围的费用，由定点养老机构记账并于次月 10 日前向所属区医疗保险事务中心申请结算；属于老人自付部分的费用（包括个人自付 15% 部分，以及超过长期护理保险基金支付范围的费用），由定点养老机构直接向老人收取。

二、上海市"老伙伴计划"的运行状况

（一）发展现状

"老伙伴计划"是上海市在互助养老领域的一种创新。2018 年，上海市"老伙伴计划"项目经费为 3 600 万元，直接服务高龄老年人的费用为每人每年 180 元，全市有 4 万名低龄老年志愿者为 20 万名高龄老人提供服务。完整的志愿服务记录网上系统形成，实现了志愿者信息的查询和管理，同时志愿者享有政府购买的"银发无忧"保险。目前，"老伙伴计划"在探索时间银行项目，将低龄老年志愿者的志愿服务时长累积在时间银行系统中。"老伙伴计划"的组织架构如图 6-2 所示。

在组织方面，该计划由上海市民政局主导，市社会福利彩票公益金出资，社会组织具体运作，志愿者参与实施。在市级层面，由社会组织对服务标准、服务方式、服务规范等进行统一设计，并通过培训向区县层面中标的社会组织传达。区县社会组织在社区层面通过组建和培训低龄老人志愿者队伍，培育和发展出社区中的互助组织，从而在社区中落实服务。由于各街道实际情况不同，在实践中发展出了外来社会组织引导、社区能人负责和本地老年协会承接三种不同的形式。

在管理方面，承接"老伙伴计划"的社会组织制定服务细则和指导手册，规范社区内的志愿者队伍。"老伙伴计划"给每个志愿者每月补贴 50 元，按照 1∶5 的比例，每位志愿者结对帮扶五名高龄独居老人，每周进行一次半小时的上门聊天服务。通过骨干志愿者管理普通志愿者、核心志愿者管理骨干志愿者的方式，实现志愿者队伍的自我管理。

在服务方面，"老伙伴计划"主要针对高龄独居老人，提供精神慰藉、风险防范、生活照料等服务。志愿者和结对老人之间建立了深厚的情感，同时构建出稳固的互助网络。结对老人如果出现了安全意外或者在生活上遇到了困难，距离较远的子女可能难以照顾到，而志愿者能及时提供帮助，从而有效防范了老年人的安全风险。同时"老伙伴计划"也同睦邻

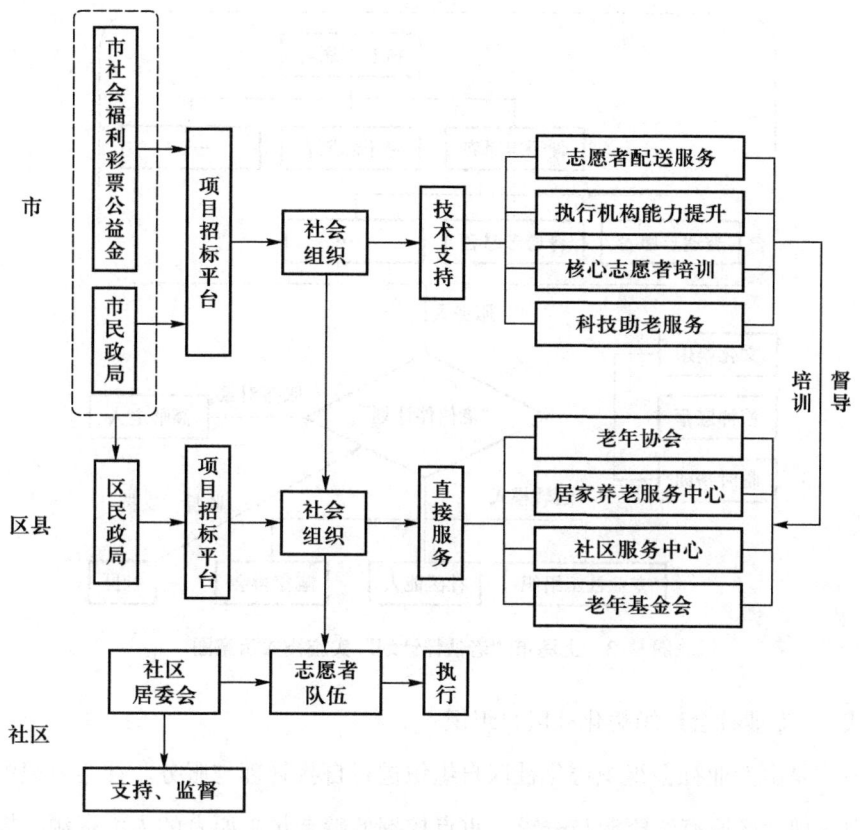

图 6-2 "老伙伴计划"的组织架构

点等其他项目相结合，鼓励结对老人走出家门、积极参与社区活动，丰富自己的生活。

在支持方面，分为网络技术支持、专业技术支持和资金支持三大部分。在网络技术上，"老伙伴计划"依托市社区服务中心，借助上海市社区服务网设计开发了管理平台，录入低龄老年志愿者和高龄老人的基本信息，通过信息化手段对整个项目的服务情况、项目执行、过程监督、数据统计等进行记录，实行志愿服务电子台账管理。在专业技术上，"老伙伴计划"通过招标，引入专业社会组织进行服务设计和培训。在资金上，市民政局利用社会福利彩票公益金招投标，为"老伙伴计划"提供资金支持。在评估方面，分为项目和志愿者两大块。在项目层面，民政局委托第三方对中标的社会组织进行的具体相关项目进行评估。在志愿者层面，则实行"以奖代补"的方式，评选优秀的志愿者，并给予他们表彰和奖励。

（二）三种模式的比较

上海市"老伙伴计划"在市级层面进行了统一设计，而在具体的实施上，各个地方根据实际情况采取了不同的模式。实施模式示意如图 6-3 所示。

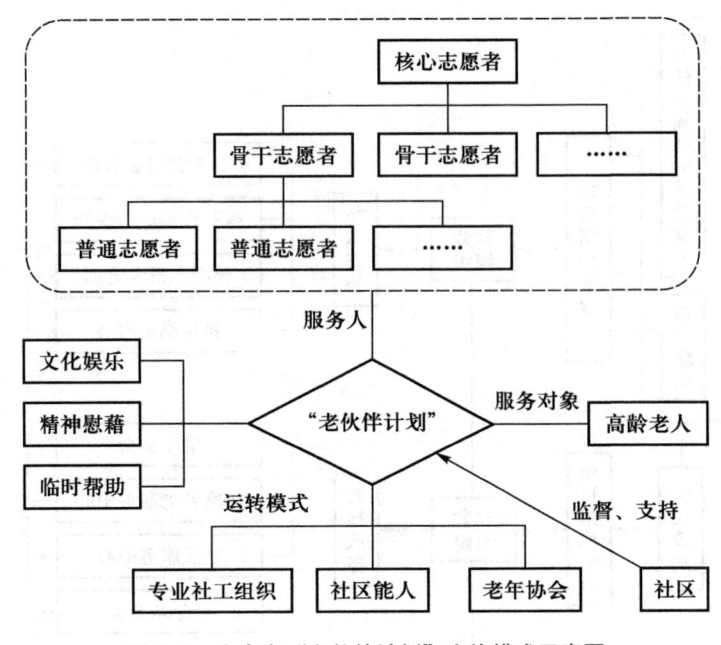

图6-3　上海市"老伙伴计划"实施模式示意图

模式一：专业社会组织孵化社区自组织

该模式是由专业社会组织孵化社区自组织进行自我管理与服务。社会组织中的社工在社区中发现社区原有的资源与需求，重点挖掘低龄老年志愿者的人力资源，提升资源对接水平，孵化和培育自组织，实现社区的自我管理与服务。自组织在专业社会组织社工的帮助下，逐步学会规范化管理和对接外部资源。

以金杨新村街道为例，该街道的"老伙伴计划"由上海市浦东新区乐耆社工服务社（简称乐耆）承接。金杨新村街道隶属浦东新区，辖区东起金桥路，西至罗山路，南倚杨高路，北枕黄浦江。乐耆于2008年5月成立，并于同年与金杨新村街道合作，此后陆续与上海浦东新区南汇新城老年人日间照护中心、洋泾街道，以及宝山区高境镇、顾村镇、罗店镇、罗泾镇、吴淞街道开展合作。乐耆引进专业社会工作者深入养老机构和社区开展专业服务，委托和协助管理多家社区为老服务实体，同时为居家养老服务对象、社区独居老人、丧偶老人、老年志愿者团队提供多元化的专业服务。截至2014年11月30日，乐耆共有工作人员26人，其中专业社工14人。

2012年，乐耆在调查后发现，在金杨新村街道中，一方面有部分低龄退休老人无事可做，另一方面有部分高龄独居老人十分孤独。于是在社工的组织下，"夕阳乐园"成立了。八名低龄老人每周四为社区中的高龄独居老人在固定地点举办活动，活动种类丰富多样，包括唱歌、跳舞、讲座等。"夕阳乐园"同时满足了低龄老人志愿者和高龄独居老人的需求。在社工的帮助下，"夕阳乐园"的参与团队逐渐发展为规范的互助组织。在组织方面，2014 年，乐耆承接了"老伙伴计划"，依靠社区中原有的互助组织和低龄老年志愿者团队，协助志愿者进行自我管理，培训核心志愿者和管理骨干志愿者，进一步由骨干志愿者培训和管理其他志愿者。志愿者将日常服务内容记录下来统一上报，在年终参与评比先进志愿者。"夕阳乐园"活动室由 14 名低龄老年志愿者轮流值班，并根据制定的活动室规章制度进行管理。在服务方面，金杨新村街道"老伙伴计划"为社区中高龄独居老人提供上门聊天服务或者电话服务。同时，"老伙伴计划"和"夕阳乐园"相结合，"夕阳乐园"活动室每天定时对居民区 60 岁以上老人开放，此外，"老伙伴计划"志愿者带领结对老人在"夕阳乐园"中参与文娱活动、科普讲座，接受谈心咨询、医疗保健、老年教育和便民服务等。老人走出了家门、丰富了生活。"老年乐园"活动室提供低偿的便民服务，其中理发 2 元、修伞 3 元、修鞋 3 元、磨刀 2 元。除此之外，很多志愿者与高龄老人之间建立了深厚的感情，会主动根据老人需求提供服务。

模式二：社区能人动员社区自组织

第二种模式是街道选择社区能人进行组织管理。街道选用社区能人，让社区能人发挥自身力量发展和组织志愿者。以岳阳街道为例，在组织方面，负责人发挥自身的带动和模范作用，以身作则，以自身的奉献精神感染他人，规范志愿者的服务。负责人退休前是铁路局的职工，2006 年退休后回到社区，在社区中组织成立了"春之乐"歌舞团。社区中一直有低龄老人志愿者队伍，以原有的志愿者队伍为基础，2012 年 3 月，岳阳街道的"老伙伴计划"开始运行，初期共有志愿者 155 个。岳阳街道"老伙伴计划"目前共有志愿者 272 人，结对老人 1 363 人（80 岁以上老人共 287 人）。

在管理方面，负责人为街道内志愿者和结对老人建档，并实时更新相关信息。负责人负责招募志愿者和筛选结对老人，由区里为志愿者颁发聘请书，结对老人主要是 80 岁以上高龄老人及独居失能老人。负责人负责培训和指导社区内的志愿者。此外，志愿者每年接受两次统一的培训。负责人将街道分为五个片区，由组长负责安排各片区活动，每月 25 日组长定期开会。每月 10 日，志愿者进行统一的交流与学习，报告服务老人的身体状况。

在服务方面，岳阳街道的"老伙伴计划"为老人提供精神慰藉、洗衣、代缴水电费、打扫卫生、买菜、剪指甲、联系维修、量血压、讲解用电安全、普及防诈骗知识等服务。此外，志愿者积极发挥自己的特长和优势，为老人提供剪头发等便民服务。同时，"老伙伴计划"同睦邻点活动相结合，组织老人包粽子、煮汤圆；母亲节给结对老人送花；春节组织结对老人吃年夜饭，为结对老人贴福字；带结对老人体验有轨电车；夏天给老人送绿豆汤。志愿者平时陪同老人来"为老中心"磨剪刀、剪发。同时，负责人负责管理社区的老年活动室，并定期在活动室组织活动。老年活动室每天 11：30—15：30 对老人开放，配备空调，老人可以在活动室中聊天、打牌。

模式三：依托老年协会组织动员

第三种模式是由"老年协会"承接和管理"老伙伴计划"。上海大部分街道的"老伙伴计划"由老年协会承接。上海各区均有老年协会，各个街道有老年协会分会。在承接"老伙伴计划"后，老年协会按照项目要求，发动社区中一定数量的低龄老人成为志愿者，并进行管理和指导。

闸北区"老伙伴计划"于 2014 年由老年协会承接，在此之前由社会组织承接。2015 年，闸北区、静安区撤销，新的静安区设立。同年 9 月，新的静安区老年协会统一承接了"老伙伴计划"。在组织方面，静安区老年协会依靠各个街镇的老年协会实施"老伙伴计划"。各个街镇的老年协会本身扎根在社区，对社区情况十分了解。老年协会成员都居住在社区中，且经常组织社区老年人参加相关活动，同社区中的老人互相十分熟悉。老年协会利用自身优势，在社区中积极发展低龄老人志愿者。例如 1 170 弄社区现有爱心服务队、巾帼志愿者服务队、平安志愿者团队、清清护河队、社区文化团队（乐器班、飘逸太极拳班、春之韵歌咏班、编织班、乐心戏曲班、夕阳红健身班）等十余支团队。负责人在志愿者中树立榜样，同时通过现有志愿者影响、号召身边人，发动、吸引更多低龄老人加入志愿者行列。

在管理方面，静安区老年协会制订了具体的实施方案，包含方案设置、经费报销及资料的归档整理制度。老年协会从志愿者中选出骨干志愿者和核心志愿者管理志愿者队伍。每个骨干志愿者管理十位志愿者，每个核心志愿者管理十位骨干志愿者。核心志愿者与骨干志愿者督促志愿者在自己的服务记录册上记录每个月的上门服务具体日期及情况，每月四次，由骨干志愿者统计后交给核心志愿者。骨干志愿者每月开一次例会，交流遇到的问题和老人状况，互相学习。此外，志愿者每月碰头一次，互相交流近期活动、经验、问题及各类新闻。目前静安区"老伙伴计划"已结对老人 17 900 位，招募志愿者 3 580 位，骨干志愿者 360 位，核心志愿者 40 位。一名志愿者结对五名老人，每周上门服务一次，一次补贴志愿者 1.5 元。

在服务方面，静安区"老伙伴计划"为结对老人提供精神慰藉、防范安全风险，例如陪老人聊天、读报纸、帮老人联系物业等。志愿者和被服务老人在帮扶过程中建立了家人般的感情。同时,"老伙伴计划"与"老年乐园""乐龄有伴"等其他老年项目相结合,志愿者平常带老人参加一些居委会和综合为老服务中心提供的服务,例如科普讲座、实践活动及理发、量血压等便民服务。以静安区沪太路1 170弄社区活动中心的日程安排为例:周一组织聊天、谈心与太极拳活动,周二组织读书、看报与舞蹈活动,周三组织血压测量与合唱活动,周四组织手工、戏曲与编制活动,周五组织谈心、聊天与交谊舞活动,周六组织影视活动,周日组织乐器演奏与乒乓球活动。老人的文化生活在活动中得到丰富,提高了生活质量,增进了邻里感情,改善了人际关系,促进了社区繁荣发展。部分志愿者自发将平常参加老年人比赛的奖金作为活动经费,每月开展小组活动——"月月乐"。

在资金支持方面,静安区"老伙伴计划"的经费主要来自两方面,财政支出、企业捐赠。

从评估方面来看,"老伙伴计划"属于政府购买服务,接受第三方机构的评估。各个街镇的老年协会在每年项目即将结束时,举行志愿者的激励表彰大会,激励志愿者积极参与活动。

三、特点与问题总结

上海市的养老服务体系建设在政府主导、资金保障及多元主体参与等方面的经验都具有全国标杆意义,值得其他地区学习借鉴。下面主要以"老伙伴计划"为例,总结上海互助型社会养老的特点和问题。

在特点方面,一是政府给予稳定的资金支持。"老伙伴计划"自2012年开始实施,志愿者人数从初期的5万人增加至目前的20多万人。"老伙伴计划"的持续发展离不开稳定的资金支持,上海市每年都有专款拨付,用以支持"老伙伴计划"。

二是专业社工机构发挥管理、督导、评估作用。"老伙伴计划"引入乐耆等专业社会组织进行项目设计、管理、督导和评估,社工组织通过对志愿者的培训和督导,提升了服务质量,促进了项目的规范化发展。同时,互助的理念得到传播,有利于形成良好的社区氛围,促进"老伙伴计划"的可持续发展。

三是充分挖掘社区自组织力量。虽然有专业社工机构的参与,但"老伙伴计划"的可持续发展离不开社区老年居民的支持。"老伙伴计划"充分利用社区内生力量,挖掘社区能人,激发社区内生活力,促进了社区自组织的自我管理与服务。事实上,社区居民本身就拥有许多资源,但这些资源只有被充分发掘才能在群体生活中得到积极发挥。

四是因地制宜竞争上岗。各个区根据各自情况因地制宜实施"老伙伴计划"。"老伙伴计划"实行招投标制度，择优入选。通过招投标的方式，能够在不同的组织间形成竞争，促使服务质量提高。

五是重建社区关系。"老伙伴计划"的志愿者分为三层：核心志愿者、骨干志愿者和普通志愿者，一层一层进行培训和督导。这一项目成功将低龄老人志愿者同高龄老人联系起来，搭建了一个沟通与互助的平台，加强了老年人之间的联络，加深了老年人之间的感情，强化了彼此之间的信任，重建了社区关系。在这一过程中，低龄老人志愿者获得了满足感与成就感，高龄老人提升了幸福感。

虽然整体发展态势良好，但"老伙伴计划"在实施过程中仍然存在人员、资金和技术方面的限制。

一是志愿者队伍建设面临诸多挑战。首先，目前的志愿者普遍中高龄化，新的志愿者补充不足，面临断层风险。"老伙伴计划"只局限于老年人群体，并且目前已经实施约十年，一方面，老龄工作重心向市场化、专业化、长期照护和社区养老转移，另一方面，一些老年人出于对私人生活的追求及照顾第三代的压力，不愿或不能成为志愿者，原有老年志愿者年龄不断增长，新志愿者却补充不到位，导致社区老龄志愿者面临固化和高龄化的问题。另外，志愿者激励机制不完善是志愿者队伍难以得到扩充的重要原因。虽然志愿者积极性高，但物质和精神激励均相对不足。目前"老伙伴计划"的激励手段主要有两种，精神激励和物质激励。然而，与志愿者提供的服务相比，政府所给予的每月50元仅仅是象征性的慰劳。事实上，对正在经历平淡晚年生活的老人来说，宣传表彰型奖励会给予他们更大的安慰。而宣传工作的不到位，对老人贡献的不重视，也是造成志愿者队伍组建困难的原因。

二是资金来源面临一定的风险。上海市养老服务体系的优势在于发展时间早、规范性强、政府投入大，但这也造成了体系相对固化、过度依赖政府、市场活力不足等问题。首先，居家社区养老造血能力不足。上海"老伙伴计划"的资金主要来自政府拨款，"造血"机制缺乏。事实上，上海目前运营社区居家养老的社会组织，一般都具有官方或半官方的背景，且以社工组织为主。这些组织擅长组织活动，却不擅长经营——拓展市场化的增值服务。在经济面临下行压力且人口老龄化日趋严重的情况下，过度依赖政府资金，对社会养老服务体系的可持续发展会产生较大影响。社工组织负责人普遍认为"造血"存在较大困难，主要担心影响政府和社工组织在大众心中的形象。其次，政府购买服务招投标拨款周期较长，往往是社会组织先垫钱，中标后政府再拨款。如上海"老伙伴计划"

是夏季招标，等款项拨付下来一般要到九月份，九月份之前开展活动所需经费、志愿者报酬等均要由前一年中标的社会组织垫付。

三是技术支持系统有待完善。技术支持系统包括专业社会组织的运行技术支持与信息技术支持等内容。目前正在管理街道"老伙伴计划"的低龄老年人对计算机技术不熟悉，在信息输入与审批上会遇到一定困难。而"老伙伴计划"的组织管理需要互联网等现代化技术的支持，尤其是使用时间银行平台之后，更需要进一步提高志愿者队伍服务的专业性与综合素质，以保证项目的高效运行。

第二节　企业经营型典型模式

虽然企业经营型的城市互助养老案例相对较少，但是此类互助养老均经营得较为成功（实现盈收）。本节选取了北京市通州区瀚丰居家养老服务中心（简称瀚丰）的互助养老＋商业模式和成都馨挽秋养老服务中心（简称馨挽秋）的互助养老＋项目模式进行介绍，二者最大的区别在于互助组织是否具有紧密性。瀚丰的受众是所有老年人，故其互助组织相对松散，提供的只是互助志愿服务。而馨挽秋打造的"窝窝计划"的受众以高龄老人为主，其互助组织更加紧密，老年人之间互娱互乐，服务则主要由"窝窝保姆"提供。

一、互助养老＋商业模式

瀚丰运营的两个养老驿站，将互助志愿服务与超市、保健、托养等市场化服务内容结合起来，探索出一条在满足老年人需求基础上尽量维持低成本，同时可自我造血的养老驿站运营道路。

（一）瀚丰模式的发展历程

第一阶段：互助＋保健

2014年，瀚丰提出"自助式""互助式""公助式"养老服务三项方案，在济南市民政局的指导下，于济南市天桥区的社区进行推广实践。2014年6月，瀚丰注册为社会组织，"三助式养老"有了具体的实施机构。这一阶段，瀚丰主要在社区中开展"邻里一家亲"等文化娱乐活动，缺乏资金支持是瀚丰当时面临的最大问题。故瀚丰开始探索"造血"机制，选择了肠道保健项目作为盈利点。2015年初，瀚丰开始面向社区建立连锁服务机构"瀚丰社区管家站"，通过加盟方式推广肠道保健项目，并在这个项目中扩展出一系列"医养结合"的养生服务项目，同时在所在社区开展各类文化娱乐和邻里互助活动。互助养老"邻里一家亲"一直是作为公益项目进行运作的，而肠道保健及其衍生的养生项目则作为收费服务产生了经济效益，可以开展人员的招聘及培训。"公益—盈利服务—公益"的社会组织企业化运作方式就此形成。根据负责人介绍，截至 2018 年 3 月 1 日，瀚丰社区管家站已在山东济南、德州、烟台、青岛、泰安等地设立 100 家连锁机构，三年来为社区培训了 300 多位标准化养老服务人员，直接服务受众群体 1.5 万人次。

第二阶段：互助 + 商业

经过在山东的发展之后，瀚丰了解到北京在发展社区居家养老服务方面给予政策支持，包括养老驿站免租赁费等，故进入北京尝试运营养老驿站。2017 年，瀚丰中标了北京市通州区民政局养老驿站运营项目。2018 年底至 2019 年初，西集镇侯东仪村农村幸福晚年驿站、台湖镇东亚印象社区养老服务驿站及润枫领尚社区养老服务驿站陆续通过第三方公司评估验收，分别于 2019 年春节前后试运营。养老驿站的运营思路依然是互助养老 + 商业模式，其中互助养老服务部分基本由政府补贴。盈利项目包括提供平台让专业技术团队加入，进行小微"嵌入式"的合作，以"驿站 + 多种服务项目"满足老年人需求。

同时，瀚丰提出"五助一乡"模式：自助、互助、公助、共助、寄助和乡村旅居。对有养老刚需且想居住在家里的失能半失能老人，瀚丰提供自助养老服务，即由被服务者承担雇佣费，请两三位老人负责采购、做饭、照护，老人在一起相互照顾来共同解决养老问题。对生活完全能够自理的低龄健康的空巢老人，瀚丰提供互助养老服务来满足老人的精神需求和一定的生活需求。对愿意到社区 / 机构养老的失能半失能老人，瀚丰提供公助养老服务，也即政府补贴的社会化服务，对高龄自理老人提供共助养老服务，对失能、失智老人提供集中式寄助养老服务。而对城乡活力老人，瀚丰提供乡村旅居服务，即农村有空房的老人将房间出租给城市老人，城乡老人一起生活、互相照料，同时给农村老人带来了一定的收入。

（二）养老驿站的运营情况

1. 互助养老板块

互助养老板块不以营利为目的，主要提供爱心早餐、健身操及其他文化娱乐类服务。瀚丰在台湖镇东亚印象社区养老驿站及润枫领尚社区养老驿站开展 1 元营养早餐活动，以此吸引老年人参加驿站活动。同时志愿者带领老年人学习健骨操，科学健康的晨练活动也获得了老年人的好评。截至 2019 年 7 月 3 日，瀚丰养老驿站"刷老年卡—享 1 元早餐"服务开展 22 天，共为 1 534 人次老年人提供了优惠早餐，有 195 位 60 岁以上的老人受益。

伴随几家养老驿站的运营，越来越多的老年人及社区居民成为志愿者。台湖镇东亚印象社区养老驿站的负责人有人事和营销工作经验，对志愿者选拔培训非常有心得，该负责人已经组建了一支 50 多人的志愿者队伍。根据负责人介绍，社区志愿者队伍的骨干全是党员，知青团队、党员先锋队、爱心助老队等相继建成。同时，瀚丰会选取较为积极的志愿者到社区养老服务驿站中工作，每月给予适当的补贴。这样提高了社区老人对养老驿站的信任感，增进了老人与驿站之间的感情，降低了养老驿站运营的人力成本。

2. 市场化服务板块

瀚丰的市场化服务板块主要以养老服务驿站为平台，以社区老年人为资源，吸引社区周边服务商加入，整合社会资源，为社区老人提供更实惠的服务。

目前瀚丰运营的养老驿站的特色服务主要包括以下项目。

一是"健康指导"服务。瀚丰为老人提供健康体检、心理疏导、体感游戏等服务。"家庭卫士"为一些身患疾病的老年人提供家庭医生、健康药站等服务。"中医调理"的主要运营项目有中医推拿、拔罐诊疗、艾灸、刮痧、正骨、经络疏通、脊柱调理、偏瘫康复、三高调理等。开业以来，以上项目深受广大老年人的欢迎，服务多达 600 余人次，其中按疗程调理的患者有 50 多人，调理效果得到广大患者的认可。

二是"托老服务"。康复护理 + 托老服务 + 五助养老是养老驿站的特色服务项目。瀚丰在润枫领尚社区里租有一个 200 多平方米的房屋，专门为术后和失能老人提供康复护理型的托老服务，试运营以来，做了三期康复护理培训和体验服务。很多患有慢性病的老年人及康复疗养的老年人购买这项服务，其中一些老人参加了七天的康复护理疗养服务，还有来自山东的术后需要康复护理的患者。经过养老驿站康复疗养的老人，身体恢复较快，反应良好。

三是超市服务。针对社区周边无配套公共服务设施，居家老年人购物难、代购需求大的问题，"助老服务"项目开设了助老超市，方便了老年人的生活。养老驿站为老人提供免费配送到家服务。老人可通过微信、电话居家购物。助老超市种类齐全，商品质量有保证，保障了老人的生活所需。

（三）特点与问题总结

瀚丰模式的主要特点如下。

一是依靠品牌构建平台。瀚丰将线下社区管家站打造为承载"自助式、互助式、公助式"社区居家养老模式的公益宣传平台、社区公共服务消费的体验平台，在"自助式、互助式、公助式"养老方式的推广中，以社区管家站为支撑，不断嵌入社区人群网络，逐步实施"瀚丰居家养老服务项目"，打造社区和居家养老服务体系，创新社会化养老、企业化运作的方式。瀚丰社区管家站与瀚丰国际社区共同推出的养老模式、服务模式、运营模式、盈利模式、商业模式，使得瀚丰国际社区树立了良好的企业形象，构建了众创、众包、众扶、众筹、众智的创新模式平台，促进生产与需求对接。瀚丰打造了"互联网＋居家养老服务"等朝阳产业，设立社区零距离消费的"O2O"顾客前端体验式服务站，将高品质的养生、养老服务纳入平台建设，为居家养老的老人开展一系列亲情、康复等服务，吸引老人常驻平台，再以流量为核心吸引社会资金，具有社区综合体的雏形。

二是资金来源多样。以通州区瀚丰社区管家站为例，社区管家资金来源分为两部分，分别为政府补贴收入和营业性收入。首先，通州区依照社区管家站接待的老年人数量、老年人所享受的服务种类及次数给予补贴；其次，社区管家站的大多数资金来源于营业性收入——保健服务＋平台收入。

三是战略方向清晰。瀚丰养老驿站的品牌建设策略为：一个方向、两个途径、三支队伍、四方联动、五项措施。一个方向即为老龄化社会服务；两个途径为养老靠市长、幸福养老靠市场；三支队伍指社会工作者、健康管理师、社区管家站；四方联动是个人、家庭、机构、政府共同发力；五项措施是以老养老、以房养老、邻里情缘、心首相望、社区共助。完成顶层设计之后，瀚丰逐渐将组织文化下移，先培育养老驿站工作人员的工作认同感、志愿精神、组织认同感，再用分红制取代固定工资制，以资金激励工作人员的工作热情。

面临的问题主要有人员不稳定、私营企业与国有企业的竞争、社区养老情况较复杂等。

二、互助养老＋项目模式

馨挽秋成立于 2014 年，经过几年的发展，已在四川省南充市嘉陵区、仪陇县、营山县、阆中市，以及成都市成都高新区、武侯区、温江区、龙泉驿区等地开展服务。馨挽秋打造的"窝窝计划"就是在社区嵌入式养老背景下的院落"互助、抱团、共享"项目,即由企业帮助有养老服务需求的老年人组成互助小组,由企业负责在院落建设一个"窝窝",大家一起过"窝窝日子",主要有文化娱乐、助餐、家政保洁、生活照料等基础性助老服务。除此之外,企业同步在社区嵌入其他社会化助老资源,让老年人足不出"社区"就可以享受到一站式服务。

（一）"窝窝计划"的发展历程

馨挽秋开始主要是在社区日间照料中心开展老年餐厅、文化娱乐等助老服务。但是,一方面,这些参加文化娱乐活动和吃饭的老年人主要是因为有政府补贴、便宜才来的。2018 年成都市调整助老政策后,依靠补贴就餐的人数急剧减少;另一方面,失能半失能老人等养老服务刚需人群,没有享受到服务。于是,2019 年,结合老人支付能力不足的现状,馨挽秋将服务对象定位为中低收入老人,提出了解决家庭到社区一公里范围内养老问题的"窝窝计划",[1]力求提高有养老服务需求老年人的福祉,同时实现企业的可持续发展,降低对政府的依赖性。

（二）"窝窝计划"的发展现状

2019 年 7 月,"窝窝计划"开始试运行,服务项目如图 6-4 所示。馨挽秋将服务项目总结为 1234567 七个数字:

1 是指在老人集中居住的院落嵌入一个"窝窝计划"助老服务点;

2 是指每个"窝窝计划"助老点配备 2 名共享工作人员:窝窝保姆和窝窝管家;

3 是指"窝窝计划"主要服务三类特殊人群:高龄独居、高龄空巢和行动困难老人;

4 是指四方联动,即"政府—企业（社会组织）—老人—家属"联动;

5 是指"窝窝计划"助老点提供的"五有服务":三餐有人料理、情感有人关怀、健康有人关心、安全有人保障、生活有人照料;

6 是指"窝窝计划"的六大居家养老服务功能:窝窝助餐、窝窝家政、窝窝应急救援、窝窝照料、窝窝适老化改造、窝窝公益;

7 是指每周七天,风雨无阻,全年无休。

以元通社区"01 窝窝"为例,该窝窝有 16 个老人常驻,1 名窝窝保姆为老人提供个

---

① 该项目的主要方向是分层新建家庭,在新建家庭中解决老年人的需求,然后做好老人的专业护理。第一间"窝窝计划"于 2019 年 2 月 19 日（元宵节）正式开业,运行状况良好。2019 年下半年,馨挽秋集中开展试点调研,为"窝窝计划"挑选了更多适当的地方,更多有需要的老人已经入住。

机构窝窝

- 机构窝窝是馨挽秋和品牌企业合力打造的护理性机构，可以提供24小时全天医养照护。

窝窝平台

- 保证家属通过网络平台实时了解窝窝老人的动向。

窝窝站点

- 小区(院落)内建点，就近提供"专业、便利、个性"的适老化服务。
- 包括窝窝点位的日间照料、个人照护、膳食供应、精神文化、按摩理疗、康复训练、教育咨询、心理安慰、文体休闲、家具适老化改造等服务。
- 保证三餐有人料理、情感有人关怀、健康有人关心、安全有人保障、生活有人照料。

窝窝服务

- 窝窝生日：窝窝老人互相庆祝生日、举办活动。
- 窝窝比赛：定期举办窝窝棋牌赛。
- 窝窝旅游：采取自愿、自费模式组织老人旅游。
- 窝窝家长：选出最有责任心的老人担任，负责统筹、汇总窝窝老人的意见。
- 窝窝志愿者：由社区中低龄健康老人组成，做一些辅助性的工作。
- 窝窝伙伴：品牌企业陪伴，满足老人居家养老、入住机构等需求。目前合作伙伴包括：成都高新区秋雨秋韵养老服务中心、阆中市知秋居养老服务中心、成都市青羊区安康年养老服务中心、仪陇县馨挽秋贴身老年服务中心、成都市福泰年企业管理有限公司、成都高新博力医院有限公司等。

图 6-4 "窝窝计划"的服务项目

性化点菜和照顾服务[1]，2 名低龄志愿者帮忙看护、送餐。窝窝老人一般上午来打牌、聊天、看电视。午饭后，窝窝站点设有少量床位供老人休息，老人可以选择在站点休息或者回家休息后再回站点活动。晚饭过后，老人陆续离开站点回家休息。如果需要帮助，老人可以随时联系窝窝保姆。同时，站点定期会举行手工、棋牌等活动，或者带老人去公园旅游、给窝窝老人庆生，均采取 AA 制的形式。[2]

三、特点与问题总结

由企业运营"窝窝计划"（老年人互助小组）、提供养老服务这一形式是符合老年人

---

[1] 中饭 460 元每月，标配两荤一素一汤；晚餐 400 元每月，标配两素一荤一汤。

[2] "窝窝计划"的特色还包括：窝窝保姆会将老人的一些生活照片上传到网络平台与老人子女共享；窝窝站点设有专门针对阿尔茨海默病的训练空间，老人可以在家属或者站点工作人员的陪同下进行康复训练；机构发现老人的身体情况已经不适于接受窝窝站点简单的日间照护时，会与老人家属沟通将老人以优惠的价格送入专业机构接受专业护理。身体好转后，老人可回来继续接受服务；"窝窝计划"中的增值服务包括适老化产品、旅游、保健、互联网、丧葬礼俗等。

的心理特点、养老服务需求及市场规律的，非常具有推广意义。互助型社会养老作为养老服务体系中的一环，起到了基础性和黏合性的作用。企业可以在此基础上拓展各类市场服务，满足企业自身发展的需求。其特点（优势）可以总结为以下五个方面。

一是从老人需求出发。"窝窝计划"的服务内容精准匹配老人需求，每个窝窝站点的功能布局和服务项目都根据当地老人的需求灵活调整，呈现出不同特色。服务内容不贪多求全，追求精准、小型化、日常化，将保障品质和"就近、便捷、专业"作为企业发展的根本。这样的发展理念使企业能够获得老人的认可而产生效益。如"01窝窝"所选的地址是单位小区，老人间的组织网络、信任网络是天然的优势，窝窝成员是通过熟人介绍而来的。同时，窝窝站点较社区活动中心而言距离更近，较居家保姆距离稍远，老人拥有一部分自由可调控的私密空间。

二是将互助与市场相结合，形成自己的产业链。"窝窝计划"是馨挽秋体系中的一环，以窝窝站点为依托黏合老年人，同时对接外部资源，构建了一个可以有效整合各类养老资源的框架，服务可零售、可组合、可延伸，有效盘活了社会资源。

三是构建与老年人消费相适应的秋果币系统。构建内部货币系统，一方面能够激励志愿者，志愿者不愿意用自己的服务获取金钱，机构也无法提供他们等同于市场价的回报，但是没有回报的服务是不可持续的，因此秋果币的出现既能回馈志愿者，又满足了志愿者的心理需求；另一方面，如果能建立城乡之间的供销对接——秋果币货币体系，农民用农产品换取秋果币，用秋果币换养老服务，城市老人用秋果币换农产品、换养老服务等，可以进一步完善企业运营的自循环的目标。

四是培育以老年人需求为导向的组织文化。养老服务属于微利行业，需要爱心及一定的服务购买量来维持。馨挽秋的负责人是有理想、有爱心且有经营头脑的一对兄弟，他们推崇"耐心、恒心、爱心"的企业文化，强调根据老人的个性特点和需求特点进行差异化照护，在照护老人的过程中，工作人员需要有耐心；老人对养老行业的抗拒、老人生理变化较快，增大了服务人员的工作难度，需要工作人员有恒心；一线服务人员在照护病患老人的过程中会面临复杂情境，需要有爱心。与此同时，馨挽秋将提升每个站点的服务水平作为重点，不盲目扩大规模、扩展服务，将自身经营许可范围之外的医疗服务和餐食服务外包给营业执照齐全、达到政府审核标准的优质专业公司。这种做法也增加了企业控制自身风险的能力。

五是重建家庭功能。很多子女受居住距离、工作性质、照顾能力等因素影响，无法提供贴身的照护。事实上，子女的照护也不一定专业。"窝窝计划"既让老人重新找到家庭的感觉，又满足了子女照护父母的孝心。一方面，窝窝站点提供空间平台，为老人打造专业、安全的环境，辅以监控设备实时反馈老人动态，让子女更放心、老人更舒心，协助每一个家庭"哺育、哺恩、反哺"。另外，"窝窝计划"使老人抱团养老，解决了子女远距离照护难的问题，弥补了原生家庭日间照料的缺位，老人感受到了情感关怀。换言之，"窝窝计划"就像给老人打造了一个新家庭，给老人以新的归属感。

虽然馨挽秋运营的"窝窝计划"是比较具有推广意义的模式，但其面临的资质和政府认可问题也比较突出。"窝窝计划"类的小型集中养老的不足之处在于站点数量多且以吸纳高龄老年人为主，面临安全风险的防控、政府补贴的惠及等问题。

第三节　非营利组织运营型典型模式

由于互助型社会养老在城市一般属于公益领域，故社会组织运营的城市互助养老案例相对较多，笔者选择了三类主体，一是民办非企业单位——北京爱众慈孝家园养老服务中心（简称爱众），二是社会团体——大连市大连湾街道义工站（简称大连湾），三是基层老年人组织——深圳市倚山社区老年人协会（简称倚山老协）。爱众主要承接政府或社区购买服务，致力于帮助社区组建中老年人志愿者团队，同时设计项目。一方面志愿者团队成员自助—互助，另一方面为高龄、孤寡、独居、失能半失能的困难老人提供力所能及的帮助。大连湾则是在大连市慈善总会和街道的支持下成立的社会组织，隶属于大连市慈善总会，通过基层宣传、发动义工、自发捐款等形式开展义工活动，由于很多义工活动是针对老年人，故这里也将其作为互助养老的案例进行分析。倚山老协则通过申报深圳民生微实事"关怀1+1"社区探访互助项目，组织健康老人志愿者1对1帮助高龄、孤寡、独居、失能半失能的困难老人。目前，社会组织运营的互助型社会养老的资金主要来自政府支持和义工内部捐款，故在项目开展时面临经费短缺、覆盖面难以扩大等问题。要解决这些问题，一方面，应当与企业合作，在对服务质量进行有效监督的前提下，增加各类市场化服务；另一方面，应当发掘社区内部资金，同时保证资金流向的透明公开，只有群众有投入、有回报，才会有真正的共建美好家园的参与感，也才会真正愿意参与到社区建设中。

一、帮助建立志愿者团队

爱众于 2014 年在北京注册成立,主要开展社区互助式居家养老服务。其组织目标是:在社区建立高度自治的中老年志愿者团队,以"实现中国公益互助式居家养老"为使命,秉持"成为爱、分享爱、唤醒爱"的理念,弘扬中华慈孝文化,激发中老年人的生命活力,让老人在充满爱的慈孝家园中安养晚年。目前爱众已为 12 个北京的社区的老人开展互助养老服务,覆盖近一万名老人。[①]

（一）爱众的发展历程

2014 年 4 月,爱众在丰台区西马场北里社区启动了第一个社区互助式居家养老项目。之后,其他项目陆续落地。在东城区民政局、东城区社区服务中心的指导和帮助下,爱众总结出了"1—5—5—1"互助养老模式。以在社区推广健身操为切入点,开展运动养生进家庭活动,为老人提供理发、修脚等服务,建立社区志愿者队伍,培育社区互助精神,打造社区自治团队。在爱众的组织下,越来越多的老人走出家庭、走出孤独、融入社会、互帮互助、服务社会。

（二）社区互助式居家养老的运行机制

爱众互助式居家养老模式如图 6-5 所示。下面从资金来源、组织方式、服务内容三

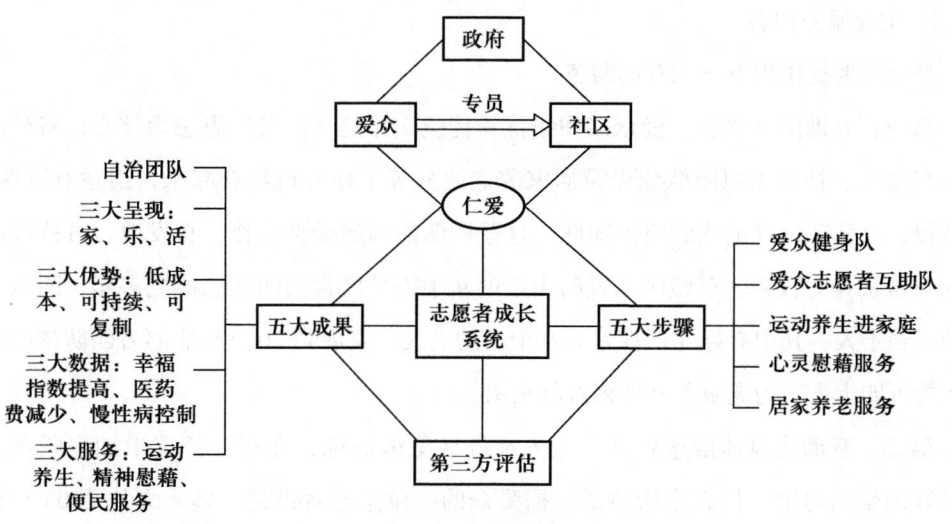

图 6-5 爱众互助养老模式示意图

[①] 笔者对爱众的调研分为两次进行,第一次主要调研了爱众的主要负责人及部分社区专员,第二次主要是对爱众开展互助养老服务的新鲜社区进行调研。

个方面详细分析。

1. 资金来源

作为一家非营利性社会组织，其运营资金除少部分由社会爱心人士、企业家捐助之外，大部分资金来源于政府购买服务项目。

2. 组织方式

爱众开展社区互助养老服务主要以马斯洛需求层次理论为基础，由核心志愿者（社区专员）来组织发动。

首先，大部分老人十分重视自身的健康安全及养老安全。因此，爱心志愿者进入社区后，带领老年人集体锻炼，预防和控制疾病，建立起健身队伍，在教授健康知识、健身操的过程中，老人不仅收获了健康，也有了养老的归属感。

其次，在建立健身队伍的基础上，老人会在一起开展庆生、幸福系列课培训、入户陪伴等活动。老人幸福感与价值感得到提升。

再次，在邻里关系更和谐的基础上，互助团队逐步形成，进行小范围的互助。爱众会让老人轮流当队长，负责填写项目信息，让每一位老人都得到发挥余热的机会。

最后，帮助老人实现自我价值。在组建社区志愿者团队的基础上，选举产生管委会，管委会一般由三个人到五个人组成，个别管委会由七个人组成。社区志愿者团队有职能分工，团队内部有自己的规章制度。

3. 主要服务内容

爱众主要提供以下五大互助服务。

第一，互助团队培育。爱众以中华优秀传统文化的"仁爱"思想为核心，将社区社会组织培育、社区志愿团队建设及居家养老服务等工作有机结合起来，组建有凝聚力、有章程、有分工、互助式的自治团队。这些团队能与居委会合作，自发地、可持续地开展各项居家养老服务。东城区东直门街道的新中街社区自治团队已成立多年，团队从最初的不到十人，其中有好几位都是七八十岁的老人，发展到2019年志愿者团队核心骨干已经接近四十人，为老服务开展得红红火火。

第二，互助式身体健康管理。老人在社区集体锻炼，在相互督促中加强联系，养成良好的生活习惯，提高生活质量。据爱众的一位志愿者讲述，她丈夫从2003年起因为脑梗死导致视力下降，因此特别自卑，不愿出门，经过社区志愿者的入户陪伴，开朗了许多。

第三，互助式心理健康管理。老年志愿者的入户陪伴，使大部分老人的心理健康水平得到提升。一些心理问题较严重的老人，通过社区专员和专家互助式精神慰藉及陪伴，情况明显好转。

第四，互助式精准帮扶。老人的身体和家庭情况变化频繁，特别需要社区团队针对具体需求，及时反应及时服务。

第五，互助式便民服务。自治团队自发为特殊老人提供代买、洗衣、做饭、医院陪护等服务，极大地方便了老人的生活。

从爱众提供的各项互助服务来看，除较为专业的医疗保健服务没有开展之外，国家规定养老驿站应提供的六项基本服务，爱众都已在开展。

（三）特点与问题总结

爱众探索出的城市互助型社会养老模式的特点可以总结为以下两个方面。

一是以仁爱思想为核心的互助理念。爱众以"成为爱、分享爱、唤醒爱"为组织文化，以"仁爱"思想作为互助养老服务的核心理念，通过在社区宣传传统的慈孝文化，组织年轻人帮助老年人，用老人的亲身经历来教育年轻人，在上慈下孝的过程中实现共同成长。同时，老年人通过参与徒步走、为社会捐衣服等社会活动，与社会进行互动，"家"的概念逐步延展。

二是互助工具——从健康保健切入。爱众从老年人重视身体健康的心理出发，从运动锻炼、健康管理入手，通过健身专家的指导和社区专员户外带操，吸引老年人参与锻炼。老年人在锻炼的过程中密切了关系。另外，社区专员走入特殊家庭，将健康理念传递给失独老人、失能半失能老人，极大改善了服务效果。

但是，爱众在运行中也面临以下问题。

一是资金来源单一。爱众开展的互助养老活动绝大部分由政府出资，社会层面的资金捐助较为缺乏，资金来源比较单一，对政府的依赖性较强。爱众进行的养老服务主要集中在文化娱乐及简单的生活照顾方面，没有可以盈利的服务项目，因而无法形成自我造血机制。目前，爱众有转型做孵化的计划，但是苦于缺乏资金而无法稳步推进，发展进入瓶颈期。

二是未能与企业建立合作机制。企业在资源配置方面有较强的优势。作为社会组织，爱众未与企业建立合作机制，没有实现优势互补。因此，虽然能在社区建立志愿者队伍，开展一些简单的互助养老服务活动，但受资金、专业能力所限，爱众不能提供其他专业性较强的互助服务，无法满足老年人的多样化养老需求。

三是尚未建立志愿者激励系统。爱众虽然组织机制较为健全，但受资金所限，未给志愿者提供物质补贴，这在一定程度上影响了低龄老年人参与互助养老服务组织的热情和积极性。爱众的团队管理较为松散，缺乏稳定的志愿者发动机制。志愿者互助团队也是依靠责任意识与奉献精神来维持，缺乏培训、服务质量监管制度。

二、开展互助志愿服务

笔者分别于 2018 年 9 月和 2019 年 1 月到大连湾进行了为期一周左右的调研，了解了大连湾和大连湾村义工分站的发展历程、工作机制及骨干人员的工作情况。虽然大连湾街道义工组织的志愿精神、奉献精神具有一定的个案性和特殊性，并不能代表所有的志愿服务类组织，但这是一项很有意义的探索，值得其他地方因地制宜进行借鉴。

（一）大连义工组织的整体发展情况

大连义工组织的快速发展与大连市慈善总会的积极推动密切相关。大连市慈善总会正式成立于 2004 年，下辖区（县）级慈善总会 11 个。截至 2019 年 4 月，本级发展注册义工 35 万人，成立义工站、队 538 个。[①] 目前，大连市慈善总会义工分会已建立了较为完备的义工组织网络，包括市级义工分会、区（县）级义工队、街道 / 乡镇 / 行业团体义工站、社区 / 村屯义工分站。大连市慈善总会义工分会积极与行业主管部门合作，在行业单位中广泛建立义工队伍，先后建立了党政机关义工队、企事业单位义工队、大中小学生义工队、亲子义工团等，搭建了完整的组织框架。全市慈善义工城乡联动、协调统一，使志愿服务覆盖领域更加广泛，开展的志愿服务活动更加全面。

慈善救助、社会服务和紧急救援成为大连慈善义工的爱心名片。据统计，2011 年至 2015 年，慈善义工以关爱他人、关爱社会、关爱自然的"三关爱"为主题，开展了丰富多彩的学雷锋志愿服务活动。截至 2016 年底，大连市的各级义工组织已开展"星期六志愿服务""清洁家园我出力""文明交通与我同行""做三无老人好儿女""为了明天关爱儿童""一张纸献爱心"、法律援助、义务向导、慈善家庭、邻里守望相助等各类志愿服务活动多次，为困难群众提供了帮助。

（二）大连湾情况介绍

1. 成立过程

大连湾正式成立于 2006 年，其成立和发展离不开站长王长锁的付出与坚持。根据

---

① 《大连市慈善总会简介》，大连慈善网，2022 年 1 月 26 日。

王长锁介绍，他从年轻时起就很愿意帮助别人，比如1994年他资助了沂蒙山区的两个女童上学，并一直支持她们读到大学。2006年，王长锁看报纸了解到义工的存在，于是申请注册成为一名义工，自行或者跟随义工队伍做了很多志愿工作。后来街道了解到王长锁做的义工服务以后，表彰王长锁为优秀共产党员。在大连湾成立初期，义工成员发展较慢，一直到2008年至2012年，伴随北京奥运会以后我国对志愿服务精神的倡导，大连市亦提高了对义工志愿服务的重视程度，并大力推广，大连湾也进入快速发展阶段，义工数量迅速增加。王长锁带头出资成立万元基金供义工站活动使用。

目前，大连湾的领导层由站长、副站长、项目组组长组成，其中站长一名，副站长（兼秘书长）一名，项目组组长若干名。13个项目组分别是义工田、义务理发、亲情关爱、邻里情、情暖空巢、逝者安、爱心车队、慈孝躺椅、助残帮困、共同环保、关爱下一代、关爱老人、腰鼓队。

2. 会员情况

大连湾义工登记数为413人，我们统计了登记信息比较完善的286名会员的情况。在这286名会员中，男性会员86名，女性会员200人，性别比为43∶100，60岁及以上的老年会员共118名，占比为41.26%。

从义工登记编号分布情况来看，如图6-6所示，由于大连市有统一的义工登记制度，对注册义工进行编号，一人一号，按登记时间排列，根据义工人数的增加依次顺延。从大连湾会员的登记编号亦可以看出其发展历程，10 000—20 000号的义工最多，随后逐步减少。

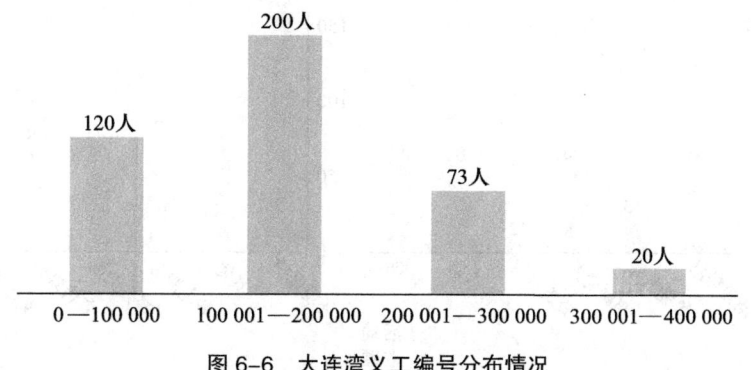

图6-6　大连湾义工编号分布情况

大连市采取服务时长星级评价制，义工的服务按时长分为一星级到五星级，在五星级以上有银星级和金星级。服务时间越长，义工评定等级越高，银星级及以上可获得大连市慈善总会颁发的奖章。具体的评估方法为：服务时长达到 50 小时获评一星级，服务时长达到 150 小时获评二星级，服务时长达到 500 小时获评三星级，服务时长达到 1 200 小时获评四星级，服务时长达到 3 000 小时获评五星级。在服务满 3 000 小时后，经过三年的考察，义工有评选银星级的资格，成为银星级义工后有评选金星级义工的资格。大连湾会记录每次义工活动，记录内容包括活动名称、活动时间、活动地点、活动负责人姓名及负责人联系方式。活动负责人记录参加活动人数及名单。在活动结束时，这些具体活动信息上报大连湾登记和统计。

3. 服务情况

大连湾固定在每月 5 日开展环保活动，在 25 日开展敬老活动，每次活动人数约为 50 人。除常规活动之外，大连湾还会根据时政热点或突发事件等开展相应的特殊活动。在每次活动后，大连湾都会及时总结，并对下次活动进行安排。

根据统计，如图 6-7 所示，大连湾近几年的活动主题包括环境保护类、助残帮困类、关爱儿童类、照顾老人类、政策宣传类、文体活动类和其他类。以 2016 年和 2018 年为例，2016 年，大连湾共开展 687 次活动，其中，环境保护类活动最多，达 313 次。2018 年，大连湾共开展 596 次活动，环境保护类活动达 234 次。

大连湾的品牌活动如下。①

一是义工田项目。该项目开始于 2007 年。义工田是大连湾与大连市甘井子区大连湾

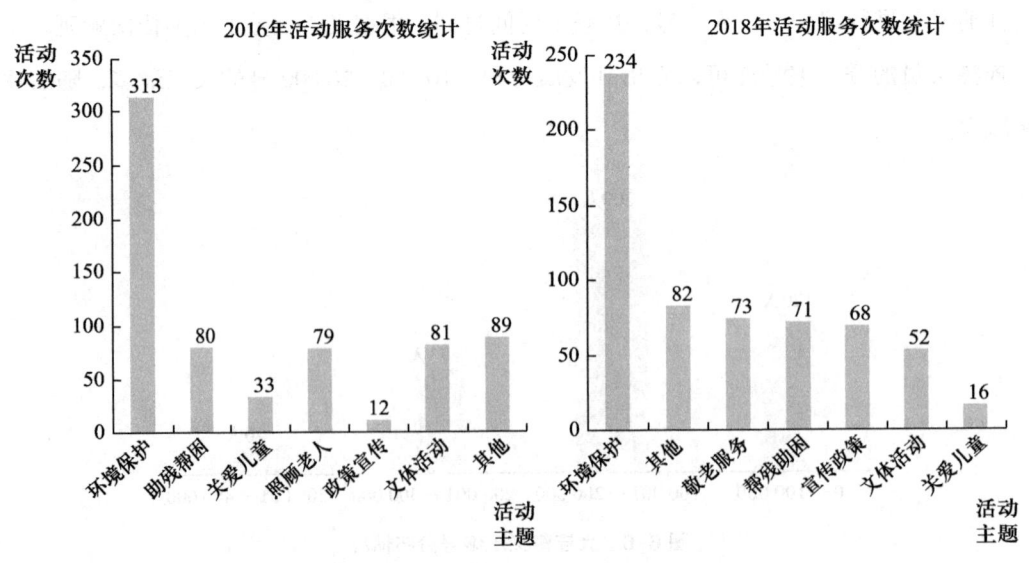

图 6-7　大连湾 2016 年和 2018 年活动服务次数统计

---

① 这些项目有些内容相近、交叉进行，主要是根据当时大连市慈善总会统一开展的活动项目增加或设计的。

街道养老服务中心（简称中心）共同开辟的菜地，把中心周围的四亩地整理开发，种植果蔬送给老人。在种植之前义工会与中心进行民主商议，决定种植的果蔬种类。这块菜地在大约十年间共收获各类蔬菜水果 3 万余斤。2017 年，中心扩张以后，菜地被改建为房屋用地，义工在剩下的土地上建了小凉亭，栽了一些花草树木，闲暇时会去栽花除草。

二是义务理发项目。该项目开始于 2007 年。义务理发项目组一共有七名成员，他们在每月 25 号到中心给老人义务理发。同时，该项目组每月 15 号为大连湾街道的困难家庭提供上门义务理发服务。

三是亲情关爱项目。该项目开始于 2008 年。义工平时会到老人家里探望，帮助老人打扫卫生。

四是邻里情项目。该项目开始于 2010 年。与亲情关爱项目类似，义工与居住距离近的需要帮助的邻居家庭结对，进行一对一或一对多的邻里之间的相互帮助，迄今已结成十五六对。

五是情暖空巢项目。大连湾选取了 14 个需要照顾的空巢老人重点户，安排义工每月上门服务一两次。服务团队一般由七八个人组成，服务时长为一个上午。

六是逝者安项目。2007 年到 2018 年底，该项目已经为 140 余名老人提供服务。该项目组组长原先在辽渔集团有限公司工作，对丧葬比较了解。退休之后，他就负责逝者安项目。逝者安项目的服务对象以大连湾街道的住户为主。逝者安项目组组长从 2008 年开始登记服务对象情况，记入档案并上报给大连湾街道义工站。记录内容包括：逝者姓名，去世年龄等。丧葬费用只是象征性收取，主要是让逝者家属安心。

七是爱心车队项目。该项目主要服务残疾人和老年人，接送老年人洗澡、理发。

八是慈孝躺椅项目。大连湾在服务小区内募捐，募捐款项用来帮助小区更换躺椅，然后成立慈孝躺椅项目组，义工定期去查看躺椅的磨损情况，发现有掉漆或损坏的躺椅，向大连湾报告，由大连湾进行修缮。

九是助残帮困项目。该项目为残疾人和低保困难群体提供助残帮困服务，提供力所能及的帮助。

十是环保项目。该项目人员队伍最庞大，主要服务内容是组织义工清扫街道，铲除小广告等。各村的义工分站会在每月 5 日参与。义工还会售卖废品，收入全部捐给义工站。

十一是关爱下一代项目。义工站为小学生提供寒暑假课业辅导服务。高校学生志愿者担任辅导老师。

十二是关爱老人项目。在春节、重阳节等节日，大连湾组织老年人看电影。下雪时，大连湾清理道路，方便老人出行。

十三是腰鼓队项目。该项目主要负责组织腰鼓表演。

（三）大连湾村义工分站的"四帮一"活动

在大连湾开展的活动中，大连湾村义工分站的"四帮一"活动是十分典型的互助型社会养老模式。大连湾村义工分站所承担的并不只有义工工作，还包括其他多项工作，已经成为村两委的辅助治理组织。义工站的运行经费基本靠自筹，主要是村两委支持（三名负责人的工资由村两委支付）和孙培敏（大连湾村义工分站站长）捐助。据不完全统计，2012年至今，孙培敏捐助金额已经超过30万元。从义工等级结构来看，大连湾村义工分站共有星级义工28人，五星级义工1人，二星级义工15人，一星级义工12人，在所有义工中所占比例为24%左右。

大连湾村义工分站主要开展"一张纸"活动、"四帮一"服务、殡葬服务、上门无偿医疗服务，主要针对的是老年人群体。其中，"一张纸"活动是大连湾村义工分站为响应大连湾街道义工站而开展的活动，该活动的主要目的是为中心募捐。殡葬服务响应国家简化殡葬政策，秉持移风易俗、勤俭节约的文明风气，净化社会环境的原则，宣传和实施殡葬改革措施。殡葬服务的基本流程是：得知老人逝世消息后，大连湾村义工分站工作人员到逝者家中慰问，帮助逝者家属处理相关事宜，与逝者家属协商沟通，文明殡葬，并给逝者家属发放抚恤金。上门无偿医疗服务由大连湾村义工分站与当地医院签订合约，由医院医生为不能出门的老人提供无偿的上门服务，这一项目为老人看病提供了很大帮助。另外，大连湾村义工分站每个月5日、10日、25日三天都会组织相应的义工活动，如清理小广告、捡拾垃圾、为中心服务等。

下面详细介绍"四帮一"服务。

"四帮一"活动是大连湾村义工分站开展的主要活动，从2014年开始，以4名义工帮助1个困难家庭为基本形式进行服务。当时共配对了6组，已有2组结束帮扶，其中1组老人搬走跟子女住，另1组老人去世。义工的帮扶活动主要是：打扫卫生、收拾屋子及与老人沟通交流，4名帮扶对象的资料和帮扶情况如表6-3所示。

表 6-3　大连湾村义工分站帮扶对象案例

序号	年龄	性别	职业	婚姻状况	健康状况	子女状况	对帮扶的评价
1	73 岁	女	食堂员工	已婚（丈夫瘫痪）	糖尿病及双眼基本失明（儿媳照顾）	一子两女	感谢义工的探望与帮助
2	81 岁	女	村党支部书记	已婚	瘫痪（丈夫照顾）	两子一女	感谢义工经常关注
3	86 岁	女	水产行业	已婚	腿脚不便，小脑萎缩	两子两女	非常感谢义工的时常看望
4	63 岁	女	无职业	丈夫去世	脑血栓，半身瘫痪（女儿照顾）	一女	感谢义工的帮扶与挂念

案例 1：该案例家庭有两位老人，一位因脑血栓瘫痪在床，无法自理；另一位是糖尿病患者，且双眼基本失明。两位老人育有一子两女，儿子常年在外打工，只有儿媳照顾两位老人。大连湾村义工分站了解到这家的困难后，不定期地提供一些家政服务，并在精神上抚慰两位老人。每逢佳节，大连湾村义工分站的工作人员都会自己花钱购买礼物，到老人家中慰问，两位老人非常感激。

案例 2：该案例是一名老共产党员，现已有 80 多岁，几年前因膝盖摔伤导致瘫痪。该案例曾任生产队队长和村党支部书记，热爱党和国家，即使在腿摔伤后也依旧会写材料，上交给村党支部。该案例育有两儿一女，都不在老人身边，偶尔回家看望。该案例现在主要由丈夫照顾，丈夫身体健康、心态乐观，照顾妻子细致周到。义工了解到该案例的情况后，经常到家中探望，陪该案例讲一讲以前的故事，谈一谈现在的时事，该案例非常开心。

案例 3：该案例因不慎摔倒而瘫痪在床，且有小脑萎缩的现象，记忆力不好。该案例育有两儿两女，子女经常回家照顾老人，还请了保姆照顾老人。大连湾村义工分站的义工与该案例是邻居，互相认识，在得知老人的病情后经常到该案例家中与该案例聊天，义工的到来，让该案例觉得生活更加充实与幸福。

案例 4：该案例 63 岁，几年前因脑血栓导致半身瘫痪，该案例的丈夫已去世，现在与唯一的女儿住在一起。该案例原来没有工作，主要依靠低保生活。义工知道该案例的生活状况后，经常到该案例家中探望，每逢佳节，会购买一些物品送到该案例家中。

（四）特点与问题总结

在政府资源相对匮乏的社区，义工自发组织帮助本社区 / 村老人，是城市互助型社会养老的一种形式。大连湾的特点主要有以下三点。

一是大连市义工组织的规范化、圈层化管理。大连湾之所以运转良好，是与大连市慈善总会的领导、大连湾的规范化管理及各义工分站的支持分不开的。首先，大连市义工组织的整体发展水平处于全国前列，在会员管理、项目设计、动员宣传、评估评价等方面都相对成熟，这也为大连湾的活动开展提供了很好的组织保障。其次，在大连市慈善总会的领导和指导之下，大连湾探索建立规范的组织架构和管理制度，每个人各司其职，权利与责任十分明确。再次，建立激励制度。通过义工评级上榜制度，在精神层面激励义工积极参与活动。大连湾建立了平等友爱的组织文化，增强了义工的归属感和凝聚力。最后，大连湾带领各义工分站开展工作，各义工分站支持和响应大连湾的安排。

二是关键人物的引领和带动。义工组织由一群无私奉献的人组成，受助人为乐、乐于奉献的利他精神所驱动。大连湾之所以能够吸引如此多的义工，与关键人物的引领、带动密不可分。很多义工表示，之所以能够坚持下来，就是因为受王长锁的感染和带动。

三是扎实落实每一项服务。大连湾开展的活动以环境保护和服务老年人为主。虽然这些工作并不是非常复杂、烦琐，但大连湾将工作落实到位，并且长期坚持。

虽然大连湾有很多特点与优势，但是，也面临一些发展中的问题，具体如下。

一是资金来源问题。大连湾的资金主要来自义工捐赠。大连湾街道为义工站提供了办公地点，并通过项目的形式每年拨付少量资金，大连市慈善总会没有给予大连湾资金支持，且大连湾缺乏企业赞助。

二是人员老龄化问题。目前，大连湾面临人员老龄化、人员流失、缺乏新成员加入等问题。首先，大连湾过于依赖站长，站长具有很高的个人声誉，项目组根据站长的构思组织义工活动，伴随年龄的增加，站长对业务拓展和会员增加等方面的创新意识降低。其次，义工老龄化较为严重。绝大多数义工为60岁以上的老年人，年纪最长者已经83岁，最小者也已63岁，且新成员招用比较难。

三是法律保障问题。首先，义工在从事志愿服务活动时的风险缺乏法律保障。《大连市志愿服务条例》规定,志愿服务组织应当避免安排志愿者从事需要承担重大管理责任、经济责任或者具有较高风险的志愿服务活动。但是该条例对"志愿者从事需要承担重大管理责任、经济责任或者具有较高风险的志愿服务活动"的界定不够明确。其次，很多义工缺乏相关法律知识。义工缺乏对相关法律的了解，部分活动被制止后，并不了解其中原因，也不明白应该如何维护自己的权利。

三、社区老年人"关怀1+1"社区互助项目

深圳市是全国为数不多的具有市、区、街道、社区四级老年协会的城市，如深圳市盐田区海山街道倚山社区老年人协会（简称倚山老协）综合政府资源（承接政府购买服务项目）、社区资源（获得党委支持）、社区志愿者和专业志愿者资源等，探索了社区老年人"关怀1+1"互助项目（简称"关怀1+1"）。

（一）深圳市老年协会的情况介绍

深圳市老年协会成立于2007年9月28日。经过十余年的发展，目前已经成立市、区、街道、社区四级老年协会组织，形成了较完整的运行系统。截至2016年底，全市已建立起市、区、街道和社区四级老年协会666个，其中，全市近700个社区中已有647个社区成立了老年协会，覆盖率达96.5%。[①]并且，老年协会利用深圳的财力优势、人才优势，组织运转良好。

深圳市老年协会的资金来源主要包括政府拨款和自筹经费（购买服务、社会捐助、企业赞助）两部分。在政府拨款方面，首先，市财政每年安排100万元，区财政每年安排30万元至50万元，街道每年安排5万元至10万元。其次，深圳市从2010年开始启动"幸福老人计划"项目，上述项目经费通过政府购买服务方式解决了各级各类老年社会组织举办各种活动项目的经费问题，此项经费每年安排5000万元左右。

（二）倚山老协的情况介绍

倚山社区有11个住宅小区，4000户人家，共计13457人，其中老年人800多人。倚山老协于2006年成立，有名誉会长1人，理事5人，分别为会长1人，副会长1人，秘书长1人，副秘书长1人，理事1人，现有会员530人，其中党员98人。

倚山老协在社区的领导和支持之下组织开展各项工作，社区设有为老服务窗口，倚山老协根据老年群众的需求，每个季度整理上报相关部门。此外，社区的党群服务中心也是倚山老协的活动场地，老人经常在服务中心打球。

在社团活动上，倚山老协成立了12支队伍，包括腰鼓队、舞蹈队、秧歌队、太极拳队、广场舞队、戏曲小品队、柔力球队、健身操队等。每逢重大节日，倚山老协会举办专场

[①]《协会简介》，深圳市老年协会网，2022年5月28日。

文艺表演。倚山老协每年举办一次老年人运动会，每次有 200 多人参加比赛，另外，倚山老协积极与其他社区老年人协会交流，组织参加各类表演和比赛。腰鼓、舞蹈、广场舞、柔力球、太极拳、戏曲小品等项目先后获得省、市、区、街道 109 个奖项。倚山老协通过开展文体活动，既活跃了社区氛围，又增强了老年人体质。

同时，倚山老协十分重视老年人的学习培训。倚山老协举办了"九九学堂"，组织老年人学习法律、安全、健康养生等知识，每年举办讲座 58 次，每年参加人员达到 600 多人次。倚山老协结合半年总结、年度总结，开展文体队伍骨干座谈会，总结经验，加强服务队伍规范化建设，组织文体活动骨干参加各类培训和学习，提高业务水平和管理能力。

（三）倚山老协"关怀 1+1"

"关怀 1+1"就是组织低龄、健康老人对高龄、重病、残疾、空巢老人进行一对一关怀探访互助，探访互助义工和服务对象合理配对。

1. "关怀 1+1"发展历程

第一阶段为项目申报入库，倚山社区助老服务队成立于 2008 年，服务队成员主要由退休教师、医生、工人、干部组成。2016 年初，盐田区老年人协会和海山街道老年人协会根据盐田区政府推进民生微事实工作的精神，专题开会布置落实。深圳市盐田区海山街道办事处下发了《海山街道推进民生微实事项目实施方案》，倚山老协先后两次组织人员参加街道的培训，培训后，倚山老协申报了"关怀 1+1"，得到了相关部门的重视和支持。2017 年下半年，深圳市项目库专家主持了"关怀 1+1"答辩，倚山老协介绍了本地区"关怀 1+1"情况，得到了专家认可。2018 年，"关怀 1+1"正式启动。第二阶段为项目启动及维护阶段，具体为发动群众、调查摸底、现场配对、义工培训。

2. 倚山老协"关怀 1+1"具体情况

在资金方面，倚山老协的"关怀 1+1"资金来自政府民生微实事项目，项目资金五万元。民生微实事是指关注度高、受益面广，贴近民生、贴近生活，群众热切希望解决的惠民小项目，旨在发挥财政资金的"杠杆"作用和民生政策的"导向"功能，吸引社会资金、智慧和力量，以最快速度、最佳途径解决老百姓身边的小事、急事、难事，激发群众参与社区自治的热情。民生微实事中的服务类项目单项资金原则上不超过 20 万元。根据2015 年深圳市政府办公厅印发的《全面推广实施民生微实事指导意见》，每个社区每年最高可申请 200 万元民生微实事项目经费。

在组织方面，"关怀1+1"的实施主要依托老年协会的力量。由于该社区居民以政府退休人员为主，熟识度和团结度较高，故协会成立之后，在组织老年人文体活动等方面效果显著。2017年，倚山老协探索在组织文体娱乐活动的基础上，推进助老服务，申请了民生微实事项目，以一对一的方式开展老年人探访互助活动。

在服务方面，"关怀1+1"的特点在于一人对一人的精准化匹配和专业化培训，这与深圳市丰富的志愿者资源密切相关。在精准化匹配方面，一方面，通过举办联谊会的方式，将需要帮助的老人组织起来，向老人介绍项目的内容，登记需要探访的老人，建立健康档案。另一方面，根据被探访对象的情况和需求，配对合适的志愿者（目前已配40对）。在专业化培训方面，倚山老协利用志愿者资源，请退休医生、护士、老师等专业人员讲课，在课程培训结束后开始帮扶活动。

服务的具体流程为：评估服务对象需求，将需要定期探访的老人登记在册，根据服务对象情况合理安排配对。

在配对结束后，探访服务义工接受培训。义工会针对不同对象的性格、爱好及要求，提供不同的互助服务。具体的探访时间为：正常情况下，每月9月和19日义工上门探访服务对象，如遇特殊需要，则随时上门服务。服务内容包括：提供生活物资、家政服务、医护服务、娱乐服务。探访结束后，义工需填写服务卡，记录探访情况。总结每半年进行一次，交流探访情况，适时调整探访计划。

在倚山老协的组织下，"关怀1+1"在社区顺利开展，笔者在调研中了解到以下案例。

案例1：该案例是一位93岁的老战士，2019年国庆节时获得中央军委颁布的纪念章，但是老战士不知道在哪里领取，倚山老协了解情况后，帮老战士领取了纪念章。

案例2：该案例是一名退休教师，身患咽喉癌，声音嘶哑，不能说话。开始探访时，由于不能多讲话，双方聊天时间很短。后来义工了解到该案例喜欢画画、拉二胡。第二次探访时，义工请该案例拉琴，并认真欣赏。经过几次探访，双方加深了感情，探访转变成了朋友相会。

（四）特点与问题总结

倚山社区居家养老有以下特色。

一是政府和社区大力支持。田东社区帮助倚山老协会制做出"关怀1+1"的具体方案，海山街道对倚山社区"关怀1+1"大力支持。最终，倚山社区"关怀1+1"申报成功，倚山社区与田东社区签订了"关怀1+1"服务协议书。

二是党员起带头作用。在探访志愿服务者中，有15人是党员。党员承担了大量工作，以身作则，带动义工成长。

倚山社区"关怀1+1"存在以下问题：倚山老协在组织活动时大多由会员出钱，义工每月只有20元的电话费补贴，影响义工参与的积极性和探访活动的拓展。

第七章　中国特色时间银行的实践探索

伴随着互联网、区块链等信息技术的发展，时间银行这一西方志愿服务与社会治理的计量工具和平台媒介被引入中国，与互助养老和志愿服务相结合，成为中国互助型社会养老的重要内容。近年来，时间银行受到广泛关注，如 2015 年出台的《北京市居家养老服务条例》提出："推行社区老年人和志愿者登记制度，探索建立为老年人志愿服务时间储蓄和激励机制。"2019 年发布的《国务院办公厅关于推进养老服务发展的意见》提出："大力培养养老志愿者队伍，加快建立志愿服务记录制度，积极探索'学生社区服务计学分'、'时间银行'等做法，保护志愿者合法权益。"南京市和青岛市提出，要实现养老服务时间银行的全市推广、通存通兑。本章以南京的大阳沟时间银行、姚坊门时间银行、桃园居时间银行及广州南沙时间银行作为案例进行比较分析，探究其发展过程，并厘清相关的关键问题。

第一节　时间银行调研案例介绍

2018 年至 2019 年，笔者在南京和广州对时间银行的有关情况进行了调研，具体如表 7-1 所示。

一、南京市的三个时间银行

南京是中国东部地区重要的中心城市。2021 年，南京地区生产总值 16 355.32 亿元，

表 7-1 时间银行调研汇总

调研地点		调研内容	年份
南京市	尧化街道	姚坊门时间银行	2018、2019
	大光路街道	大阳沟时间银行	2018、2019
	兴隆街道	桃园居时间银行	2018、2019
广州市	南沙街道	南沙时间银行运营中心	2019
	黄阁镇	麒麟社区综合服务中心	2018、2019
		时间银行麒麟新城社区服务站	2019
		时间银行黄阁社区服务站	2019

人均地区生产总值 174 520 元。[①]南京市统计局统计数据显示，截至 2021 年末，南京市常住人口为 942.34 万人，60 岁及以上人口达到 182.46 万人，占比达到 19.36%。[②]为提高老年人口的生活福祉，南京市在社会养老服务方面进行了诸多探索，时间银行就是其中的重要一项。

从 2014 年开始，在南京市民政局的支持之下，部分街道、社区就开始对时间银行的发展模式进行各具特色的实践探索。而在此期间，南京市也在积极推动居家养老服务中心建设，并将其交由社会组织或社会企业运营，推动时间银行与居家养老服务中心结合，作为志愿者管理系统，存储和兑换志愿者劳动时间。2019 年，南京市政府办公厅印发《南京市养老服务时间银行实施方案（试行）》，开启了南京时间银行全市通存通兑的进程。同年，《南京市提升养老院服务质量若干意见（试行）》提出："探索建立全市统一、权威的养老志愿服务'时间银行'。"2020 年施行的《南京市养老服务条例》明确指出："本市建立养老志愿服务时间储蓄制度。"

南京市三家时间银行的发展状况如下。

（一）姚坊门时间银行

姚坊门时间银行自 2014 年 8 月起在王子楼社区试点，在尧化街道支持下，由南京市栖霞区姚坊门慈善基金会策划、南京市姚坊门彩虹社会工作服务中心承接的创新公益项目。该项目主要依托社区居家养老服务中心的实体站点和服务项目，致力于整合与开发尧化街道辖区的互助志愿服务资源，用时间银行系统管理互助志愿服务，开展居家养老服务项目，倡导邻里互助和志愿服务精神。南京市姚坊门彩虹社会工作服务中心为该

[①] 南京市统计局、国家统计局南京调查队：《南京市 2021 年国民经济和社会发展统计公报》，南京市统计局网站，2022 年 5 月 29 日。

[②] 《南京市人口老龄化程度持续加深》，南京市统计局网站，2022 年 5 月 29 日。

项目执行方。在街道层面，南京市姚坊门彩虹社会工作服务中心对各个社区进行工作指导、业绩考核、监督评估，并负责志愿者队伍的组建和技术安全保障工作。同时，姚坊门时间银行致力于站点标准化、连锁化建设。所有站点采用统一的风格色调、统一的标识、统一的管理模式及标准化的服务内容。截至 2019 年 1 月，尧化街道的 13 个社区全部建立社区时间银行分行，拥有 1 000 余名居民志愿者、36 个志愿团队。在志愿者队伍方面，因姚坊门时间银行临近大学城，吸引了众多高校志愿者。

在资金来源方面，首先，政府每年投入约 15 万元，购买时间银行的日常运维服务。其次，政府通过购买高龄独居困难老人上门巡访、老年餐桌等服务项目为时间银行注入运行资金。再次，除政府出资外，姚坊门时间银行的资金亦来源于姚坊门慈善基金会。姚坊门慈善基金会发动政府、市场、社会三方力量投资，为时间银行创造资金池。姚坊门慈善基金会是南京市首家镇街级慈善基金会，成立于 2014 年 1 月。自成立以来，基金会发动 52 家爱心企事业单位，为爱心午餐"助老"项目和四点半课堂等"助学"项目累计捐赠善款 1 079 万元。此外，姚坊门慈善基金会积极探索新的资金来源，如将 1 000 万元创始资金放入银行理财（每年收入约有 30 万元），通过与腾讯公益平台合作开展网络募捐等。

在运营方面，姚坊门时间银行分行与社区居家养老服务中心共用一个场地办公。一方面，居家养老服务中心为时间银行注入诸多养老服务，时间银行平台得以运转；另一方面，时间银行这一虚拟平台依托线下的居家养老服务站点，可进行实体化运作，便于时间银行各项组织工作的开展，可更好地达成管理志愿者、提供服务等目的。正因为与养老服务相连，故其服务对象主要为老年人，服务项目主要有上门探访、一对一帮扶、爱心助餐等。

姚坊门时间银行的管理架构如图 7-1 所示。

（二）大阳沟时间银行

大阳沟时间银行启动于 2014 年 9 月。大阳沟时间银行由南京市秦淮区向阳花社会工作发展中心运营，该中心负责人同时兼任大阳沟社区居委会主任和南京市秦淮区快乐老家居家养老服务中心的负责人。大阳沟社区坚持把开展志愿服务与创新大阳沟社区治理结合起来，构建了政府倡导、社会组织运作、群众参与、爱心企业支持的志愿服务网络。在运行模式方面，大阳沟时间银行参照商业银行运作理念，通过相应的存取规则和激励机制，鼓励志愿者通过累积志愿服务时间，兑换其他志愿者为自己提供服务及获取物质回馈。其品牌化服务项目包括"我是大民星"社区春晚、幸福微影院、百手宴、快乐老

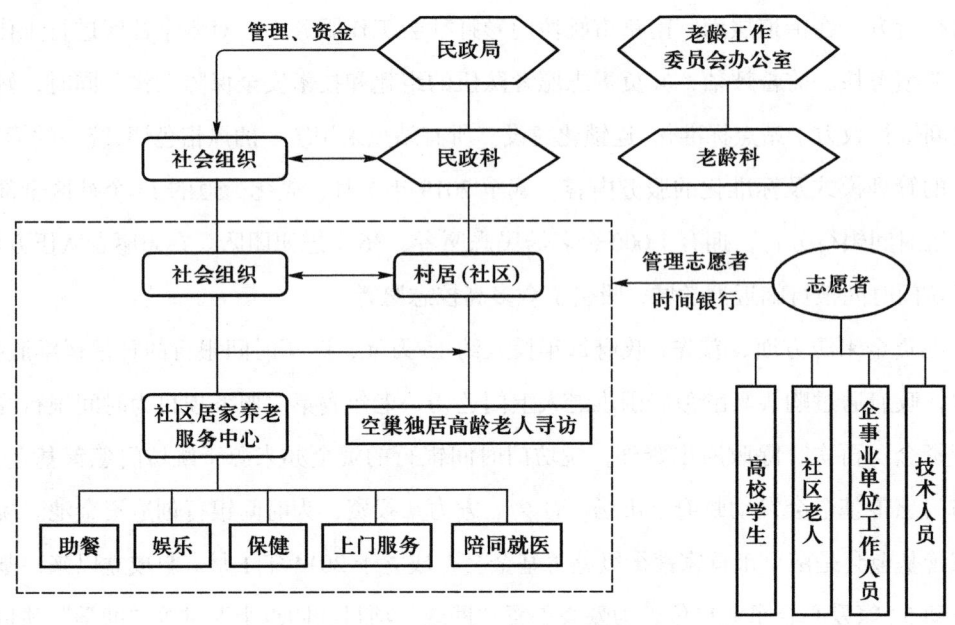

图 7-1　姚坊门时间银行管理架构图

饭堂、潮爸妈学堂、百姓矛盾诊所、一刻钟大管家等，部分服务项目于 2015 年至 2017 年连续入选省市级公益创投项目。大阳沟时间银行开发了志愿慈善体系管理系统，吸引全市各领域志愿服务单位 36 家、团队 33 家，注册个人及家庭志愿者卡 468 个，团队卡 322 个，单位卡 557 个，合计 1 347 个，每年开展 90 多场社区志愿服务活动，积累公益时长 28 074 小时。大阳沟时间银行的管理架构如图 7-2 所示。

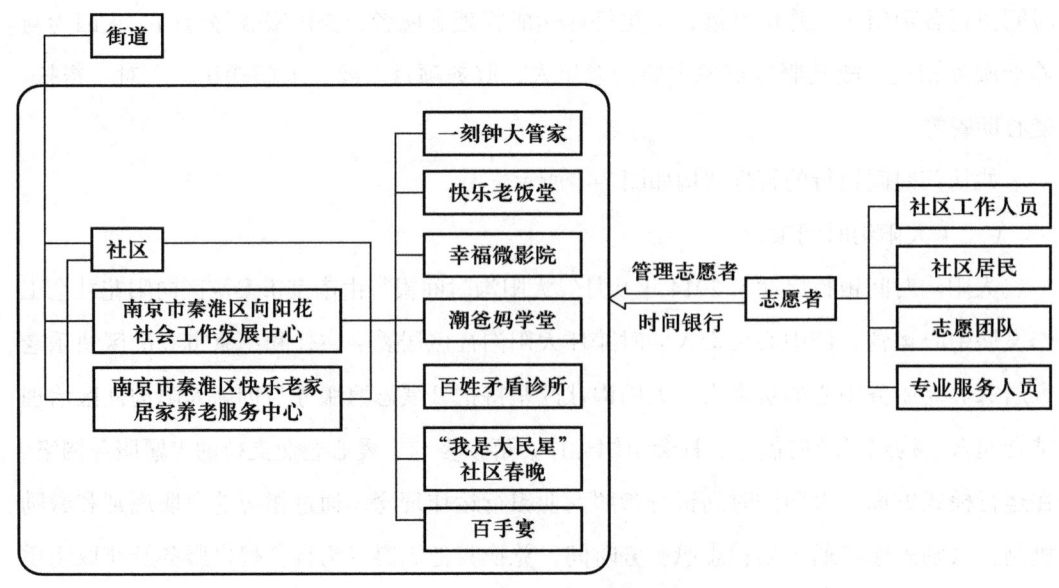

图 7-2　大阳沟时间银行管理架构图

大阳沟时间银行品牌化服务项目具体如下。

一刻钟大管家以家政等贴近居民生活的微服务为主，以民生需求为导向，以部门联动为重点，以社会参与为动力，共同完善社区服务体系，丰富服务手段，打造社区"微幸福"。

快乐老饭堂为社区的困难老人提供居家养老助餐服务，解决老人吃饭难的问题，提供专业社工和义工的支持性服务，让老人暖胃更暖心。

幸福微影院秉承文化养老、孝行天下的理念，在社区建立微型电影院，方便老人近距离免费看电影。幸福微影院设计"微影院"的空间场景，开展各类主题活动及拍摄播放以老人为原型的微视频，满足老人的多元需求，消除老人的孤寂情绪，提升老人的生活质量。

潮爸妈学堂秉承"老有所学，老有所乐"的理念，根据老年人的学习特点，开设与时俱进的时尚课程，帮助老年人接受新事物，掌握新技术，为老年人适应社会的发展、结交新老朋友赋权增能。潮爸妈学堂以健康养生、交际英语、巧手工艺、曲艺杂谈和智能科技五类课程为主。

百姓矛盾诊所旨在通过体制创新，将行政和司法调解资源引入社区，依托人大代表、党代表、律师、警官、法学教授等第三方力量，组建了一支以社区退休老干部、老党员、群团领袖、治安积极分子为骨干力量的工作队伍，以调解"邻里、家庭、公共、信访"四大类矛盾为主，为困难群体的矛盾纠纷提供法制宣传、法律援助、心理干预、普法讲座、纠纷化解、隐患排查等快捷便利的公益服务。

"我是大民星"社区春晚秉承"公益办演出、人人露一手"的理念，以文艺志愿者为主体，与社会爱心企业联合打造，倡导老年志愿者展示才艺，推动居民互动，营造社区快乐文化，欢度新春佳节。

百手宴秉承美味传递、让爱分享的理念，组织百名志愿者奉献拿手菜肴，邀请百名老人共享，并与社会爱心企业联袂提供现场公益服务，喜迎重阳"百家风味、百叟宴席"。

（三）桃园居时间银行

桃园居时间银行由南京市建邺区福惠居家养老服务中心开发运行。在提供各类居家养老服务的过程中，南京市建邺区福惠居家养老服务中心面临服务成本高、志愿者队伍不稳定、服务项目分散、服务记录反馈评估不及时等一系列问题。在这一背景下，南京市建邺区福惠居家养老服务中心负责人探索建立时间银行，希望通过时间银行实现志愿者的分层分类管理和培训，通过服务时间记录与时间积分兑换礼品保障志愿者参与服务的热情，提升志愿者服务积极性，达到可持续发展的目的。志愿者建立时间积分账本，服务完成后记录每次服务项目时长等，便于服务反馈评估及后期的监督与志愿者激励。

截至 2018 年底，南京市建邺区福惠居家养老服务中心已经建立煮妇帮、洗衣坊、法律工作室、编织社、艾心堂、便民服务社等多个互助志愿团队。其中，志愿者团队被分为爱心帮扶型团队、幸福生活型团队、咨询提供型团队。志愿者按照个人的能力和兴趣加入不同的志愿者团队，提供特色志愿服务。桃园居时间银行管理架构如图 7-3 所示。

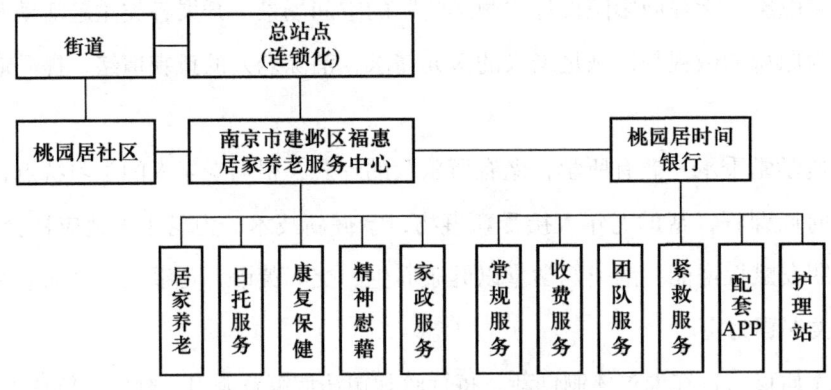

图 7-3　桃园居时间银行管理架构图

桃园居时间银行品牌项目具体如下。

煮妇帮是为老人提供早、中餐的服务项目。志愿者团队由 20 人组成，开展餐前准备、上门送餐、餐后清洁等服务，保证老人安全、卫生、方便用餐。服务时间为早上 5 点至 7 点 30，中午 10 点 30 至 12 点。该项目已服务超过 10 000 人次，存储时间为 3 960 小时，支出时间为 2 000 小时。

洗衣坊项目分为洗涤和缝补两部分。该项目采取发放服务券的形式，由五个人组成的志愿者团队统一提供服务。洗涤物品为床上用品，定时收取、集中洗涤、及时送回。缝补服务对象主要为高龄独居空巢老人。该项目已服务 80 人次，存储时间为 324 小时，支出时间为 0 小时。

法律工作室项目主要为社区居民提供专业法律咨询服务。主要服务内容有：① 法律咨询，代写法律文书，参与谈判，协助人民调解委员会开展工作；② 开设讲座，开展普法教育活动；③ 修订、完善社区规约，审查合同、协议；④ 初审法律援助申请，接受法律援助中心指派，帮助困难群众依法获得法律援助；⑤ 协助处理其他涉法事务。服务时间为每周二、周五上午 9 点至 11 点 30 分，志愿者团队 2 人，已服务超过 100 人次，存储时间为 512 小时，支出时间为 0 小时。

编织社项目的服务目的有两个，一是增加老人生活乐趣；二是义卖手工丝网花、串珠等手工艺品，收入除了用于购买手工制作的原材料，还作为为老人送温暖活动和治疗困难聋哑儿童的经费。具体活动内容有：义卖、编织、培训等。编织活动频率为每周3次，活动时间为下午1点至4点；编织社有五人，编织物件超过1000种，有围巾、丝网花、布贴画、串珠等。存储时间为1800小时，支出时间为1300小时。

艾心堂项目由专业医生、志愿者共同提供服务，服务形式分为站点内服务和上门服务两种。站点提供各类保健器材及专业艾灸、拔罐等服务。各类保健活动定期开展，如保健讲座、医院义诊等，社区居民足不出户就能享受到养生保健服务。艾心堂还针对不便出门的老人，提供上门量血压、测血糖等医疗保健服务。志愿者团队共15人，周一至周五每天服务六小时；已服务超过5000人次，存储时间为3240小时，支出时间为2100小时。

便民服务社项目主要利用社区平台，整合社区内外部资源，发掘能人巧匠，鼓励有一技之长的居民加入社区志愿服务团队，为有服务需求的老人提供生活便民服务或转介服务，如理发、陪同就医等。志愿者团队人数共10人，服务时间为每周一至周五上午7点至9点，已服务超过300人次，存储时间为400小时，支出时间为0小时。

二、南沙时间银行

南沙时间银行是在广州南沙区政府的支持下，区民政局牵头实施的社区公益互助服务平台，由广州市南沙区社区服务宝运营中心负责运营。该项目于2013年10月成立，2014年上线启动。南沙时间银行侧重于打造社区综合治理体系，2017年大配餐项目的推行使其进入快速发展期，2018年开始的党员时间银行给南沙时间银行注入了新的增长动力。南沙时间银行体现了时间银行从运行互助型社会养老转向推动互助社会（社会治理）建立的过程。

（一）南沙时间银行的发展历程

南沙时间银行的发展历程如图7–4所示。2015年，南沙时间银行承接老年人上门巡

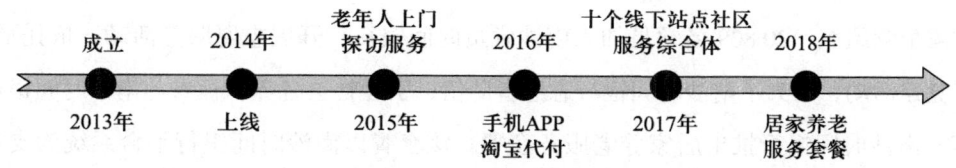

图7–4 南沙时间银行发展历程

视服务，为老人提供上门探访服务。

2015 年底至 2016 年初，南沙时间银行的电脑客户端已不能满足用户需求，因而南沙时间银行的手机 APP 于 2016 年上线，方便更多人参与公益服务活动。考虑到南沙时间银行的线下用户主要为老人，无法熟练使用手机，工作人员可帮助老人发布相关信息。

2016 年，广州市南沙区民政局发布《南沙区关于推广南沙时间银行项目的实施方案》，为项目建设提供政策指导。同年，为吸引更多人参与，南沙时间银行对接淘宝平台，开通淘宝代付功能。时间币不仅可以兑换南沙时间银行平台提供的礼品，还可以兑换淘宝商品，时间币的使用范围及使用方式得到拓展。

2016 年底，南沙时间银行在南北台站点进行的社情民意调查结果显示，老人用餐存在困难。根据这一情况，大配餐项目推出，该项目于 2016 年底在部分站点试运行。2017 年，由广州市政府主导，大配餐项目推广至整个南沙区。大配餐项目的推行使得南沙时间银行会员数激增，极大促进了南沙时间银行的发展。线下分站点由两个发展为十个，各村居小服务站点（配餐点）数量、会员数量快速增加。以黄阁社区服务站点为例，该站点 2017 年 10 月运行后，通过大配餐项目宣传南沙时间银行，并依靠所招募的配餐志愿者建立了第一批志愿者队伍。在大配餐项目带来的影响力的基础上，黄阁社区服务站点不断发展，现已建立五支志愿者队伍，共约 208 人，拥有 6 800 多个会员及 35 个团体会员。

2017 年 10 月，南沙时间银行开始承接民政部购买的社区服务综合体项目。社区服务综合体项目涵盖社区养老、社区便民、社区助残、教育文化、公共服务等内容，借助南沙时间银行的平台优势，对接社会各界资源，满足不同地域、不同人群的社区服务需求。截至 2018 年 6 月，社区综合服务体项目已发动商家 20 户，组建 37 支社区志愿服务队，有 386 名志愿者参与社区服务，开展配餐类服务 133 714 人次、社区助残类 1 160 人次、社区养老类服务 2 840 人次、文化教育类服务 13 231 人次、便民类服务 1 686 人次。

2018 年 6 月，南沙党员时间银行启动，助推南沙时间银行进一步发展。现全区已有 884 个党组织、20 809 名党员加入南沙党员时间银行，开展志愿服务活动，依托平台开展党建活动，壮大了南沙时间银行志愿者队伍，引导社会各界积极参与南沙时间银行。同年，南沙时间银行推出居家养老服务套餐。该套餐以南沙时间银行平台系统为支撑，辅以智能养老终端监控设备，对接村（居）委会、社区卫生站、社工机构、社会组织、志愿者、爱心企业，为老人提供定期巡查、身体状态监控、应急救治、日常家政、饮食、文娱活动等全方位居家养老服务。

到 2019 年 8 月，南沙时间银行主要负责社区服务综合体项目和党员时间银行，共拥有一个管理中心，十个分站点，71 个小服务站，62 960 名会员，1 457 名团体会员，报告需求总数 36 668 项，完成 31 423 项服务，拥有时间币总量达 602 226.35 枚。

（二）南沙时间银行的运行机制

1. 管理模式

南沙时间银行的管理模式为"线上 + 线下"，线下又分为"1+10+71"，即在区民政局设一个南沙时间银行管理中心，各镇街共设十个分站点，各村居共设 71 个服务点。管理中心下设总办、策划部、宣传部、运营部、财务部，分站点工作人员归属运营部管理。管理中心定期分配任务，指导各分站点工作，审核各分站点的服务方案，帮助协调解决各分站点遇到的问题；分站点负责本镇街内宣传推广、收集信息、沟通协调、资源对接等工作；服务点负责村居的具体服务。

各分站点有一两名工作人员，主要职责包括：一是宣传推广南沙时间银行，发展会员；二是提供线下支持，协助会员发布、承接服务订单和确认服务结果；三是收集 60 岁以上老人、残疾人、儿童等群体的信息；四是跟进相关服务事宜，如纠纷、投诉、供需双方的沟通，以及协调与街镇、各机构、商家等之间的关系；五是拓展社会资源共同参与社区公益。站点工作人员每个月都要去对接志愿者或商业资源，以保障各项目运转。

2. 平台响应

南沙时间银行的会员涵盖社会各界人士，热心社会公益或有服务需求的人均可通过网站、手机 APP 或社区服务站注册成为会员。会员可通过南沙时间银行平台发布服务需求、承接服务项目、发起公益慈善、开展社区活动。志愿者经供需双方双向选择、双方评价后获得时间币。时间币会存储在志愿者账户中。南沙时间银行也会根据服务类型，有针对性地开展培训活动。服务涉及残疾人或有专业性要求时，南沙时间银行会招募专业的老师对志愿者进行培训。南沙时间银行平台的使用流程如图 7-5 所示。

作为劳动价值的计量单位、支付工具、交易媒介及储存媒介，时间货币的界定直接影响南沙时间银行服务人员和服务对象的积极性和参与度。南沙时间银行秉持"低偿、互助"理念，依据广州市上年度（调整兑换标准年份的上年度）社会平均与最低工资标准的中间值，给定 1 时间货币等价于 1.9 元。时间货币无法折现，但可兑换服务或商品，

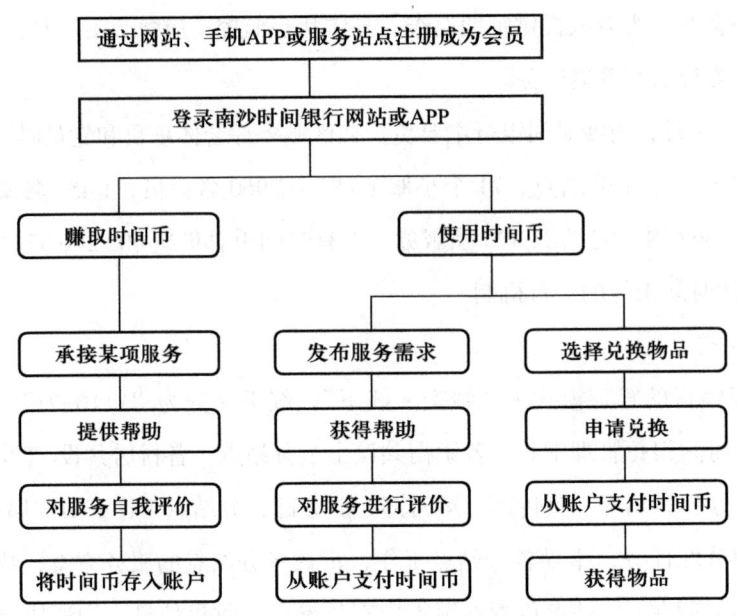

图 7-5　南沙时间银行平台的使用流程

亦可以转让、捐赠，体现了南沙时间银行的互助特色。南沙时间银行设有社区公益基金、社区慈善基金、商企捐赠基金、党代表志愿服务基金，个人及团体会员可向各基金捐赠时间货币，用于社区公益慈善事业及南沙时间银行的发展。同时，时间货币可以度量劳动价值。会员可在平台上发布需求并自主设置时间货币奖励数量，以时间货币为媒介，服务对象获取服务，服务人员获取劳动报酬。兑换礼品方面，南沙时间银行准备了较为丰富的礼品，并根据市场价值折合为一定的时间货币兑换，如 200 元购物卡需要 104 枚时间货币兑换，食用油需要 28 枚时间货币兑换。南沙时间银行设计了具体的兑换流程，志愿者可以随时随地通过网站或者手机 APP 兑换礼品。

3. 品牌项目

南沙时间银行的品牌项目是：社区服务综合体和党员时间银行。社区服务综合体项目由民政局购买，通过南沙时间银行平台对接各方资源，开展社区养老、社区助残、社区便民、教育文化、公共服务五类服务。

党员时间银行由南沙区委组织部购买，党员注册成为党员时间银行会员，每年每名党员需参与两次以上志愿服务活动，所获时间货币全部捐入公益基金账户。如卫生医疗单位开展的街边义诊或宣传活动，就是由党员志愿者帮助完成的。

此外，南沙时间银行提供小小兴趣班、慰老、爱心食堂等服务。

小小兴趣班，即南沙时间银行利用假期发动会员根据自己的特长自荐开设课程，帮助外来务工人员的孩子扩大知识面，培养个人兴趣爱好，目前已开设过绘画、舞蹈、唱歌、国学、象棋、围棋等课程。

慰老服务，即将服务时间赠予老人，由居委会或社会组织协助，老人根据实际情况在平台发布需求，志愿者承接服务满足老人需求。

爱心食堂以南沙时间银行为平台，政府、企业、志愿者、社区居民、老人等协同发力、各司其职、分担分摊、降低成本，以定点膳食、配送到户的方式解决老人的就餐问题。收费标准为60岁以上老人每顿饭政府补贴两元，供餐企业让利2元，自己承担6元。除提供平台外，南沙时间银行还负责爱心食堂时间货币的统计及结算。

（三）南沙时间银行与家庭综合服务中心（简称家综）及社区综合服务中心（简称社综）的关系

广州的社会治理体系与其他地区有所不同，北京、上海等大部分城市的社区服务站都由社区管理，而广州的社区服务站采取政府购买服务的形式，即家综，由专业社会组织负责运行。除家综以外，南沙区还有自己的社综。故这里对南沙时间银行与家综及社综的关系进行阐释。

1. 家综和社综

（1）家综

家综是一种通过政府购买服务，形成以社会组织为载体、以专业社工为骨干、以义工队伍为基础的社区综合服务模式。[①]2008年，广州提出要学习新加坡的经验，建设各街道的家综，并设定了每条街道至少建设一个家综的目标。在建立家综之后，各区通过招标的方式，委托中标的民办社工机构承接街道家综的具体服务。

2011年，中共广州市委办公厅、广州市人民政府办公厅印发了《关于加快街道家庭综合服务中心建设的实施办法》，从制度层面确定了家综的合法性。2018年，《广州市社工服务站（家庭综合服务中心）管理办法》出台，规定家综提供补救性、支持性、预防性、发展性四个方面的专业服务。该文件主要创新之处体现为规划布局的优化，允许部分镇街设立两个及以上服务站点，将社工站的服务模式由原来的"3+X"调整为"113X"[②]，并延长了服务周期、提高了保障标准、凸显了平台作用，推进了服务下沉。与此同时，一些家综承接了养老大食堂和养老服务中心的运营。

---

① 徐宇珊：《服务型治理：社区服务中心参与社区治理的角色与路径》，《社会科学》，2016年第10期。

② "1"个核心项目——强化党建引领社会工作服务，"1"个重点项目——关注辖区群众最关心、最直接、最现实的社会工作服务，"3"个基础项目——夯实家庭、老人、青少年社会工作服务，"X"个特色项目——提供多样化的社会工作服务。

（2）社综

社综是南沙区特有的社区服务机构。社综的定位与家综的定位较为相似，是一种政府出资购买、社会组织承接、社工提供服务的社区服务模式。与家综的不同之处在于，社综的分布更广，服务范围更小，主要依托村（居）委会开展工作。社综以社区发展和运营为出发点开展服务，侧重于解决社区公共问题。

自2018年起，广州的政策文件将家综改称为社工服务站，此举进一步模糊了社综和家综的界限。

2. 南沙时间银行与家综及社综的关系

南沙时间银行在发展初期，受社工组织和供求对接平台影响力等因素限制，主要通过承接养老配餐、党员服务等政府购买服务项目来开展活动，实际也相当于社工机构的志愿者管理系统。从社工组织的角度来看，其与家综、社综的一些工作范围是重合的，二者在志愿者招募、服务项目等方面存在竞争和重复。

随后，南沙时间银行的定位逐步由服务主体向社区综合治理平台转变。2016年，南沙时间银行手机APP上线，迈出了信息化建设的重要一步。居民通过手机平台发布服务需求，黄阁社综、家综等社区服务机构也可以通过此平台发布消息和承接更多服务。从未来发展来看，作为社区服务的发布平台，南沙时间银行可以由居民、商户、社工组织等发布需求信息，相应的居民、商户、社工组织等承接服务，而社工服务站则根据其特长组织各类线下活动。

第二节　时间银行的发展逻辑与关键问题

根据前文分析，时间银行不仅是志愿者管理系统，而且是构建互助社会的重要驱动力和中介平台，互助型社会养老只是其重要组成部分：一是其有时间货币这一媒介，服务方与被服务方是互助志愿服务的交换关系，而非劳务关系。二是线上互联网技术和区块链技术与线下圈层化的互助组织、服务站、合作社相结合，一方面，能够发挥互联网技术优势，达到信息的迅速共享和不同区域之间资源的有效统筹、对接；另一方面，能够发挥区块链技术优势，对资金、服务起到有效监督和保密的作用。在微观层面上，时间银行承载互助行为；在中观层面上，时间银行对接组织和资源；在宏观层面上，时间银行帮助构建社区—社会互助共同体。故时间银行是在党委领导和政府负责之下，利用互联网平台扁平化对接资源的高效便捷优势，以及时间货币对互助志愿服务的时间度量优势，由企业、专业社会组织等运营，将圈层化的中观实体互助组织连接起来、微观个体互助行为发动起来，从互助养老逐步向互助参与、互助保障、互助服务、互助合作等多元互助模式拓展，同时在社区监督之下进一步增加各类市场增值服务，形成线上线下联动高效的虚拟时间货币系统。下面即从微观、中观、宏观三个层面，进一步分析时间银行的理想运行逻辑，并具体分析目前时间银行在发展过程中面临的四个关键问题。

一、时间银行的发展逻辑

（一）微观层面：承载互助行为

如图 7-6 所示，从微观层面来看，时间银行承载人与人之间以互助文化为引领、以时间货币为媒介进行交换的互助行为。处于一定地域范围内的个体或家庭根据自己的能力及需求，依托时间银行平台交换产品、资金、服务，在养老、助残、抚幼、维修等多方面实现互相帮助、互利互惠。互助文化蕴含着工具理性，也蕴含着无私奉献精神与公益志愿精神。时间货币是衡量工具和支付媒介，其在服务人员与服务对象之间既可以双向流动，也可以单向流动。时间银行参与者通过服务供给、产品购买等方式获得时间货币，将其存储在时间银行，可用于兑换他人的服务、物品、现金等。由此，互助行为的闭环形成。

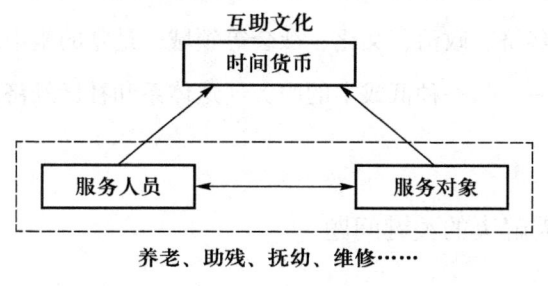

图 7-6 时间银行的微观层面构建

（二）中观层面：对接组织和资源

时间银行的中观层面构建如图 7-7 所示。虽然互助直接表现为互助行为，但是要让互助正式化、机制化、规范化、可持续，就需要有组织的运营。时间银行的优势就在于可以对接各类互助组织。一方面，互助组织可利用时间银行这一平台，对接社工、社会

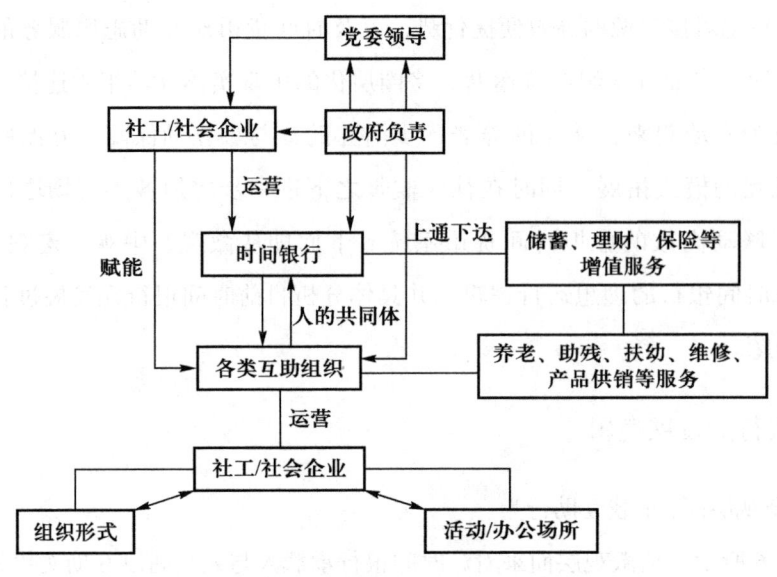

图7-7 时间银行的中观层面构建

企业、居民等各类资源，促进互助组织发展。另一方面，时间银行为互助组织开展互助活动提供平台支持，使互助组织运转便捷化、信息化。由此，在时间银行平台的作用下，互助组织可在社区居委会、养老服务中心、党建综合体、温馨家园等场所开展互助活动，有序规范地提供养老、助残、抚幼、维修、产品供销等服务及储蓄、理财、保险等增值服务。

（三）宏观层面：构建互助社会（互助共同体）

从宏观层面看，如图7-8所示，互助社会是具有共同利益和价值认同的个体及其组织经中介平台连接组合而成的互助互利的系统。该系统集情感网、服务网、资金网、互联网、物联网于一体，覆盖经济、政治、文化、社会等领域，是党的集中统一领导和以人民为中心的发展思想的统一，是一种低成本的服务递送体系和社区经济体系，是法治框架下的社会治理共同体。

二、时间银行发展需解决的关键问题

虽然时间银行取得了一定进展，但也面临不少问题，主要有以下几点。

一是发展定位不清。时间银行普遍被界定为辅助性的互助志愿者管理系统，其可以利用互联网优势高效推动中国特色社会治理体系发展的重要价值没有受到足够重视。运营者主要用时间银行的名义吸引志愿者，将居家养老平台和原有服务项目填充入时间银行，吸引社区居民开展互助志愿服务。在这一过程中，时间银行的实际作用有限，只起到了辅助管理的作用。换句话说，时间银行在一定程度上可有可无，如果把时间银行换

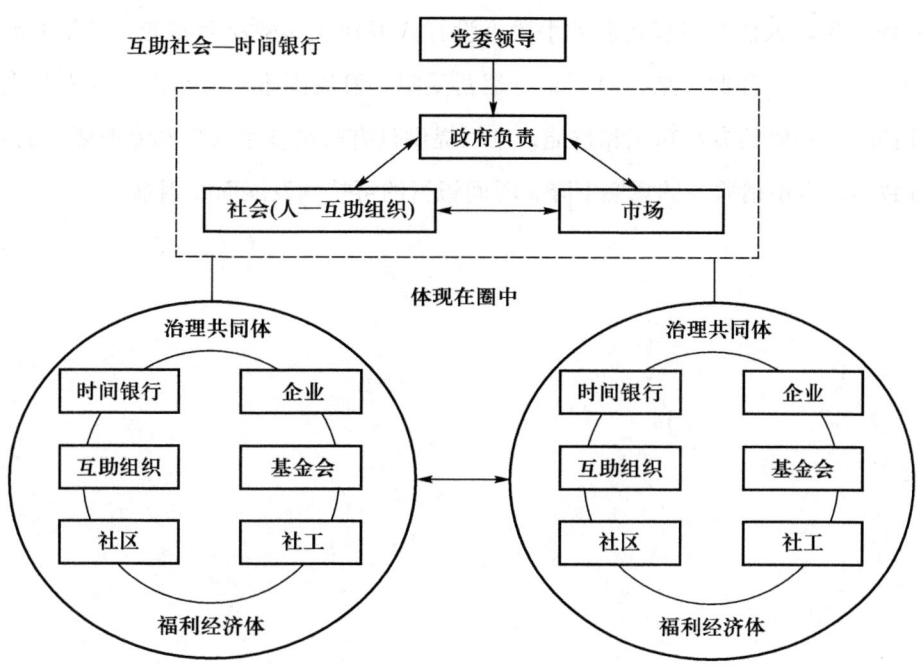

图 7-8　时间银行的宏观层面构建

成其他形式，这些互助志愿服务一样能开展。另外，企业、社会组织和政府部门是推动时间银行发展的重要动力方，企业、社会组织是运行时间银行的主体，企业、社会组织资源有限，积极性没有被充分调动，需要做其他项目以维持生存，因而有时力不从心，推动时间银行发展的速度缓慢。

二是时间货币兑换困难。由于目前时间银行发散于各地，主要由社会组织或企业自主探索，且由小规模的社会组织或企业做担保，公信力不足，各时间银行的时间货币缺乏权威信用背书，其界定方式、记账单位、交易媒介、支付工具及储存媒介不统一。一方面，时间货币的兑换受社会组织、企业的意志影响，可兑换性受到质疑，不少时间银行缺乏规范的时间货币兑换标准。另一方面，互助服务与时间货币的兑换标准及互助服务的质量难以得到保证，由此造成服务双方对时间银行的不信任，影响志愿服务人员的积极性。

三是服务供求对接失衡。时间银行的供给多局限于助餐、文化娱乐、精神慰藉等非劳务型服务，专业类服务供给缺乏。原因在于：一是社区服务类企业，尤其是社区养老服务机构参与和使用时间银行的方式存在问题。一方面，社区服务类企业多提供文化娱乐、精神慰藉类的无偿服务，而这些服务的非营利性导致企业参与时间银行的意愿不足。另一方面，不科学的服务安排导致企业经营成本高。目前的养老企业盲目采取服务于年轻人群的市场化服务手段，没有认识到互助型社会养老对老年人消费市场开拓的重要性。如此一来，时间银行运营受限，发展困难。二是以老年人为主的志愿者往往缺乏必要的专业知识和技能，难以提供具有较高技术含量和专业要求的服务。这样导致需求方申请服务的意愿下降，时间银行的可持续发展面临困难。

第八章　中国城乡互助型社会养老的模式总结、道路与展望

伴随中国全面建成小康社会，以及急速人口老龄化和深度人口老龄化进程与家庭的小型化和人口流动的常态化，从老年人需求角度来看，社会养老将不可避免地成为老年人的重要养老方式。受中国文化特点和老年人收入水平影响，低成本与集体归属感是中国老年人社会养老的两大需求。从国家治理的角度来看，人口大国和处于社会主义初级阶段的现实国情决定了发展互助型社会养老具有重大意义。本章在总结城乡互助型社会养老典型模式的基础上，从组织建设和体系建设两个角度提出中国城乡互助型社会养老的发展道路，并展望互助社会养老的发展方向。

第一节　中国城乡互助型社会养老的模式总结

互助型社会养老受到政府推动与组织内生动力的共同影响，发展形式多样，模式划分方式也有很多种。从管理架构（体系建设）的角度看，按照服务供给的统筹层次可以划分为独立型和圈层型，按照服务对象可以划分为救助型和适度普惠型，按照建设重点可以划分为互助组织＋互助服务型和互助志愿服务型。从资金来源的角度看，可以划分为福利型、公益型、经营型、福利＋公益型、福利＋经营型、公益＋经营型、福利＋公益＋经营型。从组织特点的角度看，按照组织主体可以划分为行政主导型、社工组织主导型、社会企业主导型、互助组织主导型、个人主导型，按照组织结构可以划分为松散

203

型和紧密型，按照组织功能可以划分为文化型、劳务型、保障型、综合型，按照运行形式可以划分为组织化管理型和混合化经营型。从服务的供给角度看，按照服务者可以划分为互助交换型、无偿服务型、低偿服务型，按照被服务者类型可以划分为互助交换型、无偿获得型、低偿获得型，按照服务地点可以划分为社区居家互助和机构互助，按照服务内容可以划分为精神慰藉类、生活照顾类、文化娱乐类、康护保健类、助餐类等。

一、按照管理架构划分

根据前文所述，目前很多城乡地区在村居层面进行互助型社会养老的探索和试点，也有一些地区已经建立相对成熟的县市级统筹的互助型社会养老服务体系。一些互助氛围浓厚且注重互助组织建设的地区，主要依托互助组织体系提供互助服务，而互助组织建设相对滞后的地区，则通过专业社会组织或社会企业进行互助志愿队伍的招募和培育，重点发展互助志愿服务。一方面，进行救助性的互助服务供给是基础；另一方面，在有条件的地区，通过国家资金、社会互助资金的多元筹集，发展普惠性的互助养老，为农村老年人提供低成本的食、住、精神慰藉和生活照护，推动构建互助型社会养老服务保障体系和互助共同体。

（一）统筹层次

按照服务供给的统筹层次，互助型社会养老可以划分为独立型和圈层型。独立型互助养老一般由村两委（社区）、村居内部社会组织、专业社会组织或个人筹资主导，利用已经存在的组织基础，发动志愿者队伍，为老年人提供食、住、精神慰藉、生活照护等服务。

圈层型互助养老一般由政府、大型基金会、企业主导，建立统一管理评价监督制度，或利用行政层级传导，或利用专业社会组织或企业传导，在村居或村民、小组或互助小组一级的圈子内部发动互助服务，为老年人提供食、住、精神慰藉、生活照护等服务。总结而言就是"层级管理，圈内执行"。

总体来讲，圈层型互助养老虽然有统一的资金、管理和评估，覆盖面广，可以利用自上而下与自下而上相结合的组织优势，但其要顺利开展，仍然需要建立圈子里的服务队伍。故如果村庄有组织基础且资源动员能力，要真正把一个村的居家互助服务做好做实，必须立足本村居实际，整合资源、筹集资金，细化服务人员、服务对象和服务内容，同时进行有效的监管评估。换言之，独立型和圈层型互助养老既是互为阶段性、连续性的关系，也是相互配合、相辅相成的关系。

（二）体系重点

按照体系重点可以将互助型社会养老划分为互助组织＋互助服务型和互助服务型两类。之所以有这一项划分，主要因为我国地域广阔，不同地区间差异较大。

一方面，在浙江、福建等宗族组织较为发达的地区及互助氛围浓厚的少数民族地区，互助组织建设具有较强的社会基础，在政府的资金、政策支持下和规范化、标准化管理建设的情况下，部分互助服务可以较顺利的开展。

另一方面，在互助组织建设社会基础不足或互助组织建设不是政府关注重点的地区，互助型社会养老则主要依靠专业社会组织、社会企业、个人等进行，如北京延庆和浙江安吉考虑到互助组织的专业性不强，互助养老的相关工作均由专业社会组织进行统筹管理和监督。在村集体或老年协会参与不积极的村庄，社会组织帮助组织互助志愿服务队伍，提供生活照护服务。

（三）服务对象

按照服务对象互助型社会养老可以划分为救助性互助养老和适度普惠性互助养老。由于北京延庆、浙江安吉、吉林松原、广西宜州四个地区案例已经基本形成体系，[①] 且具有典型意义，故对这四个地区进行比较分析。

1. 救助性互助养老

从资金互助、服务互助、文化互助三个方面来看，资金互助不是本书的研究重点，故救助性互助养老主要体现在服务互助中的家务劳动和个人清洁护理，以及文化互助中的上门探望和陪同聊天等方面。北京延庆、浙江安吉、吉林松原、广西宜州农村均建立了市（区／县）级统筹的救助性的互助服务体系，为农村高龄、空巢、独居、失能半失能、生活困难老年人提供居家互助服务，除广西宜州之外，其余各地均为老年人提供家务整理、个人清洁等生活照护服务。如表 8-1 所示。

2. 适度普惠性互助服务 +

在前述由政府以购买服务形式进行的救助性（选择性）居家互助养老服务供给基础上，这些地区也进行了以社区居家养老照料服务中心／托老所／幸福互助院／幸福晚年驿站等（各地叫法不一）为载体的互助养老服务（笔者称之为互助养老服务 +）体系的构建，取得了一定成效。之所以称之为互助养老服务 +，是因为它仍然依托各类互助组织，

---

① 城市虽然也通过政府购买的方式，将上门巡视特殊老年人的服务交给专业社会组织、社区实施，但要么行政性过强，要么趋利性过强，很多都是形式主义，只有前文提到的少数案例做得比较好，一方面这些案例集中于大城市，另一方面规模相对较小，效果不如农村理想。故这里着重比较解析农村案例，希望给中小城市、小城镇以启示。

表 8-1 救助性居家互助服务体系的几类模式

| | 层级 | | 资金来源 | 组织主体 | 服务人员 | 服务内容 | 服务对象 | 评估方式 |
	管理部门	评估方式				圈属		
北京延庆	政府购买服务	北京市延庆区慈善协会	以电话回访为主	村两委（以妇联为主）	志愿服务队	以生活照料服务巡视探访／精神慰藉为主	留守、空巢、独居、失独、失能半失能老人	—
浙江安吉	政府购买服务	乐享人生社会组织	互联网监督＋电话回访	社会组织牵头	志愿服务队	以生活照料服务／巡视探访／精神慰藉为主	留守、空巢、独居、失能半失能老人	—
吉林松原	政府购买服务	市老龄办	电话回访/12349平台	老年协会（村支书为会长）	爱心志愿服务队	以生活照料服务／巡视探访／精神慰藉为主	"五保"、低保、优抚对象及60岁以上的贫困、失能半失能、空巢、独居老年人	—
广西宜州	政府购买服务	市老龄办	实地走访/指标评估	老年协会	互助服务员	以巡视探访和精神慰藉为主	空巢、留守、失独、五保、高龄老年人	—

不以营利为目的。不同的是，以社区服务场地为载体，服务人员不仅包括互助服务人员，也包括雇佣人员，被服务者为全体农村老年人；不仅包括无偿的服务，也包括就餐、文化娱乐、日常照顾、康护保健等低偿／有偿的服务。吉林松原托老所面向的是农村留守老人。如表 8-2 所示。

二、按照资金来源划分

互助需要内生动力和外源力量的共同推动，核心是内生动力。故互助型社会养老可持续运行的核心和重点在于资金，以及将已经广泛存在的非正式互助网络正式组织起来，建立组织—服务—评估制度机制。从资金来源的角度看，可以将互助型社会养老划分为福利型、公益型、经营型、福利＋公益型、福利＋经营型、公益＋经营型、福利＋公益＋经营型。分析框架如图 8-1 所示。

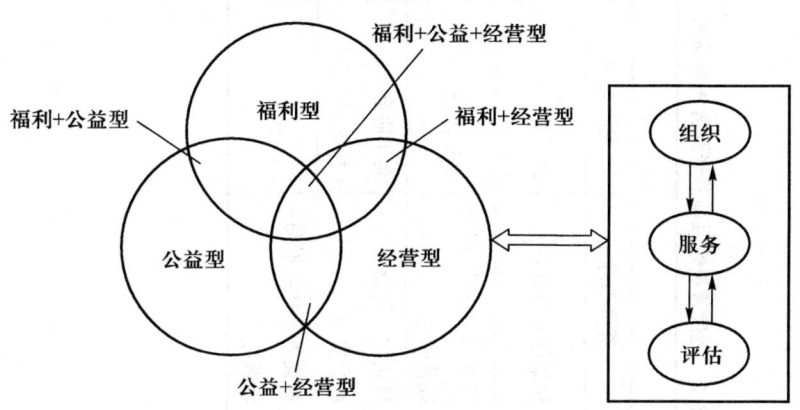

图 8-1　按照资金来源划分的互助型社会养老模式

福利型是指依靠政府公共支出来维持运转的互助养老模式。公益型是指由村集体、社会团体、爱心人士捐赠或者老年人出资，不以营利为目的、自发组织经营的互助养老模式。福利＋公益型是指运行资金来自政府公共支出，以及村集体、社会团体、爱心人士公益捐助、老年人出资的互助养老模式。经营＋型是指以老年人购买服务为主要收入来源的互助养老模式。[①] 经营型的运行资金仅来自经营收入。福利＋经营型的运行资金

---

① 需要说明的是，互助养老的判断标准是形成互助组织或互助小组，虽然是非营利性的，但互助养老＋的部分可以是营利的，＋的这一部分包括非营利的互助服务和市场化服务两部分，合作社形式的市场化服务也属于互助养老。这是企业推动互助养老的重要原因，同时它是一种低成本利用人力资源的方式，也是促进参与个体保持身心健康的方式，可以促进形成由小及大的互助共同体。尤其是在集中养老方面，互助养老可以与市场化服务共同由企业运行，企业通过降低成本、吸引顾客，达到盈利的目的。

表 8-2　适度普惠性互助养老服务 + 体系的几类模式

| | 层级 | | | 圈属 | | | | | |
	资金来源	管理部门	评估方式	资金来源	组织主体	服务人员	服务内容	服务对象	评估方式
北京延庆	政府建设资金+运营补贴	民政局	政府+第三方评估	村集体+经营收入	村两委	雇佣+志愿者	老年餐桌/文化娱乐	全体老年人	自我评估
浙江安吉	政府建设资金+运营补贴	民政局	第三方评估	村集体+老年协会经营收入	老年协会	雇佣+老年协会成员	老年餐桌/文化娱乐	全体老年人	自我评估
吉林松原	政府建设资金+服务补贴	民政局	政府评估	村集体+经营收入+社会捐助	老年协会（村支书为会长）	志愿服务队	托老所	留守老人	自我评估
广西宜州	政府建设资金+老年协会以奖代补补贴	民政局	政府评估	村集体+社会捐助+经营收入	老年协会	老年协会成员	不定期就餐/文化娱乐	全体老年人	自我评估

来自政府和村两委等公共支出及经营收入。公益＋经营型是指运行资金来自公益捐助、组织成员自筹缴纳及经营收入。福利＋公益＋经营型是指运行资金既来自政府公共支出，也来自村集体支出、公益捐助、组织成员自筹缴纳及经营收入等。

（一）农村模式

如表8-3所示，由于乡村的市场条件发育不足，农村互助型社会养老以福利型、公益型和福利＋公益型为主；公益型和部分福利＋公益型源起于内生动力，政府介入后福利属性增加；另一部分福利型和福利＋公益型是由政府主导推动，这部分之所以运转良好，也是因为内生基础较强。

表8-3　按资金来源划分的农村互助型社会养老模式

划分标准	调研案例	主要资金来源	主要组织者	互助内容	评估方式
福利型	北京延庆慈善"1+1"关爱空巢助老项目、浙江安吉政府购买居家养老服务、吉林松原政府购买基层老年协会开展农村居家养老服务、广西宜州政府购买基层老年协会养老互助服务等救助性互助养老等	政府购买服务	村两委、妇女组织、老年协会、专业社会组织	上门探望、陪同聊天，部分开展家务帮助、个人清洁护理	以政府评估和自我评估为主
公益型	河北省荷花公益基金会资助的河北农村互助养老	基金会	社会组织	文化娱乐、部分开展助餐、上门服务等	自我评估、外部评估
	浙江杭州长命村抱团养老	个人	个人	文化娱乐、家务整理、共餐等	自我评估
福利＋公益型	北京市延庆区王仲营村	政府＋村集体	村两委	文化娱乐、助餐、结对帮扶、过节慰问	自我评估、外部评估
	上海市奉贤区李窑村	政府＋村集体＋捐助	村民小组	文化娱乐、助餐、结对帮扶、过节慰问	自我评估、外部评估
	上海市松江区堰泾村	政府＋村集体＋捐助＋个人	养老机构（社会企业）	文化娱乐、助餐、结对帮扶、过节慰问	自我评估、外部评估
	浙江市安吉县磻溪村	政府＋村集体＋个人＋村民众筹＋捐助	老年协会	文化娱乐、助餐、过节慰问、结对帮扶	自我评估、外部评估
	广西壮族自治区宜州区围村		老年协会	文化娱乐、结对帮扶、过节慰问	政府评估、自我评估

续表

划分标准	调研案例	主要资金来源	主要组织者	互助内容	评估方式
经营+型	四川成都河山村，芦山大坂村，横溪村。北京顺义龙王村幸福晚年驿站。北京通州烛光小区养老驿站等	政府+村集体+经营+捐助	社会组织+老年协会	文化娱乐、失能老人居家照料、生病老人探望、过节慰问	自我评估、外部评估
	吉林松原单家村等	经营+村集体+政府+捐助	村两委（老年协会、妇女组织）	文化娱乐、助餐、日间照顾等	自我评估、政府评估
	山东单县农民合作社+养老项目	经营+捐助	农民合作社（交给个人负责）	文化娱乐、助餐	自我评估

（二）城市模式

与农村相比，城市互助型社会养老的形式更加多样，但受市场化服务及互助组织的内生黏合性不足等因素影响，互助内容相对有限，以精神慰藉和帮扶济困的志愿服务为主，运行资金包括管理人员和服务人员的薪资或补贴、交通和用品等花费。需要说明的是，根据前文所述，本书判断互助型社会养老的标准是形成互助组织，这个组织是互益性、非营利的。由于村集体本身是一个互助组织（自治单位），无论以村集体为单位，妇女组织、义工组织、村庄能人所进行的志愿互助服务，还是聚焦到村民小组、老年协会等老年人自组织、企业招募的互助小组，都是在村集体基础上建立的互助组织。而与农村不同的是，城市社区是名义上的互助组织（自治单位），居民离散化，依赖市场而非互助，故除了由政府购买服务的社区志愿互助服务（完全利用互助志愿服务降低成本），以及明显的形成会员制的"窝窝计划"等，其他经营型的社会企业没有明确界定非营利、会员及民主参与、民主决策等互助组织的内容，互助型社会养老的界定仍然相对困难，故除了明确会员制服务，其余的市场化服务部分不算在城市互助型社会养老中。

如表8-4所示，从现有案例来看，除了成都馨挽秋的"窝窝计划"由老年人AA制出资，大连湾义工站的情暖空巢项目由义工AA制出资，广州南沙时间银行互助双方议定价格，南京姚坊门时间银行和广州南沙时间银行成立慈善基金会，在接受捐款的同时志愿者会捐助时长等，其他案例均是以政府购买社会组织服务为主。

表 8-4　按资金来源划分的城市互助型社会养老模式

划分标准	调研案例	主要资金来源	主要组织者	互助内容	评估方式
福利型	上海"老伙伴计划"、北京爱众慈孝家园社区互助式养老项目、南京桃园居时间银行、深圳倚山社区老年协会"1+1"关爱空巢老人项目、北京市通州区瀚丰居家养老服务中心	政府购买服务	专业社会组织、老年协会、社区能人的自发组织	精神慰藉、健身娱乐、家务帮助、困难帮扶、个人护理等	以外部评估和自我评估为主
公益型	大连大连湾街道义工组织	义工自筹	义工组织	关爱老人志愿服务	自我评估
福利+公益型	南京姚坊门时间银行、广州南沙时间银行	政府+捐助	专业社会组织	文化娱乐、结对帮扶等互助服务	自我评估、外部评估
经营+型	成都馨挽秋"窝窝计划"	经营	社会企业	文化娱乐、助餐、日间照顾等	自我评估

三、按照组织特点划分

建立互助组织是保证互助型社会养老可持续运行的关键。互助组织的形式可以是多样的，虚拟载体包括村居、企业、养老机构等，实体载体则可以是由有参与互助意愿的个体组成的互助团体。从组织主体的角度看，互助养老可以划分为非营利组织主导型、企业主导型、互助组织主导型。[①] 从组织结构的角度看，互助养老可以划分为松散型和紧密型，紧密型的成员固定且拥有会员身份，类似于互助合作社的性质，松散型的核心成员固定，外围成员可以调整和变化，类似于互助组或服务队。从运行形式的角度看，互助养老可以划分为组织化管理型和混合化经营型，组织化管理型仅是为了组织化地提供服务而成立，混合化经营型则在组织化管理的基础上，进行生产经营，同时对接政府、市场、社会等各类外部资源，为成员提供金融、养老、医疗等服务和保障。另外，从组织功能的角度看，互助养老可以划分为文化型、劳务型、保障型、综合型等。为保持主线清晰，本部分主要按照组织主体进行划分，分城乡讨论。

（一）农村模式

根据前文所述，一些地区的互助养老由政府购买服务，政府或专业社工负责组织管

---

① 由个人组织（运营）的模式处于过渡阶段，既没有在民政部门备案或登记注册，也没有处于社区、村两委或者其他单位的集体管理之下，其合法性地位还没有确定，这亦是未来需要探讨的，故这里暂不列入。

理，依托农村互助组织或者社工组织独立招募的救助性的互助服务体系已经建立起来。而以村庄为单位的适度普惠性的互助服务＋体系仍然主要依托村庄治理，少部分靠个人或社会组织建立。由社会企业或社工经营的农村互助型社会养老相对较少，多数依靠村庄内部互助组织，由村两委组织运营的优势在于对本村或社区和政府资源的动员能力强，劣势是过于依赖政府资金，缺乏自我造血能力，灵活性不足。由村庄内部社会组织运营的模式主要存在于村庄内部社会组织发达的地区，如老年协会是农村地区开展互助式养老非常好的机构，既可以自我组织、自我管理，又可以自我服务，在成员进行资金—服务—文化互助的同时，增强了农村老年人的集体议事能力，可以监督和促进家庭养老。但其劣势在于半行政化、魅力型领导的换届困难、成员年龄结构中高龄化、受教育程度较低等。因此，需要其他力量，如村两委、社会组织（企业）的赋能和帮助。如表8-5所示，笔者选取了一些典型案例进行比较梳理。

（二）城市模式

从城市的角度来看，互助养老的组织类型以社会企业或社工组织居多，社会企业的组织功能以综合型为主，有的为紧密型——会员制，有的为松散型——以互助志愿者团队为核心，运行方式趋向混合化经营，但大部分仍处于探索过渡阶段。社区互助组织以老年协会为主，主要开展文化型活动，属于紧密型组织，处于组织化管理阶段。另外，大多数城市社区已经在社区动员或群众自发基础上形成了各种各样的社区互助组织，如歌舞队、书画社、志愿者队伍等。这些组织基本都有自己的微信群，成员在微信群中可以及时沟通交流。但多数社区内部组织的活动还仅停留在文化娱乐或者节日慰问等方面，流于形式，真正形成互助服务机制和产生互助效益的只有少数社区。按组织类型划分的城市互助型社会养老模式如表8-6所示。

四、按照服务供给划分

按照服务供给划分，可考虑服务者服务类型、被服务者获得服务类型及服务内容等几个维度。从服务者的角度看，互助养老可以划分为互助交换型、无偿服务型、低偿服务型，从被服务者的角度看，互助养老可以划分为互助交换型、无偿获得型、低偿获得型，从服务地点的角度看，互助养老可以划分为社区居家互助型和机构互助型，从服务内容的角度看，互助养老可以划分为精神慰藉、家务帮助、个人清洁、康护保健、助餐等。从互助内容的角度看，目前开展最多的是文化娱乐活动，第二多的是上门探望（精神慰藉），第三多的是家务整理、个人清洁护理等劳务型服务，第四多的是助餐服务，第五多的是

表 8-5 按组织类型划分的农村互助型社会养老模式

组织类型	项目名称	组织者	组织功能	组织结构	运行方式	服务内容	服务对象	主要资金来源
（社会）企业	北京顺义龙王头村幸福晚年驿站	北京易来福居家养老服务有限公司	综合型	松散型	混合化经营	互助服务+	全部老年人	政府+村集体+经营
	北京通州烛光小区养老驿站	北京博瑞芳华养老服务有限公司	综合型	松散型	混合化经营	互助服务+	全部老年人	政府+经营
	山东单县农业合作社+养老项目	禾农资金互助社	综合型	紧密型	混合化经营	互助服务+	全部老年人	经营+捐助
社工组织	上海松江堰泾村	幸福老人村	综合型	紧密型	混合化经营	互助服务+	全部老年人	政府+经营+捐助
	四川芦山大坂村、横溪村	益多公益	综合型	紧密型	混合化经营	互助服务+	全部老年人	政府+村集体+经营+捐助
社区互助组织	北京延庆王神营村	村两委	综合型	紧密型	组织化管理	互助服务+	全部老年人	政府+村集体
	北京延庆盆道村	村妇女组织	综合型	紧密型	组织化管理	互助服务+	全部老年人	政府+村集体
	北京延庆新庄堡村	村妇女组织	综合型	紧密型	组织化管理	互助服务+	全部老年人	政府+村集体+个人
	上海奉贤李窑村	村民小组	文化型	紧密型	组织化管理	互助服务	全部老年人	政府+村集体
	浙江安吉礠磘村	老年协会	综合型	紧密型	组织化管理	互助服务+	全部老年人	政府+村集体+个人
	广西宜州同村	老年协会	综合型	紧密型	组织化管理	互助服务+	全部老年人	政府+村集体+捐助+个人
	吉林松原单家村	村两委	综合型	紧密型	组织化管理	互助服务+	全部老年人	政府+村集体+捐助+个人

表8-6 按组织类型划分的城市互助型社会养老模式

组织类型	项目名称	互助组织	组织功能	组织结构	运行方式	服务内容	服务对象	主要资金来源
（社会）企业	成都市攀枝秋"窝窝计划"	老年人"窝窝"	综合型	紧密型	混合化经营	互助服务+	以高龄、空巢为主的全部老人	老年人AA制
	南京桃园居时间银行	互助志愿者团队	综合型	松散型	过渡	互助服务+	以高龄、空巢为主的全部老人	政府+个人
	北京市通州区瀚丰居家养老服务中心	互助志愿者团队	综合型	松散型	过渡	互助服务+	全部老人	政府+个人
	广州南沙时间银行	时间银行会员	综合型	紧密型	过渡	互助服务+	全部老人	政府+捐助+个人
社工组织	上海浦东新区金杨新村街道"老伙伴计划"	老伙伴	文化型	紧密型	组织化管理	互助服务	高龄独居老人	政府
	南京姚坊门时间银行	互助志愿者团队	综合型	松散型	过渡	互助服务+	以高龄、空巢为主的全部老人	政府+捐助+个人
	北京爱众慈孝互助养老	互助志愿者团队	文化型	紧密型	组织化管理	互助服务	全部老人	政府
	深圳筒山社区老年协会"关怀1+1"项目	老年协会	文化型	紧密型	组织化管理	互助服务	高龄空巢老人	政府
社区互助组织	上海静安"老伙伴计划"	老年协会	文化型	紧密型	组织化管理	互助服务	高龄独居老人	政府
	大连大连湾街道义工站情暖空巢项目	义工组织	综合型	松散型	组织化管理	互助服务	高龄、空巢困难老人	自筹
个人	上海松江岳阳街道"老伙伴计划"	老伙伴	文化型	紧密型	组织化管理	互助服务	高龄独居老人	政府

康护保健、旅游等其他类型服务。本部分主要根据互助内容类型划分，分城乡比较讨论。与社区互助组织主导型相比，企业主导型不仅聚焦于互助服务，还利用互助人员（互助志愿服务队伍）辅助开展低成本的老年人就餐、康护保健等市场型服务。

（一）农村模式

目前农村互助养老服务的主要内容包括歌舞、乐器演奏、体育健身、教育讲座等多种形式的文化娱乐活动，过节慰问、生病探望等精神慰藉和临时帮助服务，针对高龄及独居老年人的一对一结对帮扶等。仅有少数农村地区初步形成了机制化的面向高龄、独居、生活不能自理、经济困难老人的居家照护服务。与发达地区相比，欠发达地区农村一般没有开展投入较大的长期老年餐桌服务，与本地社会组织相比，社会企业或社工组织参与开展的互助服务专业性、技术性更强，如可以提供对失能半失能老年人的照护服务等。从服务者与被服务者的角度来看，由于笔者调研的典型案例基本形成了较完善的管理—服务—评估机制，且政府和村集体承担救助或福利责任，故服务者以低偿服务为主，被服务者在居家照护服务方面以无偿获得为主，助餐服务方面以低偿获得、互助交换为主。一些典型案例的分类如表 8-7 所示。

（二）城市模式

从城市的角度来看，一些社区或街道以自主开展和购买社会组织（企业）服务的方式来提供养老服务。一般由社会组织（企业）主导，社区和社会组织配合，或者由社区和社会组织共同主导，开展文化娱乐、结对帮扶、日常巡视、节日慰问等互助养老活动。

对助餐、生活照护类服务，由于一些城市有过失败经历，故目前城市养老服务的发展策略仍然是市场化、专业化、规模化、连锁化，同时政府给予补贴。从就餐方面来看，市场化、规模化的集中配送有成本低、效率高的好处，但社区内部主导的、多样化的餐饮服务亦有其重要价值，值得因地制宜提倡。

从生活照护的角度来看，一方面，目前政府、社会普遍认为家庭和市场运行互助养老效率较高。另一方面，受传统及西方志愿服务观念的影响，多数地区的互助养老观念还停留在无偿服务层面。但从实际生活照护服务的开展情况来看，受老年人观念、购买能力的限制，市场化服务超过了很多老年人的承受能力，互助服务可以满足老年人低成本和集体化生活的需要，而且在实践过程中，愿意从事劳务型互助服务的互助志愿者是可以动员起来的。一些典型案例的分类如表 8-8 所示。

表 8-7　按服务内容划分的农村互助型社会养老模式

划分标准	调研案例	服务者	被服务者	重点服务对象	组织者	评估方式
精神慰藉、文化娱乐类、临时互助	广西宜州围村	无偿服务型	无偿获得型	高龄、独居、失能半失能老人	老年协会	政府评估、自我评估
	上海市奉贤李贤村	无偿服务型	无偿获得型	高龄、独居老人	个人	外部评估、自我评估
精神慰藉、文化娱乐类+家务（个人清洁）	四川芦山大坂村、横溪村	低偿服务型	低偿获得型	高龄、独居、失能半失能老人	社工组织+老年协会	外部评估、自我评估
	浙江杭州长命村抱团养老	低偿服务型	低偿获得型	生活自理老人	个人	自我评估
	山东单县农业合作社+养老项目	低偿服务型	低偿获得型	全部老人	社会企业	自我评估、政府评估
精神慰藉、文化娱乐+助餐	河北肥乡幸福互助院	互助交换型	互助交换型	生活自理、留守老人	个人	自我评估、政府评估
	浙江安吉礴溪村	无偿服务型	无偿获得型	全部老人；高龄、独居、生活不能自理老人	老年协会+社会企业	自我评估、外部评估
	北京延庆盆道村	低偿服务型	低偿获得型	高龄、独居、生活不能自理老人	社工组织+妇女组织	自我评估、外部评估
精神慰藉、文化娱乐+家务整理（个人清洁护理）	北京延庆王仲营村	无偿服务型	无偿获得型	全部老人；高龄、独居老人	社工组织+村两委	自我评估、外部评估
	北京延庆新庄堡村	低偿服务型	低偿获得型	生活不能自理老人	社工组织+妇女组织	自我评估、外部评估
	吉林松原单家村	低偿服务型	低偿获得型	高龄、独居、空巢老人	村两委	自我评估、政府评估
	上海松江镶泾村	无偿服务型	无偿获得型	高龄、独居、空巢老人	养老机构	自我评估
精神慰藉、文化娱乐+助餐+家务整理（个人清洁护理）+其他	北京顺义龙王村幸福晚年驿站、北京通州烛光小区养老驿站	低偿服务型	低偿获得型	全部老人	社会企业	自我评估、外部评估

表 8-8　按服务内容划分的城市互助型社会养老模式

划分标准	调研案例	服务者	被服务者	重点服务对象	组织者	评估方式
精神慰藉、文化娱乐类+临时互助	上海浦东新金杨新村街道"老伙伴计划"	低偿服务型		高龄、独居老人	社工组织+老年协会	外部评估、自我评估
	深圳筒山社区老年协会"关怀1+1"项目	无偿服务型		高龄、独居、生活不能自理老人	老年协会	自我评估
	上海静安"老伙伴计划"	低偿服务型				
	上海松江岳阳街道"老伙伴计划"	低偿服务型	无偿获得型	高龄、独居老人	个人	
精神慰藉、文化娱乐+家务整理（个人清洁护理）	大连大连湾街道义工站情暖空巢项目	无偿服务型		高龄、独居、生活不能自理、生活困难老人	义工组织	自我评估
	北京爱众慈孝互助养老	无偿服务型		高龄、独居、生活不能自理、生活困难老人	社工组织	自我评估、外部评估
精神慰藉、文化娱乐+助餐+家务整理（个人清洁护理）+其他	成都市馨筑秋"窝窝计划"、南京桃园居时间银行、北京市通州区瀚丰居家养老服务中心	低偿服务型	低偿获得型	全部老年人	社会企业	自我评估、外部评估
	广州南沙时间银行、南京姚坊门时间银行	低偿服务型	低偿获得型；无偿获得型		社会企业/社工组织	自我评估、外部评估

217

第二节　中国城乡互助型社会养老的发展道路

受中国乡村的互助传统、自治属性及经济社会发展水平影响，农村应发展互助型社会养老已经基本成为政府和学界共识。在政府的大力推动及乡村内生动力的共同作用下，不少地区构建起包括救助性互助服务和适度普惠性互助＋服务的互助型社会养老服务体系，其特点是非营利性和基础性，优势是低成本、广覆盖、可持续。党委领导、政府负责和政治型互助组织在农村互助型社会养老体系的构建过程中起主导作用。在保基本服务功能的同时，利用专业社工机构、社会企业、村居内部自发力量、养老机构辐射各类资源和各种形式，促进农村互助型社会养老体系多样、全面发展。与此同时，互助型社会养老以发动社会互助的方式，驱动互助文化复兴、凝聚乡村善治、促进农村经济发展，形成乡村社会治理共同体。而与农村相比，我国城市社会养老服务体系的建设以探索推动政府扶持下的专业化、规范化、市场化的社会养老服务体系为主，但长远来看，党政对"社会"的领导和规范，以及市场对"社会"的经营，满足老年人互相信任的集体生活和获得低成本服务的需求，即互助型社会养老，是城市社会养老中处于基础性地位的重要发展内容。

一、互助型社会养老的发展道路与阶段划分

农村是互助型社会养老发展的主要基地。与农村相比，城市缺乏如村两委一样具有政治、经济、社会等多重功能的互助组织，城市的"互助"类型更加多样，参与主体更加复杂。但对城市社会养老服务体系的建设而言，"互助"组织—互助型社会养老同样是中国特色的，是基础性而非辅助性的，应该大力推动。事实上，城市的陌生人社会并非城市的必然属性，反而正因为城市居民没有血缘、亲缘等内生联系，更需要通过各种方式让城市社会变得互助、互信、美好、友善。

（一）发展方向：建设互助型社会组织体系和社会养老服务保障体系

互助型社会养老是中国特色老龄社会治理的重大创新实践，也是可以较大限度提高老年人福祉的方式。从组织建设的角度看，互助型社会养老的发展方向在于不断提高互助组织的规范化、合作化水平及可持续运转能力，从互助组织管理、市场经营逐步走向规范多样的现代互助合作社的管理和经营。从体系建设的角度看，互助型社会养老的发展应以农村为基础，逐步完善法规制度、组织机构设置、资金和宣传支持体系，逐步提高统筹层次，建立市、省、国家级的互助养老组织体系、互助养老服务保障体系及其他各类合作养老方式，构建圈层化的互助型社会养老体系和互助养老共同体，并逐步向互

助合作社体系过渡和发展。

具体而言，互助型社会养老应该以互助文化为引领，以党委领导、政府负责为根本，以低成本、广覆盖、多样化、可持续为目标，以资金互助为基础，以互助组织为抓手，以互助服务为重点，以社区居家养老为主要阵地，层级统筹，圈内执行，创新发展各类互助养老模式，着力形成稳定多元的资金来源，培育互助队伍，增加互助内容，推进无偿与低偿相结合，探索建立标准规范的服务管理评估制度，加快机构养老与社区居家养老互联互通，最终建立多样化、圈层化、规范化、网络化、专业化的互助型社会组织体系和社会养老服务保障体系（如图8-2所示）。

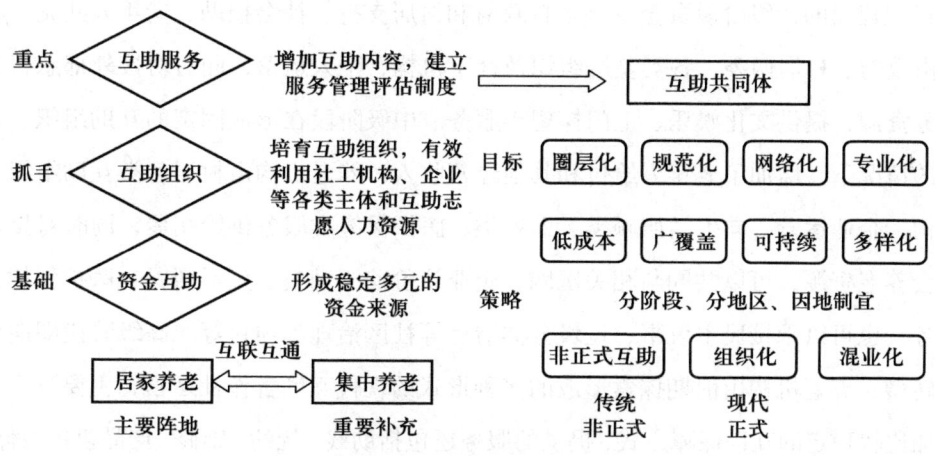

图8-2 中国城乡互助型社会养老的发展道路

（二）发展阶段：组织建设和体系建设从初级阶段到高级阶段逐步过渡

为便于理解，本研究将组织建设和体系建设初步划分为初级、中级和高级三个阶段，组织建设主要依据资金、组织和服务划分，体系建设主要依据统筹层次划分，可以先在农村地区推广，如表8-9和表8-10所示。

表8-9 互助型社会养老组织建设的发展阶段

发展阶段	主要资金来源	经营（组织）主体	主要服务内容
初级阶段	政府补贴、村居支持、社会捐助、老年人共兑	政府、村居党组织、各类基层组织以及社工机构、个人等	文化娱乐类、上门探望类
中级阶段	政府补贴、村居支持、社会捐助、老年人共兑和给付、其他经营收入	村居各类互助组织、社工机构、企业	文化娱乐类、上门探望类、生活照顾类、助餐类、医护保健类
高级阶段	在政府补贴、互助保障的基础上，村居支持、老年人共兑和给付、其他经营收入、社会捐助	各种类型的现代互助合作社	除以上服务，还包括产品供销、储蓄理财、农村生产合作等

表 8-10　互助型社会养老体系建设的发展阶段

发展阶段	发展目标
初级阶段	以互助养老服务体系建设为重点，建立市县级统筹的救助型互助养老服务体系，创新各类基层组织建设和互助服务供给模式，探索时间银行志愿服务系统和社会经济平台
中级阶段	以互助养老组织体系建设为重点，建立健全试点地区的市县级统筹的互助组织、时间银行、社工、社会企业体系，建立多种类型的互助养老保障制度，开展各类互助养老服务，依托县市级平台发展或对接市场型服务、互助合作项目
高级阶段	由试点地区的体系建设向全国拓展，建立规范的全国性互助养老组织体系、时间银行体系、互助养老服务保障体系以及其他各类合作养老方式

　　组织建设的初级阶段资金主要来自政府和村居支持、社会捐助、老年人共兑，养老机构由政府、村居两委、各类基层组织及社工机构、个人运营，同时对接外部慈善和志愿服务资源，提供文化娱乐、上门探望类服务。中级阶段在形成固定的互助组织、人员队伍的情况下，增加了老年人给付和其他经营收入，养老机构由村居各类互助组织、社工机构、企业运营，向生活照顾类、助餐类、医护保健类服务供给拓展，同时对接市场型社会养老资源，可以共同与相关医院、企业议价购买助餐、生活照顾、医护保健类市场服务，也可以承接民主议事、垃圾分类清运等社区治理类项目等。高级阶段即向合作经济转型，养老机构由前期探索形成的多种形式的现代互助合作社运营，主要资金来源中增加比较稳定的互助保障方式，提供的服务还包括助残、抚幼、维修、产品供销及储蓄、理财、保险、信息、咨询等。

　　体系建设的初级阶段需要初步确立互助型社会养老体系的发展方向，创新发展面向老年人的各类基层组织和互助服务，目标在于以互助养老服务体系建设为重点，由国家推动初步建立自上而下的政治型互助组织、社工机构、社会企业及其他枢纽型社会组织等，建立市县级统筹的救助型互助养老服务体系，创新各类基层组织建设和互助服务供给模式，探索时间银行志愿服务系统和社会经济平台，同时出台相关政策法规规范各类基层组织和互助养老服务发展。中级阶段以互助养老组织体系建设为重点，提高统筹层次，发展互助保障及多种类型的互助合作，目标在于在国家推动下，建立健全试点地区的市县级统筹的互助养老组织体系，建立多种类型的互助养老保障制度（如因地制宜建立农村老年人长期照护相互保险、意外伤害险、返还型和储蓄型险等），开展各类互助养老服务，同步完善枢纽型社会组织、时间银行体系、社工组织体系建设和养老企业发展，为互助组织体系赋能，各地因地制宜依托市县级平台开展助餐、生活照顾、医护保健等市场服务，拓展硬件设施建设、储蓄理财、产品供销、农村生产合作等互助合作项目。高级阶段的目标在于由试点地区的体系建设向全国拓展，建立规范的全国性互助养老组织体系、时间银行体系、互助养老服务保障体系及其他各类合作养老方式，建立全国性的互助养老共同体和互助型社会养老体系，并探索建立国家互助合作社体系。

二、互助型社会养老发展面临的突出问题

由于我国社会养老服务仍处于起步阶段，很多农村地区互助型社会养老停留于硬件设施建设，服务类型以文化娱乐或精神慰藉为主。而对城市互助型社会养老模式的探索主要集中于大中城市，且以精神慰藉服务为主，均没有充分发挥互助型社会养老在劳务型服务方面的低成本、高效益的优势。故中国城乡互助型社会养老要进一步发展，需要着重解决以下五方面问题。

（一）对互助型社会组织缺乏足够认识和规范界定

在传统社会中，内生于血缘关系的自上而下与自下而上相结合的宗族互助组织发挥了生产、治理、保障等多重经济社会作用，维护了社会的团结稳定。进入现代社会，国家主导自上而下建立了行政管理体系和社会保障体系，同时借鉴西方非营利部门（志愿服务、公益慈善）发展经验，通过政府购买服务的方式支持民间非营利组织发展，探索现代社会治理体系的构建，一些地方却没有清晰认识到重建自上而下与自下而上相结合的现代互助组织是构建中国特色现代社会治理体系的关键。互助型社会养老虽然是从社会养老服务保障角度切入，但同样发挥的是治理、保障、服务等多重功能，关键在于互助组织的建立或运用。第一，我国缺乏社会组织基本法，对社会组织的权利、义务、社会职能、活动规范、法律地位和法律责任等缺乏具体界定。第二，目前我国对工青妇残等群团组织和社区居委会这一城市居民自治组织的行政属性和互助属性缺乏明确界定，导致在目前阶段其行政意义大于互助意义，没有发挥自上而下建立的互助组织的互助功能。第三，由专业社会组织孵化或社区自发组织的老年协会、义工组织、志愿者组织、文化娱乐队伍等自下而上的草根型互助组织虽大量存在，但大多处于无序发展状态，且没有资金支持。虽然部分发达地区，如深圳、上海在试行社区基金会，用以支持草根型互助组织发展，但绝大部分地区政府财力支持有限。伴随人口快速老龄化，老年协会将日益成为重要的互助组织，但目前老年协会体系建设还不完善。上海、深圳等地区虽然探索建立了市、区（县）、街道、社区四级老年协会，但缺乏稳定的办公经费和活动经费，缺少专业技术人员，定位不清、发展方向不明。第四，互助组织与社

工组织、社会企业的定位不清晰。比如不少农村地区居家养老服务中心的运营方是村两委、老年协会或者社工组织，专业化水平和市场经营水平不高，同时一刀切的打包购买服务方式导致专业社会组织和互助组织呈竞争态势，难以发挥各自优势形成合力。第五，社会企业与会员制企业的界定不清，导致城市社会企业经营的互助型社会养老形式很难界定。

（二）对互助型社会养老服务缺乏合理定位和评价

在大多数城乡地区，互助服务的功能一般被定位为活跃老年人精神文化生活、给予临时帮助和和谐村居关系。如 2012 年上海"老伙伴计划"实施之初，即作为支持家庭的非正式体系的组成部分，目的在于开展预防失能、健康科普、精神慰藉等家庭关爱和生活辅助服务，预防或降低老年人各种风险的发生，提高老年人的生活质量和促进老年人社会交往，以社区成员之间的关系为纽带，开展与家庭生活密切相关的互助服务，同时增进社区关系。然而，首先，互助不同于志愿行为，互助服务的内容和意义远不止精神慰藉层面，家务类的社区照顾服务同样可以通过互助服务提供，尤其伴随中国 2025 年以后快速进入超老龄社会，在广大中小城市、小城镇和经济相对不发达的县市、农村，充分利用村居内部的准（老龄）资源低成本地提供居家养老服务是必然趋势和选择。其次，互助型社会养老的关键在于互助组织和互助志愿服务队伍的建立，企业、社区、非营利组织、社区互助组织均可以运行。互助型社会养老并非免费，可以是有偿（低偿）的，只要制定合理的、被组织成员接受的服务等级和定价标准，互助服务与市场服务一样可以有序进行。事实上，上海自 21 世纪以来发展的养老服务社，利用"4050"人员开展居家养老服务（非长期护理服务）就是互助服务的思路。最后，互助服务供需不匹配。一方面，村集体经济实力不足，且运营方是村两委、老年协会或者社工组织，缺乏专业化技能和市场经营经验；另一方面，村庄老年人消费能力不高且对社区养老认识不足，而真正需要帮助的失能半失能、高龄、独居老人的照料需求难以满足。

（三）互助志愿者队伍老龄化且面临断层危机

20 世纪末 21 世纪初，中国城市社区出现了一大批社区互助志愿者队伍，但是，受居民对个人和家庭生活质量的要求日益提高，以及政府对市场化、专业化服务的大力推动的影响，首先，社区互助志愿者队伍没有受到足够重视，以公益服务为主，缺乏持续稳定的激励机制和评价机制；其次，由于志愿服务的无偿、公益性质，在没有建立完善的培训、监督和服务质量监管制度的情况下，很难对志愿服务质量进行有效监管和评估；

最后，在宣传力度减弱的情况下，新一批（准）老年人参与公共事务的意愿不足，更追求个性化的文化娱乐活动，如上网、旅游、聚餐、唱歌、跳舞等。导致互助志愿者高龄化严重，如大连湾义工站、上海"老伙伴计划"、北京爱众慈孝的互助志愿者平均年龄较大，上海静安区"老伙伴计划"负责人认为未来"老伙伴计划"继续开展的最大难题就是互助志愿人员招募，笔者参加爱众慈孝家园在朝阳门街道新鲜社区开展的"家风传递"活动时也发现，新鲜社区的大部分志愿者年龄都在 70 岁以上，虽然他们看起来精神矍铄，但高龄志愿者在服务时存在较大的健康风险。这些均是互助服务难以与市场服务抗衡，且只停留在文化娱乐、节日慰问等比较低的互助层次，且无法提供生活照料服务的重要原因。

（四）资金来源单一且不稳定，缺乏自运转能力

大多数互助养老项目的资金主要来自政府购买服务。但是，政府购买服务的不足之处在于：首先，项目不稳定。政府购买服务项目的周期一般为一年至两年，但常常一个周期的项目执行完，政府或者不再关注这个领域，或者转而购买这个领域的其他项目，或者将该项目交给其他社会组织运营，导致项目的持续运营受到影响。其次，拨款周期长。一方面，政府购买服务往往是先拨一部分款项，验收合格后再拨付尾款。一些项目的尾款拨付时间较长；另一方面，政府购买服务招投标、拨款周期较长，往往是社会组织先垫钱，中标后再拿款。再次，受政府意志影响大。一方面，由于政府而非被服务对象是出资方，故服务供给满足的实际是政府所认为的被服务对象的需求，这种认为的被服务对象的需求与实际需求可能存在一定差距。换言之，互助服务是政府供给导向而非需求导向，这也是互助型社会养老在一定程度上不被社会认可，与市场型社会养老相比缺乏竞争力的重要原因。另一方面，受政府形象、身份影响，政府购买服务项目开展较为谨慎。最后，在农村互助型社会养老投入方面，依然存在 GDP 导向的倾向，大量资金投入硬件设施建设，重设施轻服务，一方面，对互助组织发展建设及救助性的居家照护服务投入不足导致其可持续性不足，对村级的资金互助关注和动员不足，缺乏对农村互助服务保障机制的探索。另一方面，层级管理评估机制不健全导致圈内的互助服务随意性大，形式化地应付上级考核。

（五）对互助型社会养老的创新性探索不足

互助型社会养老主要解决老年人的困难，其推动因素主要包括资金、互助组织、互助志愿服务队伍及各项服务的有序开展。故与市场型服务一样，互助型社会养老没有统一的模式，需要根据各地的地情、民情进行创新性的探索。然而，首先，企业参与运行

互助型社会养老的意愿不足。由于目前政府、学界、社会对互助型社会养老的认识不清，导致企业盲目采取服务于年轻人群的市场化服务方式，没有认识到互助—信任网络的建立（互助型社会养老）对开拓老年人消费市场的重要性。其次，先行先试缺乏制度保障。一些养老机构在建设和运行过程中，面临合法性问题。

三、相关对策建议

互助型社会养老具有中国特色，是中国积极应对人口老龄化的重要道路和方向，但其仍然属于新生事物，不可能一蹴而就，需要在党委、政府、社会、市场的共同努力和探索中不断发展和完善。与此同时，互助型社会养老与互助社会建设（民生保障与社会治理）是一体两面，应当共同探索、共同发展。在中国城镇化和乡村振兴的过程中，应当广泛宣传互助文化，提高城乡居民的互助合作意识和共同体意识，因地制宜激发城乡社区凝聚力和内生活力，在"人"的共同体的基础上进行经济合作，构建中国特色的团结、和谐、文明、有序的互助共同体。

（一）清晰养老互助话语，结合合作社经济、互助保障和乡村治理

互助是中国特色社会治理的重要话语。互助型社会养老是中国乡土社会互助传统的现代转型，是中国特色现代城乡互助共同体建设的重要组成部分和突破口，应当结合现代城乡合作社经济、互助保障和乡村治理一同探索和发展。

一是明确互助型社会养老的互助组织特点和非营利属性。互助型社会养老的界定关键在于互助组织及互助组织的非营利属性。但是，互助型社会养老服务不等同于无偿或志愿服务，其特点是：互助、美德、志愿和交换，各地需要因地制宜，通过组织化、规范化、标准化设计，制定与当地的现实养老地情相符的低成本、多样化的农村互助型社会养老模式和策略。

二是明确互助型社会养老保障及服务思维。互助型社会养老要可持续发展，前提是资金的可持续供给。而与城市的一个不同之处在于，农村集体经济和集体资产的存在。故在农村基本养老服务提标扩面受限，资金投入以保基本、兜底线为主的情况下，尤其应当明确农村互助型社会养老的保障思维及服务意识，动员农村集体和居民积极主动参与进来，互助共享，权责共担。

三是明确从互助养老到互助合作思维。互助型社会养老应当放到社会建设的大背景下看待，一方面，老年人福祉可以切实提高，另一方面，可以推动构建城乡社会共同体，并在此基础上促进互助合作。与此同时，从农村角度来看，从老年人的联合逐步向农村

所有人群的联合扩展，具有探索社会发展和逐步推进的意义，比大范围的农民联合风险低、可操作性强。

（二）多渠道筹资，增加互助型社会养老资金支持

经过多年发展，我国养老服务设施建设已经初具规模，未来应当充分利用存量设施，通过政府引导，多渠道筹资，将资金更多投向常态化、可持续的软件——互助型社会养老组织建设和互助型社会养老服务保障供给方面。

一是建立互助型社会养老多元经费筹集机制。按照"政府补一点、社会捐一点、集体给一点、老年人出一点"的原则，引导动员多方资金进入互助型社会养老行业，建立多元的经费筹集机制。一方面，基层互助组织应当积极寻找各类政府项目和社会公益资源，探索利用互联网众筹平台，同时充分发挥资金互助作用，鼓励家庭和老年人共同出资，购买适度普惠性互助服务，以履行家庭赡养义务。同时，鼓励和推广各地通过老年人（子女）共兑、划定农村老年田、企业包村、互联网众筹等方式进行资金筹集的典型经验。另一方面，试点探索老年人互助养老基金或相互保险，由专业机构进行管理和运营，主要用于支付高龄、失能半失能老年人的互助照护服务费用。

二是为基层互助组织提供常态化的办公经费和活动经费。一方面，可以采取"以奖代补"的方式，经验收符合开展互助型社会养老的组织规范化建设标准的，按照评定标准给予奖励。同时，凡是能够由基层互助组织承办的社会养老项目，均积极扶持其参与组织实施。另一方面，鼓励农村基层互助型社会养老组织自行创收，在村级治理事务上给予互助型社会养老组织一定权限并支付相应费用。

三是为互助型社会养老服务提供经费支持。探索将互助型社会养老服务纳入政府购买服务的范围，可以按人头补贴，也可以按村或社区整体补贴。探索推动长期照护保险试点地区购买农村互助照护服务。

（三）因地制宜确立组织形式，完善互助型社会养老组织机制

互助型社会养老组织扎根于基于血缘、亲缘、地缘等形成的非正式互助体系，是中国传统互助的继承性发展，亦是互助型社会养老发展的根基，具有中国特色。但要让互助型社会养老组织有序发展，必须将其纳入政策法规体系之中，要充分发挥党建引领作用，因地制宜，明确互助型社会养老的责任主体，完善互助型社会养老组织机制。

一是因地制宜确立互助型社会养老组织主体。如党委领导下的老年协会、村民小组、妇女组织、社会组织联合会等，找好带头人，建立一套组织班子和组织机制，一支愿意参与自我管理、自我服务、参与村居治理的互助志愿者队伍，吸引一群愿意参与集体生

活的村居民。在有条件的地区将互助养老组织精细化到村民小组、网格、楼门一级。让更多的老年人就近参与互助型社会养老服务和活动。

二是发挥好基层党组织和妇女组织的力量。党员和妇女是开展互助型社会养老工作的中坚力量，要充分发挥基层党组织和妇女组织的力量，在妇女组织体系完整、功能完善的地区，可以直接依托妇女组织开展互助型社会养老服务。

三是确立老年协会在农村互助型社会养老组织中的主体地位。在没有适合的互助组织体系的情况下，确立基层老年协会为农村互助型社会养老组织的主体地位，推动基层老年协会规范发展，对其性质、职能、注册登记、运行机制等作出明确规定，依托其进行各类农村互助型社会养老服务保障和村治服务的供给。

四是推动农民和农业合作社由经济功能向生活服务功能拓展。试点探索服务＋生活＋供销一体化经营的农村基金会和农业合作社，发挥村一级的能动作用，运用政府资金、社会资金及村集体资金，通过资金互助、服务互助、生活互助、供销互助合作等形式，低成本生产、生活和供销，在提高村居居民福利服务水平的同时，促进村居的综合治理和和谐稳定发展。

五是试点成立县市级层面的互助养老社团。参考发达国家的经验，可以试点在市县级层面成立互助养老社团，由互助养老社团运营医院、养老机构、驿站、社会组织等，提供与互助型社会养老相关的各类设施、产品和服务。同时可以依托互助养老社团平台探索建立相互保险或运作互助型社会养老基金等。

（四）树立合作思维，明确不同组织体系的权责分工

互助组织虽然是互助型社会养老的根基，但它在专业能力、经营创新能力等方面还需进一步提高，故应当在以建设互助型社会养老组织体系为基础的前提下，加强互助组织与社工组织、社会企业之间的合作，厘清不同组织体系、服务体系的权责分工。

首先，互助组织体系是基础。老年协会等互助组织可以开展文化娱乐、老年食堂和银龄互助等服务，同时为专业社工组织提供教学和活动场所，帮助其开展专业培训和服务。

其次，社工组织体系赋能。政府可以通过招标购买服务的方式将送课下乡、护理服务或技能培训等交由专业社会组织负责，由社工组织体系赋能，弥补互助组织的能力缺陷，实现官方社会组织、半官方社会组织、民间社会组织相互合作和监督，使得互助型社会养老向规范化、专业化、智慧化方向发展。

最后，社会企业体系是动力。政府应当鼓励企业，尤其是国有企业，重视互助型社

会养老的价值和意义，一方面广泛动员，增加顾客黏性，进而提供市场化服务；另一方面可以在此基础上拓展为对互助共同体（互助村居/社区）的经营。

（五）加强规范指导，提高互助型社会养老的服务质量

互助服务是互助型社会养老的重要内容，应当按照分地区、分阶段、逐步提升的原则，推动其从救助性服务向适度普惠性服务拓展，从精神慰藉类向居家照护类和康复护理类服务拓展，明确各级各类互助服务规范、标准、要求，推动互助型社会养老服务规范化、标准化、专业化发展，并对互助型社会养老服务进行有效监管和评估。

一是培育互助型社会养老服务队伍。一方面，加强互助型社会养老服务队伍培训，完善互助养老护理员培训计划，依托乡镇卫生院为农村互助养老护理员提供健康知识培训；另一方面，推广建立时间银行互助积分制度，同时，出台互助服务管理评估办法，对互助服务进行有效监管。

二是整治村居助餐服务，抓实条件好、辐射性强的助餐点建设。一方面，撤并现有助餐点，选择一些经营条件好、辐射性强的"老年餐桌"给予资金补贴，实行规模化、连锁化经营；另一方面，充分动员村居附近餐馆或其他有意愿开展农村助餐服务的合作社、企业提供助餐服务。相关机构给予资金支持，并且给予老年餐规范化、标准化的管理和指导。

（六）明确存量资源，改善民间互助养老设施

面对老年人的现实养老需求，以及政府提供基本公共服务、老年人的支付能力不强等现实条件，不少企业和社工组织已经认识到互助对社会养老发展的重要性及村居闲置互助养老设施的可利用和改造的空间。故应当明确存量资源，提高对民间互助养老组织的管理和扶持力度，改善民间互助养老设施，增加互助型社会养老的覆盖范围和服务功能。

一是政策先行，引导民间互助型社会养老组织有序发展。如以"以奖代补"、承接政府购买服务项目、给予水电或租金优惠等形式，鼓励相关组织到民政部门备案，或者通过成立互助组织联合会的形式，将这些小型组织都归到联合会的管理范畴之中。同时，探索相关组织可持续发展的方式，包括对愿意承接政府购买服务的组织进行统一培训等。

二是加强半托、全托等照护类服务功能。各地可以根据实际情况，研究出台互助养老设施的改造和提升办法，试点改造和提升已建成但很少开展活动的互助养老设施，将其交给有运营资质的企业或社会组织运营，开展包括文化娱乐、助餐、生活照护等互助

型社会养老服务。对民政部门验收合格的互助养老设施给予与养老机构同等的床位及购买服务等各类补贴。

（七）充分利用时间银行模式

一是推进时间银行逐步向福利经济和社区经济平台转型。一方面，大力推广时间银行，这需要与圈层化的实体组织和站点建设相结合，因地制宜发展。时间银行平台应当由各地政府试点主导建设和运维，由相关部门出台与时间银行定位和发展相关的政策文件，并进行广泛宣传，提高互助在社会生活中的基础性地位，鼓励社会各界积极探索互助服务模式，建立互助志愿者队伍，引发社会思考、讨论与实践。另一方面，应当最大限度整合现有政府主导推动建立的志愿者平台和基金会平台，如中国志愿服务网、中国青年志愿者网、中国扶贫基金会等，将这些平台的运维项目、志愿服务项目、资金募集项目和经验与时间银行互联互通，既让这些平台找到圈层化的实体站点，也可以帮助时间银行迅速发展。

二是明确政府开发和运维时间银行的资金责任，建立长效资金拨付机制。一方面，根据地方情况，促进救助性的养老、助残、扶幼等兜底服务项目和党建引领的社区治理项目与时间银行共同发展。另一方面，因地制宜拓展资金来源。根据各地、各街道、各社区的实际情况，探索将党建类、福利服务类、社区治理类项目资金存入时间银行，募集社会资金（社区基金会），成立社区互助合作社（盈利部分用于互助服务），探索个人低偿付费服务的供求对接，探索针对平台用户的其他专业增值服务，达到开源节流和充分利用互联网平台高效对接资源的目的。

三是至少在市或县一级明确规定时间货币的兑换标准和互助服务的价格标准。一方面，应当明确时间货币的兑换标准，方便服务人员和被服务人员调整服务计划。另一方面，应当明确互助服务价格标准。互助服务虽是低偿或无偿的，但是由企业或社会组织进行组织管理，应明确互助服务的指导价格，企业或社会组织可以根据自己情况进行调整。

第三节　从互助养老向互助社会发展

从互助养老向互助社会发展，通过再建互助组织、互助网络和互助秩序，对接现代技术、资源、理念和规则，复归和创新互助文化，进而发展互助合作经济等，形成可循环、可持续的新型互助共同体——福利经济体和社会治理共同体。

一、从互助养老向互助社会发展的重要性

互助型社会养老是中国特色福利保障体系和社会治理体系的重要组成，从互助养老向互助社会发展，也是志愿服务系统向福利经济体和社区经济体的发展。

（一）从互助养老向互助社会发展的意义

面对中国的快速人口老龄化进程，互助养老作为一种延续中国传统的低成本的老龄服务保障方式，是积极应对人口老龄化的中国道路，也是未来中国福利经济的重要组成。互助型社会组织通过发动内部非正式互助网络资源，对接外部城乡资源，政府、企业、社会资源，人力、物力、财力资源，提供资金—文化—服务。互助型社会组织提倡的互助经济、互助社会、互助文化，在降低治理、供销和服务成本的基础上，能够激发村居内生动力，进而带动家庭经济的繁荣，助推互助社会的形成。

（二）互助志愿服务系统—福利经济体—社区经济体的发展过程

从发展阶段来看，以开展救助性服务为主要目的的互助志愿服务系统是最易于层级化的。互助志愿服务系统—福利经济体，可以被看作救助—适度普惠型福利服务的延伸，是互助志愿服务系统的升级版。福利经济体，是以互助组织为本体，政府投入救助资金和福利资金，企业和社会投入公益金和互助金，形成福利保障资金池，由政府主导推动，企业和社会参与，政府、市场、社会三方力量合作，开展包括养老、医疗、助残、扶幼等福利服务在内的低成本、圈层化的福利经济活动。社区经济体是包括全部经济社会活动的社会经济系统。社区经济体是社区自循环系统，可以防止通货膨胀，同时缓解失业、贫困等问题，促进了社区和谐稳定。与互助志愿服务系统相比，福利经济体和社区经济体的构建更加多样化和区域化。

二、互助养老—互助社会发展的可行方向

（一）福利经济方向

中国共产党领导、政府负责的福利经济体是中国特色福利经济（福利保障体系）的发展方向。从提供养老服务的角度来看，面对未富先老，地区、城乡间发展不平衡，老年人购买养老服务的能力有限的现实养老国情，中国既不能走西方高福利保障道路，也不能将养老完全市场化，而应该分类别、分阶段、渐进式构建和完善中国特色的养老服务体系，补充家庭养老的缺位，以互助为主的、低成本的社区照顾体系和市场化的

康护保健服务双轮驱动，发达地区和欠发达地区各有侧重，最后走上以互助为主的社区照顾（养老服务）体系和以市场服务为主的康护保健服务（健康服务）体系共同发展的道路。

从健康服务体系和养老服务体系的比较来看，健康服务体系为以失能半失能为主的特殊老年人提供专业化、标准化的医护服务，服务主体是由专业服务团队组成的社会企业，服务内容包括心理治疗、康复训练、护理服务、安宁疗护、基本医疗保健、托养服务等，一般需要购买。养老服务体系为全部老年人提供日常性的、互助性的、帮扶性的社区照顾服务，服务主体是邻里、朋友、志愿者等社区互助网络力量和社会志愿服务力量，服务内容包括文化娱乐、老年教育、陪同聊天、日常探视等，一般是无偿的或低偿的。按照资金来源、运营和组织、服务提供、监管四个方面具体构建的服务体系如图 8-3 所示。

（二）社区经济方向

社区可以看作圈层化的福利经济体和社会治理共同体的一个圈属，同时是互助合作平台和监管平台，政府、企业、社工组织、养老机构和互助组织应被纳入一个互助

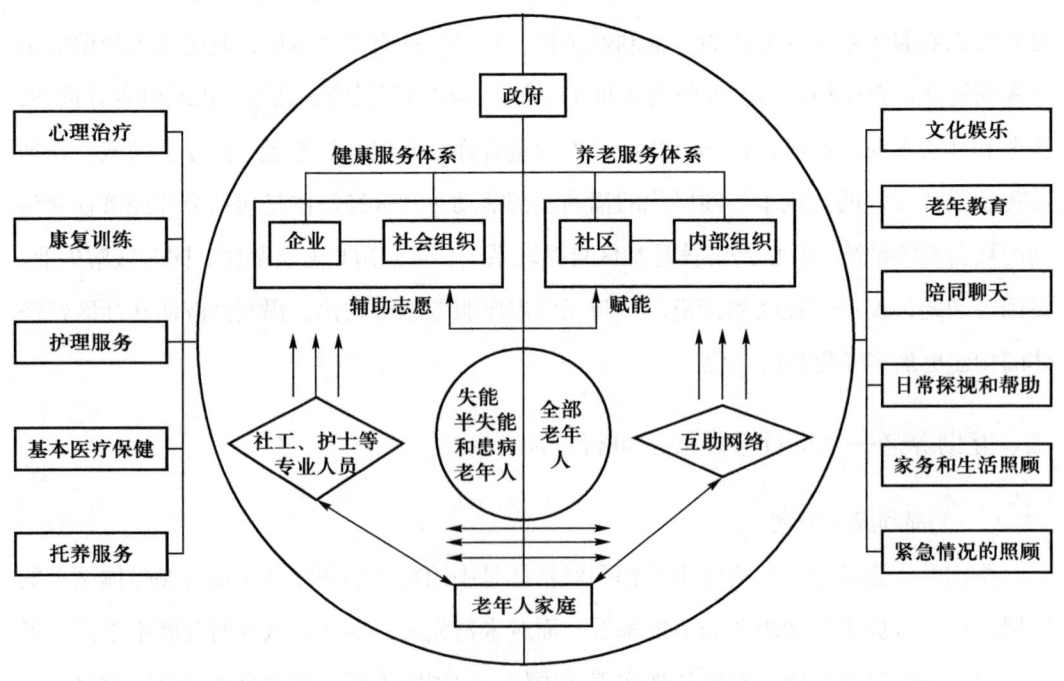

图 8-3　健康服务体系和养老服务体系构建图

圈中，各主体相互配合，整合资源。互助型社会养老—社区经济体的发展方向如图8-4所示。

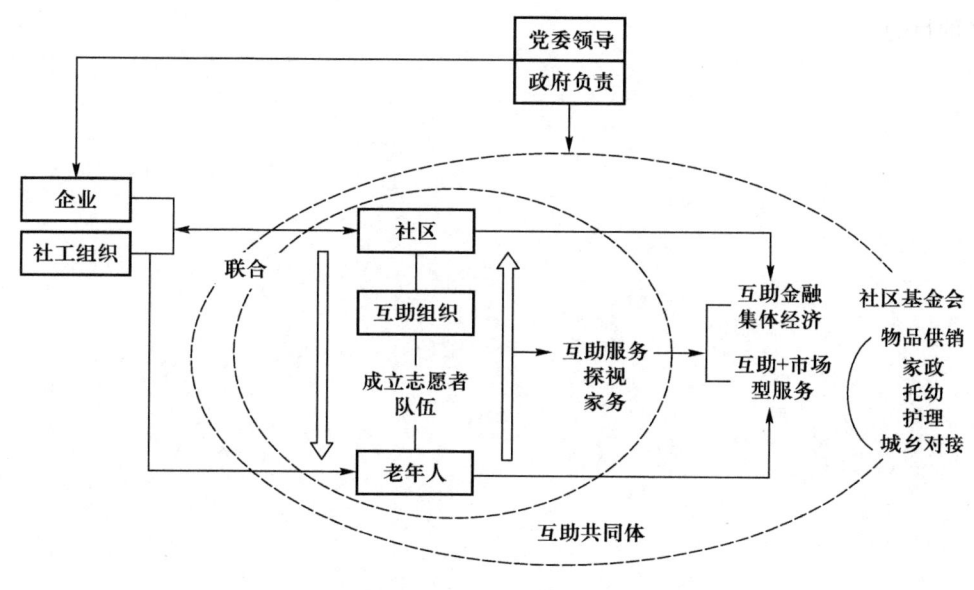

图8-4　互助型社会养老—社区经济体的发展方向

　　首先，通过企业、社工组织、养老机构、互助社团，孵化有核心、有规则、有章程、有分工的草根型互助组织，利用已有的自上而下的社区居委会、工青妇残等政治型互助组织或老年协会等民间组织，成立志愿者队伍，探索邻里互助机制，为有需求的困难老年人和高龄老年人提供临时帮助类服务。在互助氛围比较好或者企业推动力、组织力强的社区，可以进一步开展家政类服务，同时将困难老年人从家里吸引到户外，共同参与社区活动，为社区贡献力量。这一时期互助组织和互助志愿者队伍的运行资金一般来源于政府，服务对象以生活困难的高龄、失能、独居老人为主。

　　其次，在内部相对团结且对互助组织信任程度较高的社区，可以探索建立合作社。互助合作社可在社区居委会、养老服务中心、党建综合体、温馨家园等场所开展互助活动，同时为社区成员提供养老、助残、抚幼、维修、产品供销等基础服务及储蓄、理财、保险、信息、咨询、等增值服务，经营创收所得利润给老人分红，增进老年人福利。企业、社区、互助组织共同推动互助型社会养老、市场型服务、社区基金会的发展，才能真正实现满足老年人养老需求和老有所养的目的。这一时期互助型社会养老的资金来自政府、

231

市场和社会，服务对象为全体老年人，通过探索社区基金会、相互保险、资金互助社、养老互助社等创新形式，在动员互助服务的基础上，发展多种形式的互助保障，加强监管，用老年人自己的钱来满足自己的养老需求，最大限度实现用社会资金和服务来解决社会问题的目的。

参 考 文 献

一、著作

安东尼·吉登斯．第三条道路——社会民主主义的复兴［M］．郑戈译．北京：北京大学出版社，2000．

褚松燕．在国家和社会之间：中国政治社会体功能［M］．北京：国家行政学院出版社，2014．

邓国胜．公益慈善概论［M］．济南：山东人民出版社，2015．

斐迪南·滕尼斯．共同体与社会［M］．张巍卓译．北京：商务印书馆，2019．

费孝通．社会学的探索［M］．天津：天津人民出版社，1985．

费孝通．乡土中国［M］．北京：生活·读书·新知三联书店，2007．

弗朗西斯·福山．大断裂——人类本性与社会秩序的重建［M］．唐磊译．桂林：广西师范大学出版社，2015．

克鲁泡特金．互助论：进化的一个要素［M］．李平沤译．北京：商务印书馆，2009．

劳动和社会保障部社会保险研究所．贝弗里奇报告——社会保险和相关服务［M］．北京：中国劳动社会保障出版社，2004．

陆绯云．苏南农村的社会支持与社会保障体系——历史与现状［M］．上海：上海三联书店，2011．

罗伯特·H.伯姆纳．捐赠：西方慈善公益文明史［M］．褚蓥译．北京：社会科学文献出版社，

2017.

马丁·鲍威尔编.理解福利混合经济［M］.钟晓慧译.北京：北京大学出版社，2011.

萨尔沃·马斯泰罗内.欧洲政治思想史：从十五世纪到二十世纪［M］.黄华光译.北京：社会科学文献出版社，1998.

唐士其.西方政治思想史［M］.北京：北京大学出版社，2002.

王名.非营利组织管理概论［M］.北京：中国人民大学出版社，2009.

王铭铭.村落视野中的文化与权力［M］.北京：生活·读书·新知三联书店，1997.

乌尔里希·贝克.风险社会——新的现代性之路[M].张文杰，何博闻译.南京：译林出版社，2018.

亚当·斯密.道德情操论［M］.蒋自强，钦北愚，朱钟棣等译.北京：商务印书馆，2017.

阎云翔.礼物的流动［M］.上海：上海出版社，1999.

中国社会科学院近代史研究所编.纪念孙中山诞辰140周年国际学术研讨会论文集（上下）［M］.北京：社会科学文献出版社，2009.

资中筠.财富的责任与资本主义演变——美国百年公益发展的启示［M］.上海：上海三联书店，2017.

二、期刊

边燕杰.关系社会学及其学科地位［J］.西安交通大学学报（社会科学版），2010（3）.

邓国胜.中国志愿服务发展的模式［J］.社会科学研究，2002（2）.

范金民.清代苏州宗族义田的发展［J］.中国史研究，1995（3）.

桂勇.邻里政治：城市基层的权力操作策略与国家—社会的粘连模式［J］.社会，2007（6）.

江汛清.关于志愿服务若干问题的探讨［J］.中国青年政治学院学报，2002（4）.

李迎生.西方社会工作发展历程及其对我国的启示［J］.学习与实践，2008（7）.

鹿美华，王蕾.发挥社区民间组织优势 创建社区互助养老新模式［J］.中国民政，2007（10）.

闵凡祥.18~19世纪英国"友谊会"运动述论［J］.史学月刊，2006（8）.

钱杭，谢维扬.宗族问题：当代中国农村研究的一个视角［J］.社会科学，1990（5）.

谭建光.社会转型时期的志愿服务与人文精神［J］.社会科学，2000（5）.

唐士其."市民社会"、现代国家以及中国的国家与社会的关系［J］.北京大学学报（哲学社会科学版），1996（6）.

王飞雪，山岸俊男．信任的中、日、美比较研究［J］.社会学研究，1999（2）.

王名．非营利组织的社会功能及其分类［J］.学术月刊，2006（9）.

王妮丽，崔紫君．非营利组织中的志愿者及其管理［J］.云南社会科学，2003（6）.

王婴．社会工作与社会政策的发展历程与启示［J］.江苏社会科学，2002（3）.

徐柳．我国志愿者组织发展的现状、问题与对策［J］.学术研究，2008（5）.

杨善华，刘小京．近期中国农村家族研究的若干理论问题［J］.中国社会科学，2000（5）.

杨晓春．浅析互助进化论的传播原因及其现实意义[J].东南大学学报(哲学社会科学版），2007（S2）.

杨中芳，彭泗清．中国人人际信任的概念化：一个人际关系的观点［J］.社会学研究，1999（2）.

姚远．对中国家庭养老弱化的文化诠释［J］.人口研究，1998（5）.

俞可平．中国公民社会：概念、分类与制度环境［J］.中国社会科学，2006（1）.

郑功成．现代慈善事业及其在中国的发展［J］.学海，2005（2）.

郑也夫．信任：溯源与定义［J］.北京社会科学，1999（4）.

参考文献

索　引

（词条后页码为该词在正文中首次出现的页码）

后　记

2015 年，我跟随中国人民大学的研究团队到浙江调研农村养老，在那里看到了依托农村老年协会开展的文化娱乐、银龄互助等互助养老活动。2016 年我在河南看到了欠发达地区的农村托老所——几位高龄、半失能老人生活在一起，托老所里只有 1 名厨师，平时的生活主要靠老人们自助互助。从那时起，互助型社会养老是中国农村社会养老的出路这一想法就在我心里生了根。互助不仅是设施建设，更重要的是组织建设和服务供给。后来，我进入华北电力大学博士后流动站，跟随导师进行国情研究理论和方法的学习，对中国国情有了更加深入的了解。此后，我一直致力于中国互助型社会养老和互助社会方面的研究，在与博士生导师和博士后导师的讨论中，逐步明确了互助型社会养老是积极应对人口老龄化和发展社会养老的中国模式和中国道路的理论雏形。2015 年至 2020 年，凡是有出差、开会的机会，我都会去看看目的地的城乡社会养老模式。2018 年，我承接全国老龄工作委员会办公室"开展城乡互助养老，低成本扩大养老服务供给模式调查研究"的课题之后，到广西、吉林、四川等地进行系统调研。这中间，我也陆续获得中国博士后科学基金面上资助项目、北京市社会科学基金项目、国家社科基金等项目的资助。回看起来，零零散散，已经调研了 11 个省（自治区、直辖市）的 57 个村居。

2018 年博士后出站，我留在华北电力大学任教，"当代中国政治制度"和"西方政治思想"两门课的讲授让我对中西方文化、社会、经济、政治有了更加深入的了解和认识，理论与实践的不断碰撞又支撑了理论，也让我对互助型社会养老的认识逐步加深。2019 年底，我在北京市回天地区（北京市回龙观和天通苑地区是超大城市大型居住社区典型及北京市创新社会治理模式的试验区）调研基层社会治理。2020年7月至8月、2021年4月至5月、2021年7月至8月开展三轮实地调研，我与部门、街镇、社区、社会组织、社会企业进行近百次访谈。在此期间，我进一步思考了中国特色社会建设的改革方向：在人民需求导向下，推动党委领导、政府负责下的居民组织化和市场经营社会（发展社会经济），这也反向深化了我对互助型社会养老的思考和研究。

《互助型社会养老：模式考察与理论研究》一书写成于新冠肺炎疫情流行期间。通过这次疫情防控，中国和西方在政治、经济、社会、文化等方面的差异，以及中国独特的基层组织优势，在基层社会治理方面得到凸显。中国社会建设的独特优势及可能对世界产生的影响受到广泛关注，也让中国人民对中国特色社会主义道路自信、理论自信、制度自信、文化自信有了新的认识和体悟。虽然本书有不成熟的地方，只是互助型社会养老研究的阶段性成果，但我还是希望能抛砖引玉，让更多学者关注中国特色互助型社会养老、互助组织、互助社会的建设和发展。

感谢给予我指导、帮助、鼓励的师长。"雄关漫道真如铁，而今迈步从头越。"今后我会一如既往本着求真务实的态度，研究和探索的领导下的中国特色互助养老、互助组织、互助社会、互助经济（社会经济）话语。心有所信，方能远行。个体、社会、国家都需要理想与现实的观照，不断昂首与俯身于理想和现实之中，才能有真正的成长、成熟和进步。历史发展均有规律可循，为中国人民谋幸福、为中华民族谋复兴是中国共产党的初心和使命，人心所向，素履以往，建设中国特色的"安其所，遂其生"的现代互助社会一定未来可期。

2022年5月15日

写于华北电力大学

郑重声明

高等教育出版社依法对本书享有专有出版权。任何未经许可的复制、销售行为均违反《中华人民共和国著作权法》，其行为人将承担相应的民事责任和行政责任；构成犯罪的，将被依法追究刑事责任。为了维护市场秩序，保护读者的合法权益，避免读者误用盗版书造成不良后果，我社将配合行政执法部门和司法机关对违法犯罪的单位和个人进行严厉打击。社会各界人士如发现上述侵权行为，希望及时举报，我社将奖励举报有功人员。

反盗版举报电话　（010）58581999　58582371
反盗版举报邮箱　dd@hep.com.cn
通信地址　北京市西城区德外大街4号　高等教育出版社法律事务部
邮政编码　100120

读者意见反馈

为收集对学术著作的意见建议，进一步完善学术著作编写并做好服务工作，读者可将对本学术著作的意见建议通过如下渠道反馈至我社。

咨询电话　400-810-0598
反馈邮箱　gjdzfwb@pub.hep.cn
通信地址　北京市朝阳区惠新东街4号富盛大厦1座
　　　　　高等教育出版社总编辑办公室
邮政编码　100029